王紹曾（1910-2007），字介人，江蘇江陰人。1930 年畢業於無錫國學專修學校，入上海商務印書館，協助張元濟校勘《百衲本二十四史》。20 世紀 60 年代以後，在山東大學圖書館從事古籍整理工作，1983 年任山東大學古籍整理研究所教授。著有《目錄版本校勘學論集》、《近代出版家張元濟》，主持合作《山東藏書家史略》、《漁洋讀書記》、《訂補海源閣書目五種》、《山左戲曲集成》、《中國文化史知識叢書》，主編《清史稿藝文志拾遺》、《山東文獻書目》，主持整理《百衲本二十四史校勘記》等。

古籍目録版本校勘文選

王紹曾　編選

海峽出版發行集團
THE STRAITS PUBLISHING & DISTRIBUTING GROUP
福建人民出版社

《古籍目錄版本校勘文選》整理説明

王紹曾先生編選的《古籍目錄版本校勘文選》一册，是 1979 年 9 月山東大學印刷廠刻蠟版油印的本子。原書封面署名："編選者：山東大學圖書館王紹曾；纂錄者：山東大學一九七八年語言研究生；校訂者：北京大學陰法魯，南京大學程千帆，山東大學殷孟倫、殷煥先。"這本《文選》共分三輯，選收劉向《戰國策敘錄》至胡適《校勘學方法論》共 70 篇有關古籍目錄、版本、校勘的文章。山東大學圖書館藏有《古籍目錄版本序跋文選》第二輯，刻蠟版油印本，共 25 頁，其中入選的篇目已包含於 1979 年 9 月油印本，所不同者，這個油印本第二輯附有"練習材料"三篇：一，晁公武《郡齋讀書志》（門人姚應績編）黎安朝序、自序；二，《東京夢華錄》十卷卷末跋語（錄自孫祖烈輯《士禮居藏書題跋記續編》）；三，宋撫州本《春秋經傳集解》殘卷傅增湘跋（錄自《藏園群書題記初集》）。這三篇練習材料今亦不予收錄。

據徐超老師回憶，山大中文系 1978 級研究生秋季入學，能找到的公開出版的教材極少。轉眼到了 1979 年，中文系有關導師多方尋求可以用作教材的著作，經導師確認後送山東大學印刷廠刻印裝訂，印個幾十本，人手一本。還有一部分是研究生自己刻印的。王紹曾先生的《古籍目錄版本校勘文選》就是當時的產物。（據徐超老師來信摘錄。）吳慶峰老師提供過一張照片，是 1978 級語言研究生與程千帆、殷孟倫、蔣維崧先生的合影，1980 年 6 月程先生在山大講完《校讎學》課照的。根據這張照片，1978 級語言學研究生有：吳慶峰、朱廣祁、路廣正、徐超、劉曉東、朱正義、趙伯義、國光紅、張雲衡、呂長仲、周復剛。另有馮春田，没參加合影。共 12 人。吳慶峰老師回憶，古漢語研究生 12 人都參加這本講義的抄纂工作，一人分幾篇。王先生的課，這 12 人全都聽了。又説，“當時我感覺王先生口音不太聽得清楚”；“當時錄得快，錯誤也多。王先生基本上是讀着改着。讀改之間，我們也都懂了”。

王紹曾先生編選這本講義，曾徵求過顧廷龍、程千帆、冀淑英、金克木、張舜徽、趙景深等學者的意見，並得到回復。記得王先生説徐復先生有過建議。又曾在《顧廷龍文集序》中説，顧廷龍先生回信建議增補傅增湘《校史隨筆序》，余嘉錫《四庫提要辨證序錄》、《藏園群書題記續集序》，張元濟《寶禮堂宋本書錄序》，《顏氏家訓・書證》，《九經三傳沿革例》，郭沫若《影印〈永樂大典〉序》等。這當中《寶禮堂宋本書錄序》、《四庫提要辨證序錄》1979 年本實際上已收了，其餘則未收。1985 年我考上古籍所研究生班。我記得，在中文系幫着趙洪貞老師搬倉庫雜物，有些油印講義，趙老師説用得着的可以拿，我拿了幾本，這是其一。後來跟王先生説到這本《文選》，王先生説傅璇琮先生建議中華書局出版，但王先生回復説還要增加一些注釋。中華書局周振甫先生也給王先生來信，説目前高等學校需要此類參考用書，中華書局已決定接受，給予出版。王先生打算增加《隋志》、《四庫總目》各類小序及佛道藏序跋，並加簡注。但當時王先生手裏項目很多，有《清史稿藝文志拾遺》、《訂補海源閣書目五種》、《中國文化史知識叢書》、《山左戲曲集成》、《山東文獻書目》、《山東藏書家史略》、《漁洋讀書記》等，後來又有《百衲本二十四史校勘記》整理，根本顧不上這本《文選》的注釋工作。中華書局出版的事也就這樣放下了。

2019 年 8 月，福建人民出版社宋一明同志來信，提出整理出版《古籍目錄版本校勘文選》。到 11 月，由李振聚提供了書稿掃描本，出版社與王先生哲嗣王濟康同志簽了合同。轉年受新冠疫情影響，師生春節放假，開學後不能返校，只能居家綫上上課。2020 年 5 月 21 日，我與尼山學堂七期何麗媛同學商議，由她牽頭，組建了一個微信群，共有 22 位同學加入，都是尼山學堂學生。何麗媛同學把大家分爲十一個組：一組韓超、吴雨軒；二組曲瑩、謝雨欣；三組黄林灝、周浩賢；四組徐通輝、何麗媛；五組周君毅、翟超群；六組紀霖凱、陳一嬌；七組劉若晗、劉文斌；八組李琪琪、雒易寒；九組陳錫昂、陳奕飛；十組孫印金、孫廣昊；十一組程一、鄧祥雲。工作是綫上合作開展，我和宋一明在這個群里充當指導。21 日當天宋一明提出了五條整理要求。第一條是“依據各篇來源，覆核原本，重新校訂”，這是針對原書謄錄、刻蠟版錯字較多提出的。其餘是體例、標點方面的要求，還要我寫一篇整理説明。福建人民出版社編輯劉挺立也加入該群，輔助整理。我則在宋一明提出的要求基礎上，提出了更詳細的要求：每一篇都要討論選擇好的底本和參校本。這當中有的底本是王先生《文選》注明的，有的則是本次整理重新確定的。24 日，我又進一步提出，確定較好的底本後，文字要與底本保持一致，一般不改底本文字。底本確爲訛字，據他本改正，或其他校本文字不同，均出校勘記。每篇之末都注明底本、校本。標點斷句，則要全部重新審訂。各篇都要由合作二人互校互審，篇末注明兩位審校者名字。底本和校本，均由各小組提出方案，由我和每個組逐一商定。每篇文章大都經兩位同學每人至少兩遍審校。整理成果，則大部分由我審閱過，修改意見寫在紙上，拍照發給同學。5 月 27 日，我又專門寫了《關於文言文標點符號的使用》十條，發同學們參照執行。2021 年 1 月，整理工作大體完成，我請何麗媛同學寫了一篇《尼山學堂整理〈古籍目錄版本校勘文選〉小記》。

到 2023 年 9 月 12 日，福建人民出版社排出了清樣，我又在群里呼喚這 22 位同學，按原分工校清樣，各自打印，排印錯誤直接用紅筆在清樣上修改。要求每組同學將清樣審校兩遍，然後寄給我審閱。到 2024 年 1 月 7 日，各位同學都把校過的清樣寄給我了。由於我比較忙，直到 5 月 17 日才邀請楊勝祥、孫天琪、方英權、陳鍇、李璽五位同學對校過的清樣分工進行覆校，對清樣上同學們的校改進行覆核，通讀全書，對有疑問處再查考校訂，形成定稿。6 月 7 日，經過我的審閱，確定了清樣校本，寄給了福建人民出版社。現把這個過程記下來，作爲整理説明。王紹曾先生的這部《古籍目錄版本校勘文選》經歷了 45 年才得以整理出版，得益於福建人民出版社的大力支持，得益於尼山學堂和校經處諸君的通力合作，王先生在天之靈可以感到欣慰了，當時參加“抄纂”的山東大學 1978 級古漢語研究生的勞動也可以有個結果了。在此仍請讀者諸君指出其中的錯誤，以便重印時改正。

杜澤遜

2024 年 7 月 1 日於山東大學校經處之北窗

古籍目録版本校勘文選
幾點説明

一、目録、版本、校勘之學，在我國古代叫做“校讎學”，有着悠久的歷史。這是每一個閲讀、研究古籍的人都應具備的基本知識，特别是目録學，它是閲讀、研究古籍入門的工具，更加值得我們重視。這個《文選》，就是從這個認識出發編選出來的。

二、《文選》的主要内容是有關目録、版本、校勘的序跋和其他資料。我們的意圖，是通過這些序跋和資料來掌握這三方面的基本知識，這樣比較具體，而且可以從第一手資料或某些實例中加深認識，並進行必要的分析和概括。

三、《文選》分三輯。第一輯以目録序跋爲主，第二輯以版本、校勘序跋爲主，第三輯主要是配合第一、二輯的學習而編選的，内容包括目録、版本、校勘三個方面，仍以序跋爲主。

四、爲了增加對解題目録的感性認識，我們在第一輯中對晁公武《郡齋讀書志》、陳振孫《直齋書録解題》、《四庫全書總目》各選了書目提要四篇，從中可以看到提要的目的作用，以及對劉向《别録》的繼承和發展。

爲了對版本和校勘有一個比較全面、正確的認識，我們在第二輯裡編選的序跋資料，後一部分是對前一部分的補充。前一部分主要通過具體實例，證明宋元舊槧在校勘中的作用，後一部分在於總結校勘古籍的經驗教訓，並提供了校勘和鑒定版本的範例。

五、根據程千帆先生的意見，我們在第三輯中增選了清段玉裁《與諸同志書論校書之難》、李笠《廣段玉裁論校書之難》、徐復《校勘學中之二重及多重誤例》（選自《新中華》復刊第三卷第十一期）、胡適《校勘學方法論》（選自《胡適論學近著》第一集）四篇文章，因第三輯業已刻印，未能按適當篇次排列，特作補遺附於第三輯之後。

六、由於我們的水平有限，編選的序跋資料，不一定都很恰當，也還有該選而没有選的。希望在使用的過程中逐漸加以補充修正，並請同志們指正。

編選得到北京大學圖書館學系很多幫助，謹此致謝。

一九七九年九月

目　次

第一輯

第二輯

第三輯

第一辑

漢劉向《别録》(選録)

《戰國策》三十三篇

護左都水使者、光禄大夫臣向言：所校中《戰國策》書，中書餘卷，錯亂相糅莒。又有國别者八篇，少不足。臣向因國别者，略以時次之，分别不以序者以相補，除復重，得三十三篇。本字多誤脱爲半字，以“趙”爲“肖”，以“齊”爲“立”，如此字〔一〕者多。中書本號，或曰《國策》，或曰《國事》，或曰《短長》，或曰《事語》，或曰《長書》，或曰《脩書》。臣向以爲，戰國時游士輔所用之國，爲之筴謀，宜爲《戰國策》。其事繼春秋以後，訖楚、漢之起，二百四十五年間之事皆定，以殺青書，可繕寫。

敘曰〔二〕：周室自文、武始興，崇道德，隆禮義，設辟雍、泮宫、庠序之教，陳禮樂、弦歌移風之化，敘人倫，正夫婦，天下莫不曉然論孝悌之義，惇篤之行。故仁義之道，滿乎天下，卒致之刑錯四十餘年。遠方慕義，莫不賓服，《雅》、《頌》歌詠，以思其德。

下及[三]康、昭之後，雖有衰德，其綱紀尚明。

及春秋時，已四五百載矣，然其餘業遺烈，流而未滅。五伯[四]之起，尊事周室。五伯之後，時君雖无德，人臣輔其君者，若鄭之子産、晉之叔向、齊之晏嬰，挾君輔政，以並立於中國，猶以義相支持，歌説以相感，聘覲以相交，期會[五]以相一，盟誓以相救。天子之命，猶有所行。會享之國，猶有所恥。小國得有所依，百姓得有所息。故孔子曰："能以禮讓爲國乎？何有？"周之流化，豈不大哉！

及春秋之後，衆賢輔國者既没，而禮義衰矣。孔子雖論《詩》、《書》，定禮、樂，王道粲然分明，以匹夫無勢，化之者七十二人而已，皆天下之俊也。時君莫尚之，是以王道遂用不興。故曰："非威不立，非勢不行。"仲尼既没之後，田氏取齊[六]，六卿分晉，道德大廢，上下失序。至秦孝公，捐[七]禮讓而貴戰争，棄仁義而用詐譎，苟以取強而已矣。夫篡盜之人，列[八]爲侯王；詐譎之國，興立[九]爲強。是以傳[十]相放效，後生師之，遂相吞滅，并大兼小，暴師經歲，流血滿野。父子不相親，兄弟不相安，夫婦離散，莫保其命，湣然道德絶矣。晚世益甚，萬乘之國七，千乘之國五，敵侔争權，蓋[十一]爲戰國。貪饕無恥，競進無厭。國異政教，各自制斷。上無天子，下無方伯。力功[十二]争強，勝者爲右。兵革不休，詐僞並起。當此之時，雖有道德，不得施謀。有設之強[十三]，負阻而恃固，連與交質，重約結誓，以守其國。故孟子、孫卿儒術之士，棄捐於世；而游説權謀之徒，見貴於俗。是以蘇秦、張儀、公孫衍、陳軫、代、厲之屬，生從横短長之説，左右傾側。蘇秦爲從，張儀爲横。横則秦帝，從則楚王。所在國重，所去國輕。然當此之時，秦國最雄，諸侯方弱〔十四〕，蘇秦結之〔十五〕，時六國爲一，以儐背秦。秦人恐懼，不敢闚兵於關中，天下不交兵者二十有九年。然秦國勢便形利，權謀之士，咸先馳之。蘇秦初欲横，秦弗用，故東合從。及蘇秦死後，張儀連横，諸侯聽之，西向事秦。是故始皇因四塞之固〔十六〕，據崤、函之阻，跨隴、蜀之饒，聽衆人之筴，乘六世之烈，以蠶食六國，兼諸侯〔十七〕，并有天下。杖〔十八〕於謀詐〔十九〕之弊，終於〔二十〕信篤之誠，無道德之教、仁義之化，以綴天下之心。任刑罰以爲治，信小術以爲道。遂燔燒詩書，坑殺儒士，上小堯、舜，下邈三王。二世愈甚，惠不下施，情不上達。君臣相疑，骨肉相疎。化道淺薄，綱紀壞敗。民不見義，而懸於不寧。撫天下十四歲，天下大潰，詐僞之弊也。其比王德，豈不遠哉？孔子曰："道之以政，齊之以刑，民免而無恥。道之以德，齊之以禮，有恥且格。"夫使天下有所恥，故化可致也。苟以詐僞偷活取容，自上爲之，何以率下？秦之敗也，不亦宜乎！

戰國之時，君德淺薄，爲之謀筴者，不得不因勢而爲資，據時而爲〔二一〕。故其謀扶急持傾，爲一切之權，雖不可以臨國教化〔二二〕，兵革救急之勢也〔二三〕。

皆高才秀士，度時君之所能行，出奇筴異智，轉危爲安，運亡爲存，亦可喜，皆可觀。護左都水使者、光禄大夫臣向所校《戰國策》書録。

（選自《戰國策》，《士禮居叢書》景宋剡川姚氏本；參校以清李錫齡校訂《惜陰軒叢書》鮑注吳校本、《四部叢刊》影印元至正年間刊刻鮑注吳校本。韓超、吳雨軒仝校，方英權覆校）

【校勘記】

〔一〕“字”，姚校：“‘字’，一本作‘類’字。”

〔二〕“敍曰”，姚校：“《集》‘曰’下有‘夫’字。”

〔三〕“下及”，姚校：“劉作‘其德下及’。曾作‘德下及’。錢作‘以思其德下及’。《集》作‘其恩德下及’。”鮑注：“‘以思其德’一作‘恩德其上’，‘下及’一無‘下’字。”

〔四〕“伯”，《四部叢刊》本及《惜陰軒叢書》本作“霸”。下句同。

〔五〕“期會”，姚校：“《集》作‘朝會’。”

〔六〕“田氏取齊”，《四部叢刊》本作“田文取齊”，《惜陰軒叢書》本作“田氏取齊”。

〔七〕“捐”，《四部叢刊》本及《惜陰軒叢書》本作“損”。

〔八〕“列”，姚校：“錢、劉同，曾作‘例’。”

〔九〕“立”，姚校：“錢、《集》作‘立’，曾作‘兵’。”

〔十〕“傳”，《四部叢刊》本及《惜陰軒叢書》本作“轉”，姚校：“一作‘轉’。”

〔十一〕“蓋”，《四部叢刊》本及《惜陰軒叢書》本作“盡”。

〔十二〕“功”，姚校：“曾、《集》作‘巧’，劉作‘功’。”

〔十三〕“不得施謀，有設之強”，《四部叢刊》本及《惜陰軒叢書》本作“不得施設，有謀之強”。

〔十四〕“諸侯方弱”，姚校：“《集》、曾無‘弱’字。”

〔十五〕“蘇秦結之”，姚校：“錢、劉‘結’下有‘從’字。”

〔十六〕“固”，《四部叢刊》本及《惜陰軒叢書》本作“國”。

〔十七〕“兼諸侯”，姚校：“一本下有‘而’字。”

〔十八〕“杖”，《四部叢刊》本及《惜陰軒叢書》本作“仗”。

〔十九〕“謀詐”，《四部叢刊》本及《惜陰軒叢書》本作“詐謀”。

〔二十〕“於”，《四部叢刊》本及《惜陰軒叢書》本作“無”。黄丕烈《戰國策劄記》：“今本‘於’作‘無’。丕烈案，‘無’字是也。”

〔二一〕“據時而爲”，姚校：“（‘爲’下）脱字。”

〔二二〕“臨國教化”，《四部叢刊》本及《惜陰軒叢書》本作“臨教化”。

〔二三〕“兵革救急之勢也”，姚校：“錢，‘革’下有‘亦’字。”

《晏子》八篇

右《晏子》凡内外八篇，總二百十五章。

護左都水使者、光禄大夫臣向言：所校中書《晏子》十一篇，臣向謹與長社尉臣參校讎。太史書五篇，臣向書一篇，參書十三篇，凡中外書三十篇，爲八百三十八章。除復重二十二篇六百三十八章，定著八篇二百一十五章。外書無有三十六章，中書無有七十一章。中外皆有以相定，中書以“夭”爲“芳”，“文”〔一〕爲“備”，“先”爲“牛”，“章”爲“長”，如此類者多，謹頗略椾，皆已定，以殺青書，可繕寫。

晏子名嬰，謚平仲，萊人。萊者，今東萊地也。晏子博聞彊記，通于古今。事齊靈公、莊公、景公，以節儉力行、盡忠極諫道齊，國君得以正行，百姓得以附親。不用則退耕于野，用則必不詘義，不可脅以邪。白刃雖交胸，終不受崔杼之劫。諫齊君懸而至，順而刻。及使諸侯，莫能詘其辭。其博通如此，蓋次管仲。内能親親，外能厚賢，居相國之位，受萬鍾之祿，故親戚待其祿而衣食五百餘家，處士待而舉火者亦甚衆。晏子衣苴布之衣、麋鹿之裘，駕敝車疲馬，盡以祿給親戚朋友，齊人以此重之。晏子蓋短〔二〕。

其書六篇，皆忠諫其君，文章可觀，義理可法，皆合《六經》之義。又有復重，文辭頗異，不敢遺失，復列以爲一篇。又有頗不合經術，似非晏子言，疑後世辯士所爲者，故亦不敢失，復以爲一篇。凡八篇。其六篇可常置旁御觀。謹第錄。臣向昧死上。

（選自《晏子春秋》，《四部叢刊初編》景江南圖書館藏明活字本；參校以明萬曆七年吳興淩澄初朱墨套印本。韓超、吳雨軒仝校，方英權覆校）

【校勘記】

〔一〕“文”，别本均作“又”。

〔二〕“晏子蓋短”後疑缺。

《孫卿新書》十二卷三十三篇

護左都水使者、光禄大夫臣向言：所校讎中《孫卿書》凡三百二十二篇，以相校除復重二百九十篇，定著三十二篇，皆以定，殺青簡書，可繕寫。

孫卿，趙人，名況。方齊宣王、威王之時〔一〕，聚天下賢士於稷下，尊寵之。若鄒衍、田駢、淳于髡之屬甚衆，號曰列大夫，皆世所稱，咸作書刺世。是時，孫卿有秀才，年五十〔二〕，始來游學。諸子之事，皆以爲非先王之法也。孫卿善爲《詩》、《禮》、《易》、《春秋》。至齊襄王時，孫卿最爲老師，齊尚脩列大夫之缺，而孫卿三爲祭酒焉。齊人或讒孫卿，孫卿〔三〕乃適楚，楚相春申君以爲蘭陵令。人或謂春申曰：“湯以七十里，文王以百里。孫卿，賢者也，今與之百里地，楚其危乎！”春申君謝之，孫卿去之趙。後客或謂春申君曰：“伊尹去夏入殷，殷王而夏亡。管仲去魯入齊，魯弱而齊強。故賢者所在，君尊國安。今孫卿，天下賢人，所去之國，其不安乎！”春申君使人聘孫卿〔四〕，孫卿遺春申君書，刺楚國，因爲歌賦，以

遺春申君。春申君恨，復固謝孫卿，孫卿乃行，復爲蘭陵令。春申君死而孫卿廢，因家蘭陵。李斯嘗爲弟子，已而相秦〔五〕。及韓非號韓子，又浮丘伯，皆受業，爲名儒。孫卿之應聘於諸侯，見秦昭王，昭王方喜戰伐，而孫卿以三王之法説之，及秦相應侯，皆不能用也。至趙，與孫臏議兵趙孝成王前。孫臏爲變詐之兵，孫卿以王兵難之，不能對也。卒不能用。

孫卿道守禮義，行應繩墨，安貧賤。孟子者，亦大儒，以人之性善。孫卿後孟子百餘年。孫卿以爲人性惡，故作《性惡》一篇，以非孟子。蘇秦、張儀以邪道説諸侯，以大貴顯。孫卿退而笑之曰："夫不以其道進者，必不以其道亡。"至漢興，江都相董仲舒亦大儒，作書美孫卿〔六〕。

孫卿卒不用於世，老於蘭陵，疾濁世之政，亡國亂君相屬，不遂大道而營乎巫祝，信禨祥，鄙儒小拘如莊周等又滑稽亂俗〔七〕，於是推儒、墨、道德之行事，興壞序列，著數萬言而卒，葬蘭陵。而趙亦有公孫龍爲"堅白"、"同異"之辨，處子之言〔八〕。魏有李悝，盡地力之教。楚有尸子、長盧子、芋子，皆著書，然非先王之法也，皆不循孔氏之術。惟孟軻、孫卿爲能尊仲尼。蘭陵多善爲學，蓋以孫卿也。長老至今稱之曰："蘭陵人喜字爲卿，蓋以法孫卿也。"孟子、孫卿、董先生皆小五伯，以爲仲尼之門，五尺童子皆羞稱五伯。如人君能用孫卿，庶幾於王，然世終莫能用，而六國之君殘滅，秦國大亂，卒以亡。觀孫卿之書，其陳王道甚易行，疾世莫能用。其言悽愴，甚可痛也。嗚呼！使斯人卒終於閭巷，而功業不得見於世，哀哉！可爲霣涕。其書比於記傳，可以爲法。謹第錄。臣向昧死上言。

護左都水使者、光祿大夫臣向言，所校讎中《孫卿書》錄。

（選自《荀子》，《中華再造善本》影印宋嘉定十一年重刻國子監本；參校以王先謙《荀子集解》清光緒十七年思賢講舍刻本。韓超、吳雨軒仝校，方英權覆校）

【校勘記】

〔一〕盧文弨曰："案《史記》威王在宣王之前，《風俗通·窮通篇》作'齊威、宣王之時'，是也。"盧校據王先謙《荀子集解》所引，下同。

〔二〕盧文弨曰："案《史記》亦作'年五十'，誤。當從《風俗通》作'年十五'。晁公武《讀書志》所引亦同。"

〔三〕盧文弨曰："宋本不重，今據《史記》補。"

〔四〕盧文弨曰："案《楚策》四、《韓詩外傳》四，'聘'俱作'請'。"

〔五〕盧文弨曰："宋本脱'已'字，今據《史記》補。"

〔六〕盧文弨曰："'至漢興'以下十七字，似不當在此，應在下文'蓋以法孫卿也'句下。"

〔七〕盧文弨曰："宋本無'亂俗'二字，從《史記》增。"

〔八〕盧文弨曰："案《史記》作'劇子之言'，徐廣曰：'應劭《氏姓注》直云“處子”。’”

《説苑》二十篇

護左都水使者、光禄大夫臣向言：所校中書《説苑雜事》，及臣向書〔一〕、民間書、誣校讎，其事類衆多，章句相溷，或上下謬亂，難分别次序。除去與《新序》復重者，其餘者淺薄，不中義理，别集以爲百家，後令以類相從〔二〕，一一條别篇目，更以造新事十萬言以上。凡二十篇，七百八十四章，號曰《新苑》，皆可觀。臣向昧死〔三〕。

（選自《説苑》，《中華再造善本》影印宋咸淳元年鎮江府學刻元明遞修本；參校以《四部叢刊初編》景明鈔本、明嘉靖三十八年楊美益刻本。韓超、吴雨軒仝校，方英權覆校）

【校勘記】

〔一〕“所校中書説苑雜事及臣向書”，宋本原作“所校中書説苑事及雜臣向書”，今據參校本改。

〔二〕“後令以類相從”，宋本原作“後人以類相從”，今據參校本改。

〔三〕“臣向昧死”後疑缺。

《管子》八十六篇

護左都水使者、光祿大夫臣向言：所校讎中《管子書》三百八十九篇，太中大夫卜圭書二十七篇，臣富參書四十一篇，射聲校尉立書十一篇，太史書九十六篇，凡中外書五百六十四，以校除復重四百八十四篇，定著八十六篇，殺青而書，可繕寫也。

管子者，潁上人也，名夷吾，號仲父。少時嘗與鮑叔牙游，鮑叔知其賢。管子貧困，常欺叔牙，叔牙終善之。鮑叔事齊公子小白，管子事公子糾。及小白立爲桓公，子糾死，〔一〕管仲囚，鮑叔薦管仲。管仲既任政於齊，齊桓公以霸，九合諸侯，一匡天下，管仲之謀也。故管仲曰："吾始困時，與鮑叔分財，多自予，鮑叔不以我爲貪，知吾貧也。嘗爲鮑叔謀事而更窮困，鮑叔不以我爲愚，知吾有利有不利也。公子糾敗，召忽死之，吾幽囚受辱，鮑叔不以我爲無恥，知吾不羞小節，而恥功名不顯於天下也。生我者父母，知我者鮑叔。"鮑叔既進管仲，而己下之，子孫世祿於齊，有封邑者十餘世，常爲名大夫。

管子既相，以區區之齊在海濱，通貨積財，富國彊兵，與俗同好醜。故其書稱曰："倉廩實而知禮節，衣食足而知榮辱，上服度則六親固。""四維不張，國乃滅亡。""下令猶流水之原，令順人心。"故論卑而易行。俗所欲，因予之；俗所否，因去之。其爲政也，善因禍爲福，轉敗爲功，貴輕重，慎權衡。桓公怒少姬，南襲蔡，管仲因伐楚，責包茅不入貢於周室。桓公北征山戎，管仲因而令燕脩召公之政。柯之會，桓公背曹沫之盟，管仲因而信之，諸侯歸之。管仲聘於周，不敢受上卿之命，以讓高國。是時諸侯爲管仲城穀，以爲之乘邑。《春秋》書之，褒賢也。管仲富擬公室，有三歸反坫，齊人不以爲侈。管子卒，齊國遵其政，常彊於諸侯。孔子曰："微管仲，吾其被髮左衽矣。"

太史公曰："余讀管氏《牧民》、《山高》、《乘馬》、《輕重》、《九府》，詳哉言之也。"又曰："'將順其美，匡救其惡，故上下能相親愛'，豈管仲之謂乎？"《九府》書民閒無有。《山高》一名《形勢》。凡管子書，務富國安民，道約言要，可以曉合經義。向謹第錄上。

（選自《管子》，《四部叢刊初編》景常熟瞿氏鐵琴銅劍樓藏宋慶曆四年楊忱刻本；參校以《中華再造善本》影印南宋初年浙江刻本。韓超、吴雨軒仝校，方英權覆校）

【校勘記】

〔一〕"及小白立爲桓公，子糾死"，疑"公"字下本當有重文號。

《列子》八卷

右新書定著八章〔一〕。

護左都水使者、光祿大夫臣向言：所校中書《列子》五篇，臣向謹與長社尉臣參校讎。太常書三篇，太史書四篇，臣向書六篇，臣參書二篇，内外書凡二十篇，以校除復重十二篇，定著八篇〔二〕。中書多，外書少。章亂布在諸篇中。或字誤，以“盡”爲“進”，以“賢”爲“形”，如此者衆。及在新書有棧，校讎從中書已定，皆以殺青書，可繕寫。

列子者，鄭人也，與鄭繆公同時，蓋有道者也。其學本於黄帝、老子，號曰道家。道家者，秉要執本，清虚無爲，及其治身接物，務崇不競，合於《六經》。而《穆王》、《湯問》二篇，迂誕恢詭，非君子之言也。至於《力命》篇，一推分命；《楊子》之篇，唯貴放逸，二義乖背，不似一家之書。然各有所明，亦有可觀者。

孝景皇帝時，貴黄老術，此書頗行於世。及後遺落，散在民間，未有傳者。且多寓言，與莊周相類，故太史公司馬遷不爲列傳。謹第錄。臣向昧死上。護左都水使者、光祿大夫臣向所校《列子》書錄〔三〕。永始三年八月壬寅上。

（選自《沖虛至德真經》，《四部叢刊初編》景常熟瞿氏鐵琴銅劍樓藏北宋刻本；参校以姚振宗《快閣師石山房叢書》本《七略别錄佚文》引宋刻本《列子》、嘉慶癸酉蕭山陳氏《湖海樓叢書》本《列子》。韓超、吳雨軒仝校，方英權覆校)

【校勘記】

〔一〕“章”，姚本作“篇”。

〔二〕“定著八篇”，宋本作“定著篇”，據参校本補。

〔三〕“護左都水使者”，宋本作“護左都水都者”，據参校本改。

《韓子》五十五篇

韓非者，韓之諸公子也。喜刑名法術之學，而歸其本於黄老。其爲人吃口，不能道説，善著書。與李斯俱事荀卿，李斯自以爲不如。非見韓之削弱，數以書干韓王，韓王不能用。於是韓非病治國不務求人任賢，反舉浮淫之蠹，而加之功實之上。以爲儒者用文亂法，而俠者以武犯禁。寬則寵名譽之人，急則用介胄之士。所用非所養，所養非所用。廉直不容於邪枉臣，觀往者得失之變，故作《孤憤》、《五蠹》、《内外儲》、《説難》五十五篇十餘萬言。人或傳其書至秦，秦王見《孤憤》、《五蠹》之書，曰：“嗟乎！寡人得見此人與游，死不恨矣。”李斯曰：“此韓非之所著書。”秦因急攻韓。韓始不用，及急，乃遣韓非使秦。秦王悦之，未任用。李斯害之秦王曰：“非，韓之諸公子也，今欲并諸侯，非終爲韓不爲秦，此人情也。今王不用，久留而歸之，此自遺患也，不如過法誅之。”秦王以爲然，下吏治非。李斯使人遺藥，令早自殺。韓非欲自陳，不見。秦王後悔，使人赦之，非已死矣。〔一〕

（選自《韓非子》，《四部叢刊初編》景上海涵芬樓藏黄蕘圃校宋刻本；參校以《中華再造善本》影印清影宋抄本。韓超、吴雨軒仝校，方英權覆校）

【校勘記】

〔一〕篇末有王紹曾注：“嚴氏《全漢文編》曰：‘宋本不著名，疑是劉向作。’姚振宗按：‘此似節去其前數行言，校讐復重定著殺青繕寫等事，而但錄其敘與？馬總《意林》引文相校，大同小異，知敘文也頗有删節。’”又注云：“原文作《韓非子序》，此據嚴氏《全漢文編》及姚振宗輯《七略别録佚文》，定爲劉向《敘録》。”

《鄧析子》四篇

中《鄧析書》四篇，臣《敘書》一篇。凡中外書五篇以相校，除復重爲一篇。皆定殺而書，可繕寫也。

鄧析者，鄭人也。好刑名，操兩可之説，設無窮之辭。當子產之世，數難子產之法，《記》或云子產起而戮之。於《春秋左氏傳》，昭公二十年而子產卒，子太叔嗣爲政。定公八年太叔卒，駟歂嗣爲政。明年乃殺鄧析，而用其《竹刑》。君子謂："子歂〔一〕於是乎不忠，苟有可以加於國家，棄其邪可也。《静女》之三章，取彤管焉。《竿旄》'何以告之'，取其忠也。故用其道，不棄其人。《詩》之'蔽芾甘棠，勿剪勿伐，召伯所茇'，思其人，猶愛其樹也。況用其道，不恤其人乎？然〔二〕無以勸能矣。"《竹刑》，簡法也，久遠世無其書。子產卒後二十年而鄧析死，傳説或稱子產誅鄧析，非也。其論《無厚》者，言之異同，與公孫龍同類。謹第一〔三〕。

（選自《鄧析子》，《四部叢刊初編》景明刻本；參校以清道光年間守山閣校刻《指海》本。韓超、吴雨軒仝校，方英權覆校）

【校勘記】

〔一〕"子歂"，《指海》本作"駟歂"，《左傳》作"子然"。按駟歂字子然，底本作"子歂"者，蓋誤。

〔二〕"然"，《左傳》作"子然"。

〔三〕"謹第一"，《指海》本作"謹上"。

漢班固《漢書·藝文志》(選錄)

總序

昔仲尼没而微言絶，七十子喪而大義乖。故《春秋》分爲五，《詩》分爲四，《易》有數家之傳。戰國從衡，真僞分争，諸子之言紛然殽亂。至秦患之，乃燔滅文章，以愚黔首。漢興，改秦之敗，大收篇籍，廣開獻書之路。迄孝武世，書缺簡脱，禮壞樂崩，聖上喟然而稱曰："朕甚閔焉！"於是建藏書之策，置寫書之官，下及諸子傳説，皆充秘府。至成帝時，以書頗散亡，使謁者陳農求遺書於天下。詔光禄大夫劉向校經傳諸子詩賦，步兵校尉任宏校兵書，太史令尹咸校數術，侍醫李柱國校方技。每一書已，向輒條其篇目，撮其指意，録而奏之。會向卒，哀帝復使向子侍中奉車都尉歆卒父業。歆於是總羣書而奏其《七略》，故有《輯略》，有《六藝略》，有《諸子略》，有《詩賦略》，有《兵書略》，有《術數略》，有《方技略》。今删其要，以備篇籍。

《六藝略》序

《易》類序

《易》曰：“宓戲氏仰觀象於天，俯觀法於地，觀鳥獸之文，與地之宜，近取諸身，遠取諸物，於是始作八卦，以通神明之德，以類萬物之情。”至於殷、周之際，紂在上位，逆天暴物，文王以諸侯順命而行道，天人之占可得而效，於是重《易》六爻，作上下篇。孔氏爲之《彖》、《象》、《繫辭》、《文言》、《序卦》之屬十篇。故曰《易》道深矣，人更三聖，世歷三古。及秦燔書，而《易》爲筮卜之事，傳者不絶。漢興，田何傳之。訖于宣、元，有施、孟、梁丘、京氏列於學官，而民閒有費、高二家之説。劉向以中《古文易經》校施、孟、梁丘經，或脱去“無咎”、“悔亡”，唯費氏經與古文同。

《書》類序

《易》曰：“河出圖，雒出書，聖人則之。”故《書》之所起遠矣。至孔子簒焉，上斷於堯，下訖于秦，凡百篇，而爲之序，言其作意。秦燔書禁學，濟南伏生獨壁藏之。漢興亡失，求得二十九篇，以教齊魯之閒。訖孝宣世，有歐陽、大小夏侯氏，立於學官。《古文尚書》者，出孔子壁中。武帝末，魯共王壞孔子宅，欲以廣其宫，而得《古文尚書》及《禮記》、《論語》、《孝經》凡數十篇，皆古字也。共王往入其宅，聞鼓琴瑟鍾磬之音，於是懼，乃止不壞。孔安國者，孔子後也，悉得其書，以考二十九篇，得多十六篇。安國獻之。遭巫蠱事，未列于學官。劉向以中古文校歐陽、大小夏侯三家經文，《酒誥》脱簡一，《召誥》脱簡二。率簡二十五字者，脱亦二十五字，簡二十二字者，脱亦二十二字，文字異者七百有餘，脱字數十。《書》者，古之號令，號令於衆，其言不立具，則聽受施行者弗曉。古文讀應《爾雅》，故解古今語而可知也。

《詩》類序

《書》曰："詩言志，歌詠言。"故哀樂之心感，而歌詠之聲發。誦其言謂之詩，詠其聲謂之歌。故古有采詩之官，王者所以觀風俗，知得失，自考正也。孔子純取周詩，上采殷，下取魯，凡三百五篇，遭秦而全者，以其諷誦，不獨在竹帛故也。漢興，魯申公爲《詩》訓故，而齊轅固、燕韓生皆爲之傳。或取《春秋》，采雜説，咸非其本義。與不得已，魯最爲近之。三家皆列於學官。又有毛公之學，自謂子夏所傳，而河閒獻王好之，未得立。

《禮》類序

《易》曰："有夫婦父子君臣上下，禮義有所錯。"而帝王質文世有損益，至周曲爲之防，事爲之制，故曰："禮經三百，威儀三千。"及周之衰，諸侯將踰法度，惡其害己，皆滅去其籍，自孔子時而不具，至秦大壞。漢興，魯高堂生傳《士禮》十七篇。訖孝宣世，后倉最明。戴德、戴聖、慶普皆其弟子，三家立於學官。《禮古經》者，出於魯淹中及孔氏，與十七篇文相似〔一〕，多三十九篇。及《明堂陰陽》、《王史氏記》所見，多天子諸侯卿大夫之制，雖不能備，猶瘉倉等推《士禮》而致於天子之説。

《樂》類序

《易》曰："先王作樂崇德，殷薦之上帝，以享祖考。"故自黄帝下至三代，樂各有名。孔子曰："安上治民，莫善於禮。移風易俗，莫善於樂。"二者相與並行。周衰俱壞，樂尤微眇，以音律爲節，又爲鄭衛所亂，故無遺法。漢興，制氏以雅樂聲律，世在樂官，頗能紀其鏗鏘鼓舞，而不能言其義。六國之君，魏文侯最爲好古，孝文時得其樂人竇公，獻其書，乃《周官·太宗伯》之《大司樂》章也。武帝時，河間獻王好儒，與毛生等共采《周官》及諸子言樂事者，以作《樂記》，獻八佾之舞，與制氏不相遠。其内史丞王定傳之，以授常山王禹。禹，成帝時爲謁者，數言其義，獻二十四卷記。劉向校書，得《樂記》二十三篇，與禹不同，其道寖以益微。

《春秋》類序

古之王者，世有史官，君舉必書，所以慎言行，昭法式也。左史記言，右史記事，事爲《春秋》，言爲《尚書》，帝王靡不同之。周室既微，載籍殘缺，仲尼思存前聖之業，乃稱曰："夏禮吾能言之，杞不足徵也；殷禮吾能言之，宋不足徵也。文獻不足故也，足則吾能徵之矣。"以魯周公之國，禮文備物，史官有法，故與左丘明觀其史記，據行事，仍人道，因興以立功，就敗以成罰，假日月以定歷數，籍朝聘以正禮樂。有所褒諱貶損，不可書見，口授弟子，弟子退而異言。丘明恐弟子各安其意，以失其真，故論本事而作傳，明夫子不以空言説經也。《春秋》所貶損大人當世君臣，有威權勢力，其事實皆形於傳，是以隱其書而不宣，所以免時難也。及末世口説流行，故有公羊、穀梁、鄒、夾之傳。四家之中，公羊、穀梁立於學官，鄒氏無師，夾氏未有書。

《諸子略》序

儒家者流，蓋出於司徒之官，助人君順陰陽明教化者也。游文於《六經》之中，留意於仁義之際，祖述堯舜，憲章文武，宗師仲尼，以重其言，於道最爲高。孔子曰："如有所譽，其有所試。"唐虞之隆，殷周之盛，仲尼之業，已試之效者也。然惑者既失精微，而辟者又隨時抑揚，違離道本，苟以譁衆取寵。後進循之，是以《五經》乖析，儒學寖衰，此辟儒之患。

道家者流，蓋出於史官，歷記成敗存亡禍福古今之道，然後知秉要執本，清虛以自守，卑弱以自持，此君人南面之術也。合於堯之克攘，《易》之嗛嗛，一謙而四益，此其所長也。及放者爲之，則欲絶去禮學，兼棄仁義，曰獨任清虛可以爲治。

陰陽家者流，蓋出於羲和之官，敬順昊天，歷象日月星辰，敬授民時，此其所長也。及拘者爲之，則牽於禁忌，泥於小數，舍人事而任鬼神。

法家者流，蓋出於理官，信賞必罰，以輔禮制。《易》曰"先王以明罰飭法"，此其所長也。及刻者爲之，則無教化，去仁愛，專任刑法而欲以致治，至於殘害至親，傷恩薄厚。

名家者流，蓋出於禮官。古者名位不同，禮亦異數。孔子曰："必也正名乎！名不正則言不順，言不順則事不成。”此其所長也。及謷者爲之，則苟鉤鈲析亂而已。

墨家者流，蓋出於清廟之守。茅屋采椽，是以貴儉。養三老五更，是以兼愛。選士大射，是以上賢。宗祀嚴父，是以右鬼。順四時而行，是以非命。以孝視天下，是以上同。此其所長也。及蔽者爲之，見儉之利，因以非禮，推兼愛之意，而不知別親疎。

從横家者流，蓋出於行人之官。孔子曰：“誦《詩》三百，使於四方，不能顓對，雖多亦奚以爲？”又曰：“使乎，使乎！”言其當權事制宜，受命而不受辭，此其所長也。及邪人爲之，則上詐諼而棄其信。

雜家者流，蓋出於議官。兼儒、墨，合名、法，知國體之有此，見王治之無不貫，此其所長也。及盪者爲之，則漫羨而無所歸心。

農家者流，蓋出於農稷之官。播百穀，勸耕桑，以足衣食，故八政一曰食，二曰貨。孔子曰“所重民食”，此其所長也。及鄙者爲之，以爲無所事聖王，欲使君臣並耕，誖上下之序。

小説家者流，蓋出於稗官。街談巷語，道聽塗説者之所造也。孔子曰：“雖小道，必有可觀者焉，致遠恐泥，是以君子弗爲也。”然亦弗滅也。閭里小知者之所及，亦使綴而不忘。如或一言可采，此亦芻蕘狂夫之議也。

凡諸子百八十九家，四千三百二十四篇。諸子十家，其可觀者九家而已。皆起於王道既微，諸侯力政，時君世主，好惡殊方，是以九家之術蠭出並作，各引一端，崇其所善，以此馳説，取合諸侯。其言雖殊，辟猶水火，相滅亦相生也。仁之與義，敬之與和，相反而皆相成也。《易》曰：“天下同歸而殊塗，一致而百慮。”今異家者各推所長，窮知究慮，以明其指，雖有蔽短，合其要歸，亦《六經》之支與流裔。使其人遭明王聖主，得其所折中，皆股肱之材已。仲尼有言：“禮失而求諸野。”方今去聖久遠，道術缺廢，無所更索，彼九家者，不猶瘉於野乎？若能修六藝之術，而觀此九家之言，舍短取長，則可以通萬方之略矣。

《詩賦略》序

傳曰：“不歌而誦謂之賦，登高能賦可以爲大夫。”言感物造耑，材知深美，可與圖事，故可以爲列大夫也。古者諸侯卿大夫交接鄰國，以微言相感，當揖讓之時，必稱《詩》以諭其志，蓋以別賢不肖而觀盛衰焉。故孔子曰“不學《詩》，無以言”也。春秋之後，周道寖壞，聘問歌詠不行於列國，學《詩》之士逸在布衣，而賢人失志之賦作矣。大儒孫卿及楚臣屈原離讒憂國，皆作賦以風，咸有惻隱古詩之義。其後宋玉、唐勒，漢興枚乘、司馬相如，下及揚子雲，競爲侈麗閎衍之詞，没其風諭之義。是以揚子悔之，曰："詩人之賦麗以則，辭人之賦麗以淫。如孔氏之門人用賦也，則賈誼登堂，相如入室矣，如其不用何!"自孝武立樂府而采歌謡，於是有代趙之謳，秦楚之風，皆感於哀樂，緣事而發，亦可以觀風俗，知薄厚云。序詩賦爲五種。

《兵書略》序

兵家者，蓋出古司馬之職，王官之武備也。《鴻範》八政，八曰師。孔子曰爲國者"足食足兵"，"以不教民戰，是謂棄之"，明兵之重也。《易》曰"古者弦木爲弧，剡木爲矢，弧矢之利，以威天下"，其用上矣。後世燿金爲刃，割革爲甲，器械甚備。下及湯武受命，以師克亂而濟百姓，動之以仁義，行之以禮讓，《司馬法》是其遺事也。自春秋至於戰國，出奇設伏，變詐之兵並作。漢興，張良、韓信序次兵法，凡百八十二家，删取要用，定著三十五家。諸呂用事而盜取之。武帝時，軍政楊僕捃摭遺逸，紀奏兵錄，猶未能備。至于孝成，命任宏論次兵書爲四種。

《數術略》序

數術者，皆明堂羲和史卜之職也。史官之廢久矣，其書既不能具，雖有其書而無其人。《易》曰：“苟非其人，道不虚行。”春秋時魯有梓慎，鄭有裨竈，晉有卜偃，宋有子韋。六國時楚有甘公，魏有石申夫。漢有唐都，庶得麤觕。蓋有因而成易，無因而成難，故因舊書以序數術爲六種。

《方技略》序

方技者，皆生生之具，王官之一守也。太古有岐伯、俞拊，中世有扁鵲、秦和，蓋論病以及國，原診以知政。漢興有倉公。今其技術晻昧，故論其書，以序方技爲四種。

（選自《漢書》，《中華再造善本》影印宋蔡琪家塾刻本；參校以《中華再造善本》影印宋慶元元年建安劉元起刻本、王先謙《漢書補注》光緒二十六年虚受堂刻本、楊樹達《漢書窺管》商務印書館2015年排印本。韓超、吳雨軒仝校，方英權覆校）

【校勘記】

〔一〕“與十七篇文相似”，底本原作“學七十篇文相似”。劉敞曰：“‘學七十篇’，當作‘與十七篇文相似’，五十六卷除十七，正多三十九也。”楊樹達《漢書窺管》亦持其説，今據改。

梁阮孝緒《七録序》

日月貞明，匪光景不能垂照；嵩華載育，非風雲無以懸感。大聖挺生，應期命世，所以匡濟風俗，矯正彝倫，非夫丘索墳典〔一〕，詩書禮樂，何以成穆穆之功，致蕩蕩之化也哉！故洪荒道喪，帝昊興其爻畫；結繩義隱，皇頡肇其文字。自斯已往，沿襲異宜，功成治定，各有方册。正宗既殄，樂崩禮壞，先聖之法，有若綴旒。故仲尼歎曰："大道之行也，與三代之英，丘未逮也，而有志焉。"夫有志，以爲古文猶好也，故自衛反魯，始立素王。於是删《詩》、《書》，定禮樂，列五始於《春秋》，興《十翼》於《易》道。夫子既亡，微言殆絶，七十並喪，大義遂乖。逮於戰國，殊俗政異，百家競起，九流互作。嬴政嫉之，故有坑焚之禍。至漢惠四年，始除挾書之律，其後外有太常、太史、博士之藏，内有延閣、廣内、秘室之府，開獻書之路，置寫書之官。至孝成之世，頗有亡逸，乃使謁者陳農求遺書於天下，命光禄大夫劉向及子俊歆等讎校篇籍，每一篇已，輒録而奏之。會向亡喪，帝使歆嗣其前業，乃徙温室中書於天禄閣上，歆遂總括群篇，奏其《七略》。及後漢蘭臺，猶爲書部，又於東觀及仁壽闥撰集新記。校書郎班固、傅毅，並典秘笈，固乃因《七略》之辭，爲《漢書·藝文志》。其後有著述者，袁山松亦錄在其書。魏晉之世，文籍逾廣，皆藏在秘書中外三閣。魏秘書郎鄭默，删定舊文，時之論者，謂爲朱紫有别。晉領秘書監荀勗，因魏《中經》，更著《新簿》，雖分爲十有餘卷，而總以四部别之。惠懷之亂，其書略盡，江左草創，十不一存，後雖鳩集，淆亂已甚。及著作佐郎李充，始加删正，因荀勗舊簿四部之法，而换其乙丙之書，没略衆篇之名，總以甲乙爲次。自時厥後，世相祖述。宋秘書監謝靈運、丞王儉，齊秘書丞王亮、監謝朏等，並有新進，更撰目錄。宋秘書殷淳，撰大四部目。儉又依《别錄》之體，撰爲《七志》。其中朝遺書，收集稍廣，然所亡者，猶太半焉。齊末兵火，延及秘閣。有梁之初，缺亡甚衆，爰命秘書監任昉躬加部集，又於文德殿内别藏衆書，使學士劉孝標等重加校進，乃分數術之文，更爲一部。使奉朝請祖暅撰其名錄。其尚書閣内别藏經史雜書，華林園又集釋氏經論，自江左篇章之盛，未有踰於當今者也。

孝緒少愛墳籍，長而弗倦，臥病閑居，傍無塵雜。晨光纔啓，緗囊已散，宵漏既分，緑袠方掩，猶不能窮究流略，探盡秘奥。每披錄内省，多有缺然，其遺文隱記，頗好搜集。凡自宋齊已來，王公搢紳之館，苟能蓄聚墳籍，必思致其名簿。凡在所遇，若見若聞，校之官目，多所遺漏，遂總集衆家，更爲新錄。其方内經史，至於術伎，合爲五録，謂之内篇；方外佛道，各爲一録，謂之外篇。凡爲録有七，故名《七録》。昔司馬子長記數千年事，先哲愍其勤，雖復稱爲良史，猶有捃拾之責。況總括群書四萬餘卷，皆討論研覈，標判宗旨，才愧疎通，學慚博達，靡班嗣之賜書，微黄香之東觀，儻欲尋檢，内寡卷軸，如有疑滯，傍無沃啓，其爲紕繆，不亦多乎？將恐後之罪予者，豈不在於斯録。如有刊正，請俟君子。

昔劉向校書，輒爲一録，論其指歸，辨其訛謬，隨竟奏上，皆載在本書。時又别集衆録，謂之《别録》，卽今之《别録》是也。子歆撮其指要，著爲《七略》。其一篇卽六篇之總最，故以《輯略》爲名，次《六藝略》，次《諸子略》，次《詩賦略》，次《兵書略》，次《數術略》，次《方伎略》。王儉《七志》，改《六藝》爲《經典》，次《諸子》，次《詩賦》爲《文翰》，次《兵書》爲《軍書》，次《數術》爲《陰陽》，次《方伎》爲《術藝》。以向、歆雖云《七略》，實有六條，故别立《圖譜》一志，以全七限。其外又條《七略》及二漢《藝文志》、《中經簿》所闕之書，並方外之經，佛經、道經，各爲一録。雖繼《七志》之後，而不在其數，今所撰《七録》，斟酌王、劉。王以《六藝》之稱不足標牓經目，改爲《經典》，今則從之，故序《經典録》爲《内篇》第一。劉、王並以衆史合於《春秋》，劉氏之世，史書甚寡，附見《春秋》，誠得其例。今衆家記傳，倍於經典，猶從此志，實爲繁蕪。且《七略·詩賦》不從《六藝》詩部，蓋由其書既多，所以别爲一略。今依擬斯例，分出衆史，序《記傳録》爲《内篇》第二。《諸子》之稱，劉、王並同，又劉有《兵書略》，王以兵字淺薄，軍言深廣，故改兵爲軍。竊謂古有兵革、兵戎、治兵、用兵之言，斯則武事之總名也，所以還改軍從兵。兵書既少，不足别録，今附於子末，總以子兵爲稱，故序《子兵録》爲《内篇》第三。王以《詩賦》之名不兼餘制，故改爲《文翰》。竊以頃世文詞，總謂之集，變翰爲集，於名尤顯，故序《文集録》爲《内篇》第四。王以《數術》之稱有繁雜之嫌，故改爲《陰陽》；《方伎》之言事無典據，又改爲《藝術》〔二〕。竊以《陰陽》偏有所繫，不如《數術》之該通；《術藝》則濫《六藝》與《數術》，不逮《方伎》之要顯，故還依劉氏，各守本名。但《房中》、《神仙》既入仙道，《醫經》、《經方》不足别創，故合《術伎》之稱，以名一録，爲《内篇》第五。王氏《圖譜》一志，劉《略》所無，劉《數術》中雖有曆譜，而與今譜有異。竊以圖畫之篇，宜從所圖爲部，故隨其名題，各附本録。譜既注記之類，宜與史體相參，故載於《記傳》之末。自斯已上，皆《内篇》也。釋氏之教，實被中土，講説諷味，方軌孔籍，王氏雖載於篇，而不在志限，即理求事，未是所安，故序《佛法録》爲《外篇》第一。仙道之書，由來尚矣，劉氏《神仙》陳於《方伎》之末，王氏《道經》

書於《七志》之外，今合序《仙道錄》爲《外篇》第二。王則先道而後佛，今則先佛而後道，蓋所宗有不同，亦由其教有淺深也。凡内外兩篇，合爲《七錄》。天下之遺書秘記，庶幾窮於是矣。

有梁普通四年，歲維單閼，仲春十有七日，於建康禁中里宅始述此書。通人平原劉杳，從余遊，因説其事。杳有志積久，未獲操筆，聞余已先著鞭，欣然會意，凡所抄集，盡以相與，廣其聞見，實有力焉。斯亦康成之於傳釋，盡歸子慎之書也。〔三〕

（選自《廣弘明集》，《四部叢刊初編》景明汪道昆本；參校以宋刻《崇寧藏》本。韓超、吴雨軒仝校，方英權覆校）

【校勘記】

〔一〕“丘索墳典”，原作“丘素墳典”，據《崇寧藏》本改。

〔二〕“藝術”，下文作“術藝”，《崇寧藏》本亦同。觀後文“《術藝》則濫《六藝》與《數術》”語，以《六藝》在前，似當作“藝術”。王儉《七志》久佚，未詳何者爲正。

〔三〕篇末有王紹曾注：“阮孝緒述《七錄》之序列乃分類理論之文。”

《隋書·經籍志》(選錄)

總序

夫經籍也者，機神之妙旨，聖哲之能事。所以經天地，緯陰陽，正紀綱，弘道德。顯仁足以利物，藏用足以獨善。學之者，將殖焉；不學者，將落焉。大業崇之，則成欽明之德；匹夫克念，則有王公之重。其王者之所以樹風聲，流顯號，美教化，移風俗，何莫由乎斯道。故曰："其爲人也，温柔敦厚，《詩》教也。疏通知遠，《書》教也。廣博易良，《樂》教也。絜静精微，《易》教也。恭儉莊敬，《禮》教也。屬辭比事，《春秋》教也。"遭時制宜，質文迭用。應之以通變，通變之以中庸。中庸則可久，通變則可大。其教有適，其用無窮。實仁義之陶鈞，誠道德之槖籥也。其爲用大矣，隨時之義深矣，言〔一〕無得而稱焉。故曰："不疾而速，不行而至。"今之所以知古，後之所以知今，其斯之謂也。是以大道方行，俯龜象而設卦；後聖有作，仰鳥跡以成文。書契已傳，繩木棄而不用；

史官既立，經籍於是興焉。

夫經籍也者，先聖據龍圖，握鳳紀，南面以君天下者，咸有史官，以紀言行。言則左史書之，動則右史書之。故曰“君舉必書”，懲勸斯在。考之前載，則《三墳》、《五典》、《八索》、《九丘》之類是也。下逮殷、周，史官尤備，紀言書事，靡有闕遺。則《周禮》所稱：太史掌建邦之六典、八灋、八則，以詔王治；小史掌邦國之志，定世繫，辨昭穆；内史掌王之八柄，策命而貳之；外史掌王之外令及四方之志，三皇、五帝之書；御史掌邦國都鄙萬民之治令，以贊冢宰。此則天子之史，凡有五焉。諸侯亦各有國史，分掌其職。則《春秋傳》，晉趙穿弑靈公，太史董狐書曰“趙盾殺其君”，以示於朝。宣子曰：“不然。”對曰：“子爲正卿，亡不越境，反不討賊，非子而誰？”齊崔杼弑莊公，太史書曰“崔杼弑其君”，崔子殺之。其弟嗣書，死者二人。其弟又書，乃舍之。南史聞太史盡死，執簡以往，聞既書矣，乃還。楚靈王與右尹子革語，左史倚相趨而過。王曰：“此良史也，能讀《三墳》、《五典》、《八索》、《九丘》。”然則諸侯史官，亦非一人而已，皆以記言書事，太史揔而裁之，以成國家之典。不虚美，不隱惡，故得有所懲勸，遺文可觀，則《左傳》稱《周志》，《國語》有《鄭書》之類是也。

暨夫周室道衰，紀綱散亂。國異政，家殊俗，褒貶失實，隳紊舊章。孔丘以大聖之才，當傾頹之運，歎鳳鳥之不至，惜將墜於斯文，乃述《易》道而删《詩》、《書》，脩《春秋》而正《雅》、《頌》，壞禮崩樂，咸得其所。自哲人萎而微言絶，七十子散而大義乖，戰國縱横，真僞莫辨，諸子之言，紛然淆亂。聖人之至德喪矣，先王之要道亡矣，陵夷踳駮，以至于秦。秦政奮豺狼之心，剗先代之迹，焚《詩》、《書》，坑儒士，以刀筆吏爲師，制挾書之令。學者逃難，竄伏山林，或失本經，口以傳説。

漢氏誅除秦、項，未及下車，先命叔孫通草緜蕝之儀，救擊柱之弊。其後張蒼治律曆，陸賈撰《新語》，曹參薦蓋公言黄老，惠帝除挾書之律，儒者始以其業行於民間。猶以去聖既遠，經籍散逸，簡札錯亂，傳説紕繆，遂使《書》分爲二，《詩》分爲三，《論語》有齊、魯之殊，《春秋》有數家之傳。其餘互有踳駮，不可勝言。此其所以博而寡要，勞而少功者也。武帝置太史公，命天下計書，先上太史，副上丞相，開獻書之路，置寫書之官。外有太常、太史、博士之藏，内有延閣、廣内、祕室之府。司馬談父子世居太史，探采前代，斷自軒皇，逮于孝武，作《史記》一百三十篇，詳其體制，蓋史官之舊也。至於孝成，祕藏之書，頗有亡散。乃使謁者陳農求遺書於天下，命光禄大夫劉向校經傳、諸子、詩賦，步兵校尉任宏校兵書，太史令尹咸校數術，太醫監李柱國校方技。每一書就，向輒撰爲一録，論其指歸，辨其訛謬，敘而奏之。向卒後，哀帝使其子歆嗣父之業。乃徙温室中書於天祿閣上。歆遂揔括羣篇，撮其指要，著爲《七略》：一曰《集略》，二曰《六藝略》，三曰《諸子略》，四曰《詩賦略》，五曰《兵書略》，六曰《術數略》，七曰《方技略》。大凡三萬三千九十卷。王莽之末，又被焚燒。光武中興，篤好文雅。明、章繼軌，尤重經術。四方鴻生鉅儒，負袠自遠而至者，不可勝筭。石室、蘭臺，彌以充積。又於東觀及仁壽閣集新書，校書郎班固、傅毅等典掌焉。並依《七略》而爲書部，固又編之，以爲《漢書·藝文志》。董卓之亂，獻帝西遷，圖書縑帛，軍人皆取爲帷囊〔二〕。所收而西，猶七十餘載。兩京大亂，掃地皆盡。

魏氏代漢，采掇遺亡，藏在祕書中外三閣。魏祕書郎鄭默始制《中經》，祕書監荀勖又因《中經》更著《新簿》，分爲四部，揔括羣書：一曰甲部，紀六藝及小學等書；二曰乙部，有古諸子家、近世子家、兵書、兵家、術數；三曰景〔三〕部，有史記、舊事、皇覽簿、雜事；四曰丁部，有詩賦、圖讚、汲冢書。大凡四部合二萬九千九百四十五卷。但錄題及言，盛以縹囊，書用緗素。至於作者之意，無所論辯。惠、懷之亂，京華蕩覆，渠閣文籍，靡有孑遺。

東晉之初，漸更鳩聚。著作郎李充以勖舊簿校之，其見存者，但有三千一十四卷。充遂揔沒衆篇之名，但以甲乙爲次。自爾因循，無所變革。其後中朝遺書，稍流江左。宋元嘉八年，祕書監謝靈運造《四部目錄》，大凡六萬四千五百八十二卷。元徽元年，祕書丞王儉又造《目錄》，大凡一萬五千七百四卷[四]。儉又別撰《七志》：一曰《經典志》，紀六藝、小學、史記、雜傳；二曰《諸子志》，紀今古諸子；三曰《文翰志》，紀詩賦；四曰《軍書志》，紀兵書；五曰《陰陽志》，紀陰陽圖緯；六曰《術藝志》，紀方技；七曰《圖譜志》，紀地域及圖書。其道、佛附見，合九條。然亦不述作者之意，但於書名之下每立一傳，而又作九篇條例，編乎首卷之中，文義淺近，未爲典則。齊永明中，祕書丞王亮、監謝朏又造《四部書目》，大凡一萬八千一十卷。齊末兵火，延燒祕閣，經籍遺散。梁初，祕書監任昉躬加部集，又於文德殿内列藏衆書，華林園中揔集釋典，大凡二萬三千一百六卷，而釋氏不豫焉。梁有祕書監任昉、殷鈞《四部目錄》，又《文德殿目錄》。其術數之書，更爲一部，使奉朝請祖暅撰其名。故梁有五部目錄。普通中，有處士阮孝緒，沉靜寡慾，篤好墳史，博采宋、齊已來王公之家凡有書記，參校官簿，更爲《七錄》：一曰《經典錄》，紀六藝；二曰《記傳錄》，紀史傳；三曰《子兵錄》，紀子書、兵書；四曰《文集錄》，紀詩賦；五曰《技術錄》，紀數術；六曰《佛錄》；七曰《道錄》。其分部題目，頗有次序，割析辭義，淺薄不經。梁武敦悅詩書，下化其上，四境之内，家有文史。元帝克平侯景，收文德之書及公私經籍，歸于江陵，大凡七萬餘卷。周師入郢，咸自焚之。陳天嘉中，又更鳩集，考其篇目，遺闕尚多。

其中原則戰争相尋，干戈是務，文教之盛，苻[五]、姚而已。宋武入關，收其圖籍，府藏所有，纔四千卷。赤軸青紙，文字古拙。後魏始都燕、代，南略中原，粗收經史，未能全具。孝文徙都洛邑，借書於齊，祕府之中，稍以充實。暨於爾朱之亂，散落人間。後齊遷鄴，頗更搜聚，迄於天統、武平，校寫不輟。後周始基關右，外逼彊隣，戎馬生郊，日不暇給。保定之始，書止八千，後稍加增，方盈萬卷。周武平齊，先封書府，所加舊本，纔至五千。

隋開皇三年，祕書監牛弘表請分遣使人搜訪異本。每書一卷，賞絹一匹，校寫既定，本卽歸主。於是民間異書，往往間出。及平陳已後，經籍漸備。撿其所得，多太建時書，紙墨不精，書亦拙惡。於是揔集編次，存爲古本。召天下工書之士，京兆韋霈、南陽杜頵等，於祕書内補續殘缺，爲正副二本，藏于宮中，其餘以實祕書内外之閣。凡三萬餘卷。煬帝卽位，祕閣之書限寫五十副本，分爲三品：上品紅瑠璃軸，中品紺瑠璃軸，下品漆軸。於東都觀文殿東西廂構屋以貯之，東屋藏甲乙，西屋藏景[六]丁。又聚魏已來古跡名畫，於殿後起二臺，東曰妙楷臺，藏古跡；西曰寶臺[七]，藏古畫。又於内道場集道、佛經，別撰目錄。

大唐武德五年，克平僞鄭，盡收其圖書及古跡焉。命司農少卿宋遵貴載之以船，泝河西上，將致京師。行經底柱，多被漂没，其所存者，十不一二。其目錄亦爲所漸濡，時有殘缺。今考見存，分爲四部，合條爲一萬四千四百六十六部，有八萬九千六百六十六卷。其舊録所取，文義淺俗、無益教理者，並删去之。其舊録所遺，辭義可采，有所弘益者，咸附入之。遠覽馬《史》、班《書》，近觀王、阮《志》、《録》，挹其風流體制，削其浮雜鄙俚，離其疏遠，合其近密，約文緒義，凡五十五篇，各列本條之下，以備《經籍志》。雖未能研幾探賾，窮極幽隱，庶乎弘道設教，可以無遺闕焉。夫仁義禮智，所以治國也；方技數術，所以治身也。諸子爲經籍之鼓吹，文章乃政化之黼黻。皆爲治之具也，故列之於此志云。

（選自《隋書》，元大德饒州路儒學刻本；參校以宋刻遞修本、中華書局點校本1973年版。謝雨欣、曲瑩仝校，方英權覆校）

【校勘記】

〔一〕“言”，宋刻遞修本作“信”。

〔二〕“取爲帷囊”，底本“取”字漫漶，據宋刻遞修本補。

〔三〕“景”，中華書局點校本作“丙”，“景”當爲避唐世祖李昞諱。

〔四〕“一萬五千七百四卷”，宋刻遞修本無“一”字。

〔五〕“苻”，底本、宋刻遞修本作“符”，據中華書局點校本改。

〔六〕同〔三〕。

〔七〕“寶臺”，中華書局點校本作“寶蹟臺”，卷後《校勘記》：“‘寶蹟臺’，原作‘寶臺’，據張彦遠《歷代名畫記》一補‘蹟’字。”

宋晁公武《郡齋讀書志》（選錄）

總序

自漢武帝之後，雖世有治亂，無不知崇尚典籍。劉歆始著《七略》，總錄群書：一曰《輯略》，二曰《六藝》，三曰《諸子》，四曰《詩賦》，五曰《兵書》，六曰《術數》，七曰《方技》。〔一〕至荀勗更著《新簿》，分爲四部：一曰甲部，紀六藝及小學等書；二曰乙部，有古今諸子家及兵書、術數；三曰丙部，有史記及故事；四曰丁部，有詩賦、圖讚。勗之《簿》，蓋合兵書、術數、方技於諸子，自春秋類摘出史記別爲一〔二〕；六藝、諸子、詩賦皆仍歆舊。其後歷代所編書目，如王儉、阮孝緒之徒，咸從歆例；謝靈運、任昉之徒，咸從勗例。唐之分經、史、子、集，藏於四庫，是亦祖述勗而加詳焉。歐陽公謂其始於開元，其誤甚矣〔三〕。今予〔四〕所錄書，史集猥衆〔五〕，若依《七略》，則多寡不均，故亦分爲四部焉〔六〕。

【校勘記】

〔一〕“二曰《六藝》”至“七曰《方技》”，《宛委別藏》本《衢本郡齋讀書志》均有“略”字。

〔二〕“別爲一”，《宛委別藏》本《衢本郡齋讀書志》作“別而爲一”。

〔三〕“其誤甚矣”，《宛委別藏》本《衢本郡齋讀書志》作“誤矣”。

〔四〕“予”，《宛委別藏》本《衢本郡齋讀書志》作“公武”。

〔五〕“猥衆”，《宛委別藏》本《衢本郡齋讀書志》作“居其半”。

〔六〕“分爲四部”，《宛委別藏》本《衢本郡齋讀書志》作“分之爲四”。

經部序

經部，其類十：〔一〕一曰易類，二曰書類，三曰詩類，四曰禮類，五曰樂類，六曰春秋類，七曰孝經類，八曰論語類，九曰經解類，十曰小學類。〔二〕合二百五十五部，計三千二百四十四卷。〔三〕孔氏之教，別而爲六藝數十萬言，其義理之富，至於不可勝原。然其要片言可斷，曰修身而已矣。修身之道，内之則本於正心誠意，致知格物；外之則推於齊家、治國、平天下。内外兼盡，無施而不宜。學者若以此而觀六藝，猶坐璇璣以窺七政之運，無不合者。不然，則悖謬乖離，無足恠也。漢承秦後，六藝皆出於灰燼之餘，學者顓門名家，故《易》有田氏、焦氏、費氏，《詩》有魯《詩》、韓《詩》、齊《詩》，《春秋》有鄒、郟、左丘明、公羊高、穀梁赤，《禮》、《樂》有大小戴〔四〕之殊，《書》有古文、今文之異。各尊其師説，而伐其異己者，黨枯骸，護蠹簡，至於忘父子君臣之分，争辯不少屈，其弊甚矣。迨至晉、魏之後，此弊雖衰，而學者徒剽賊六藝之文，飾其辭章，以譁世取寵，而不復有明道之意，無以議爲。及唐之中葉，海内乂安，士稍知宗尚經術，而去聖愈遠，異端並興。學《書》者則以今文易古文，而頗改其辭；學《春秋》者則合三傳之同異，而雜舉其義。不本所承，決以胷臆，以迄于今。釋、老、申、韓之説，雜然滿於《六經》之中，雖與漢儒之學不同，而其失一也。凡此者，豈有他哉？皆不能探修身之道，反刻意於章句，是以迢迢千載之間，悖謬乖離，殊塗而同歸，至此其極，悲夫！今所録漢唐以來之書甚備，觀者其慎擇焉。《論語》、《孝經》自班固以來皆附經類。夫《論語》群言之首，《孝經》百行之宗，皆《六經》之要，其附於經，固不可易。又《藝文志》有小學類，《四庫書目》有經解類，蓋有補於經，而無所系屬，故皆附于經，今亦從之。

【校勘記】

〔一〕“經部，其類十”，《宛委别藏》本《衢本郡齋讀書志》

作“經之類凡十”。

〔二〕“一曰易類”至“十曰小學類”，《宛委别藏》本《衢本郡齋讀書志》均無“類”字。

〔三〕“合二百五十五部，計三千二百四十四卷”，據《宛委别藏》本《衢本郡齋讀書志》補。

〔四〕“大小戴”，《宛委别藏》本《衢本郡齋讀書志》作“大戴小戴”。

史部序

史部，其類〔一〕十有三：一曰正史類，二曰編年類，三曰實録類，四曰雜史類，五曰僞史類，六曰史評類，七曰職官類，八曰儀注類，九曰刑法類，十曰地理類，十一曰傳記類，十二曰譜牒類，十三曰目録類。〔二〕合二百八十三部，七千三百八十八卷。〔三〕後世述史者其體有三：編年者，以事系日月而總之於年，蓋本於左氏〔四〕明；紀傳者，分記君臣行事之終始，蓋本於司馬遷；實録者，近起於唐〔五〕，雜取兩者之法而爲之，以備史官採擇而已，初無制作之意，不足道也。若編年、紀傳，則各有所長，殆未易以優劣論。雖然，編年所載，於一國治亂之事爲詳；紀傳所載，於一人善惡之跡爲詳。用此言之，編年似優，又其來最古，而人皆以紀傳便於披閱，獨行於世，號爲正史，不亦異乎？舊以職官、儀注等凡史氏有取者，皆附之史，今從焉。

【校勘記】

〔一〕“史部，其類”，《宛委别藏》本《衢本郡齋讀書志》作“史之類”。

〔二〕“一曰正史類”至“十三曰目録類”，《宛委别藏》本《衢本郡齋讀書志》均無“類”字。

〔三〕“合二百八十三部，七千三百八十八卷”，據《宛委别藏》本《衢本郡齋讀書志》補。

〔四〕“氏”，《宛委别藏》本《衢本郡齋讀書志》作“邱”。

〔五〕“近起於唐”，《宛委别藏》本《衢本郡齋讀書志》作“其名起於蕭梁，至唐而盛”。

子部序

子部，其類十六：一曰儒家類，二曰道家類，三曰法家類，四曰名家類，五曰墨家類，六曰縱横類，七曰雜家類，八曰農家類，九曰小説類，十曰天文曆筭類，十一曰兵家類，十二曰類家類，十三曰雜藝類，十四曰醫書類，十五曰神仙類，十六曰釋書類。〔一〕合五百五十五部，計七千七百六十卷。〔二〕序九流者，以謂皆出於先王之官，咸有所長，及失其傳，故各有弊，非道本然，特學者之過也，是以録之。又以醫卜、技藝亦先王之所不廢，故附於九流之末。夫儒、墨、名、法，先王之教；醫卜、技藝，先王之政，其相附近也固宜。昔劉歆既録神仙之書，而王儉又録釋氏，今亦循之者，何哉？自漢以後，九流寖微，隋唐之間，又尚辭章，不復問義理之實，雖以儒自名者，亦不知何等爲儒術矣，況其次者哉？百家壅底正塗之弊雖息，而神仙服食之説盛，釋氏因果之教興，雜然與儒者抗衡，而意常先之。君子雖有取焉而學之者，〔三〕不爲所惑者鮮矣，其爲患又甚於漢。蓋彼八家皆有補於時，而此二教皆無意於世也。八家本出於聖人，有補於時，〔四〕特學者失之。而莊、老猶足以亡晉，申、商猶足以滅秦，況二教無意於世，不自附於聖人，若學而又失之，則其禍將如何？故存之以爲世戒云。

【校勘記】

〔一〕“子部，其類十六……”，《宛委别藏》本《衢本郡齋讀書志》作：“子之類凡十八：其一曰儒家，二曰道家，三曰法家，四曰名家，五曰墨家，六曰縱横家，七曰雜家，八曰農家，九曰小説，十曰天文，十一曰星曆，十二曰五行，十三曰兵家，十四曰類書，十五曰藝術，十六曰醫書，十七曰神仙，十八曰釋書。”

〔二〕“合五百五十五部，計七千七百六十卷”，據《宛委别藏》本《衢本郡齋讀書志》補。

〔三〕“君子雖有取焉而學之者”，據《宛委别藏》本《衢本郡齋讀書志》補。

〔四〕“而此二教皆無意於世也。八家本出於聖人，有補於時”，據《宛委別藏》本《衢本郡齋讀書志》補。

集部序

集部，其類有四〔一〕：一曰楚辭類，二曰別集類，三曰總集類，四曰文説類〔二〕。内別集猥多，復分爲上、中、下。合四百八部，計六千一百六十一卷。〔三〕昔屈原作《離騷》，雖詭譎不槩諸聖，而英辯藻思，閎麗演迤，發於忠正，蔚然爲百代詞章之祖。衆士慕嚮，波属雲委，自時厥後，綴文者接踵於斯矣。然軌轍不同，機杼亦異，各名一家之言。學者欲矜式焉，故別而聚之，命之爲集。蓋其原起於東京，而極於有唐，至七百餘家。當晉之時，摯虞已患其凌雜難觀，嘗自詩賦以下彙分之，曰《文章流別》。後世祖述之而爲總集，蕭統所選是也。至唐亦且七十五家，嗚呼，盛矣！雖然，賤生于無所用，或其傳不能廣，值水火兵寇之厄，因而散落者十八九。亦有長編鉅軸，幸而得存，其屬目者幾希。此無他，凡以其虛辭濫説徒爲美觀而已，無益於用故也。今錄漢迄唐，附以五代本朝作者，其數亦甚衆。其間格言偉論可以扶持世教者，爲益固多。至於虛辭濫説如上所陳者，知其終當泯泯無聞，猶可以自警，則其無用亦有用也，是以不加銓擇焉。

【校勘記】

〔一〕“四”，《宛委别藏》本《衢本郡齋讀書志》作“三”。

〔二〕“四曰文説類”，《宛委别藏》本《衢本郡齋讀書志》無。

〔三〕“合四百八部，計六千一百六十一卷”，《宛委别藏》本《衢本郡齋讀書志》無。

《毛詩詁訓傳》二十卷

右古詩三千餘篇，孔子删取其三百一十篇爲經，後亡其六。漢興分爲三：申公作訓詁，號魯《詩》；轅固生作傳，號齊《詩》；韓嬰作傳，號韓《詩》，皆列學官。最後毛公《詩》出，自謂子夏所傳。公，趙人，爲河間獻王博士，五傳至東京，馬、賈、二鄭皆授其學。魏晉間，魯、齊《詩》遂廢而韓《詩》僅存，毛公《詩》獨行至今，世謂其解經最密。其序，蕭統以爲卜子夏所作，韓愈常以三事疑其非，至〔一〕介甫獨謂詩人所自製。按《東漢·儒林傳》曰：“衛宏作《毛詩敘》，善得《風》、《雅》之旨。”《隋·經籍志》曰：“先儒相承謂《毛詩序》子夏所創，毛公及衛公所潤益。”愈之言蓋本於此。韓《詩》序《芣苢》曰“傷夫也”，《漢廣》曰“悦人也”。《序》若詩人所自製，毛《詩》猶韓《詩》也，不應不同若是，況文意繁雜，其不出一人之手甚明。不知介甫何以言之？殆臆論也。漢鄭康成箋。

【校勘記】

〔一〕“至”，《宛委別藏》本《衢本郡齋讀書志》作“王”。

《爾雅》三卷

右世傳《釋詁》，周公書也；餘篇，〔一〕仲尼、子夏、叔孫通、梁文增補之，晉郭璞注。文字之學凡有三：其一體製，謂點畫有衡縱、曲直之殊；其二訓詁，謂稱謂有古今、雅俗之異；其三音韻，謂呼吸有清濁、高下之不同。論體製之書，《説文》之類是也。論訓詁之書，《爾雅》、《方言》之類是也。論音韻之書，沈約《四聲譜》及西域反切之學是也。三者雖各名〔二〕一家，其實皆小學之類，而《藝文志》獨以《爾雅》附孝經類，《經籍志》又以附論語類，皆非是。今依《四庫書目》，置于小學之首。

【校勘記】

〔一〕“餘篇”，據《宛委別藏》本《衢本郡齋讀書志》補。

〔二〕“名”，據《宛委別藏》本《衢本郡齋讀書志》補。

《史記》一百三十卷

右漢太史令司馬遷續其父談書。創爲義例，起黄帝，迄漢武獲麟之歲，撰成十二紀以序帝王，十〔一〕年表以貫歲月，八書以紀政事，三十世家以序公侯，七十列傳以志士庶，上下三千餘載，凡爲五十二萬六千五百言。遷没後，缺《景》、《武》紀，《禮》、《樂》、《律》書，《三王世家》，《漢興以來將相年表》，《日者》、《龜策傳》，《靳蒯成〔二〕列傳》等十篇。元成間，褚少孫追補及益以武帝後事，辭旨淺鄙，不及遷書遠甚。遷書舊有〔三〕裴駰《集解》，云〔四〕班固嘗譏遷“論大道則先黄老而後《六經》，序游俠則退處士而進姦雄，述貨殖則崇勢利而羞貧賤”。後世愛遷者，多〔五〕以此論爲不然，謂遷特感當世之所失，憤其身之所遭，寓之於書，有所激而爲此言耳，非其心所謂誠然也。當武帝之世，表章儒術而罷黜百家，宜乎大治，而窮奢極侈，海内彫弊，反不若文景尚黄老時人主恭儉，天下饒給，此其論大道所以先黄老而後《六經》也。武帝用法刻深，群臣一言忤旨輒下吏誅，而當刑者得以貨自贖。遷之遭李陵之禍，家貧無財賄自贖，交遊莫救，卒陷腐刑。其序游俠退處士而進姦雄者，蓋遷歎時無朱家之倫，不能脱己於禍，故曰："士窮窘得委命，此豈非人所謂賢豪者邪？"其述貨殖崇勢利而羞貧賤者，蓋遷自傷特以貧故不能自免於刑戮，故曰："千金之子，不死於市。"非空言也。固不察其心而騻譏之，過矣。

【校勘記】

〔一〕"十"，據《宛委别藏》本《衢本郡齋讀書志》補。

〔二〕"成"，據《宛委别藏》本《衢本郡齋讀書志》補。

〔三〕"遷書舊有"，據《宛委别藏》本《衢本郡齋讀書志》補。

〔四〕"云"，據《宛委别藏》本《衢本郡齋讀書志》補。

〔五〕"多"，據《宛委别藏》本《衢本郡齋讀書志》補。

《尹文子》三〔一〕卷

右周尹文撰〔二〕、仲長氏所定《尹文子》篇。《序》稱文子當齊宣王時居稷下，學於公孫龍，龍稱之。而《前漢·藝文志》敘此書在龍書上。顔師古謂文嘗説齊宣王，在龍之前。《史記》云公孫龍客于平原君，君相趙惠文王，惠文王元年，齊宣没已四十餘歲矣。則知文非學於龍者也。今觀其書，雖專言刑名，然亦宗六藝，數稱仲尼，其叛道者蓋鮮，豈若龍之不宗賢聖好恠妄言哉？李獻臣云："仲長氏，統也；熙伯，繆襲字也。"傳稱統卒於獻帝遜位之年，而此云黄初末到京師，豈史之誤乎？此本富順李氏家所藏者，謬誤殆不可讀，因爲是正其甚者，疑則闕焉。

【校勘記】

〔一〕"三"，《宛委别藏》本《衢本郡齋讀書志》作"二"。

〔二〕"周尹文撰"，據《宛委别藏》本《衢本郡齋讀書志》補。

《杜甫集》二十卷《集外詩》一卷《注杜甫詩》二十卷蔡興宗編《杜甫詩》二十卷趙次公注《杜詩》五十九卷

右唐杜甫，子美也，審言之孫。天寶十三年〔一〕玄宗朝獻太清宫、享廟及郊，奏賦三篇，使待制集賢院。宰相試文，再遷右衛率府胄曹，終於劍南參謀檢校工部員外。曠放不自檢，好論天下大事，高而不切。少與李白齊名，號"李杜"。數當寇亂，挺節無污。爲歌詩，傷時撓弱，情不忘君，人憐其忠云。集有王洙原叔、王琪君玉序。本朝自王原叔以後，學者喜杜詩。

世有爲之注者數家，率皆鄙淺可笑。有托原叔[二]名，其實非也。呂微仲在成都時，嘗譜其年月。近時有蔡興宗者，再用年月編次之。而趙次公者又以古律詩雜次第之，且爲之注。兩人頗以意改定其誤字云[三]，人不善之[四]。

（以上選自《郡齋讀書志》，民國二十二年《續古逸叢書》景宋袁州刊本；參校以《宛委别藏》本《衢本郡齋讀書志》。曲瑩、謝雨欣仝校，方英權覆校）

【校勘記】

〔一〕“年”，《宛委别藏》本《衢本郡齋讀書志》作“載”。

〔二〕“托原叔”，原作“原甫”，據《宛委别藏》本《衢本郡齋讀書志》改。

〔三〕“云”，據《宛委别藏》本《衢本郡齋讀書志》補。

〔四〕“人不善之”，《宛委别藏》本《衢本郡齋讀書志》無此四字。

宋陳振孫《直齋書録解題》（選録）

《韻補》五卷

吳棫撰。取古書自《易》、《書》、《詩》而下，以及本朝歐、蘇凡五十種，其聲韻與今不同者皆入焉。朱侍講多用其説於《詩傳》、《楚辭注》，其爲書詳且博矣。又有《毛詩補音》一書，别見詩類，大歸亦若此。以愚攷之，古今世殊，南北俗異，語言音聲誠有不得盡合者。古之爲詩，學者多以諷誦，不專在竹帛，竹帛所傳不過文字，而聲音不可得而傳也。又漢以前未有反切之學，許氏《説文》，鄭氏《箋》、《注》，但曰讀若某而已，其于后世四聲七音又豈能盡合哉？反切之學，自西域入中國，至齊梁間盛行，然後聲病之説詳焉。韻書肇于陸法言，于是有音同韻異，若東冬鍾、魚虞模、庚耕清青、登蒸之類，斷斷乎不可以相雜，若此者豈惟古書未之有，漢魏以前亦未之有也。陸德明于《燕燕》詩以南韻心，有讀南作尼心切者，陸以爲古人韻緩，不煩改字，此誠名言。今之讀古書古韻者，但當隨其聲之叶而讀之，若來之爲釐，慶之爲羌，馬之爲姥，聲韻全別，不容不改。其聲韻苟相近，可以叶讀，則何必改字？如燔字必欲作汾沿反，官字必欲作俱員反，天字必欲作鐵因反之類，則贅矣。

《新唐書》二百二十五卷〔一〕

翰林學士廬陵歐陽修永叔、端明殿學士安陸宋祁子京撰。初，慶曆中詔王堯臣、張方平等刊修，久而未就。至和初，乃命修爲紀、志，祁爲列傳，范鎮、王疇、宋敏求、呂夏卿、劉羲叟同編修。嘉祐五年上之，凡廢傳六十一，增傳三百三十一、志三、表四。故其進書上表曰："其事則增於前，其文則省於舊。"第賞增秩訓詞，劉敞原父所行最爲古雅。曰："古之爲國者法後王，爲其近於己，制度文物可觀故也。唐有天下且三百年，明君賢臣相與經營扶持之，其盛德顯功，美政善謀，固已多矣。而史官非其人，記述失序，使興壞成敗之跡晦而不章，朕甚恨之，肆擇廷臣，筆削舊書，勒成一家。具官歐陽修、宋祁創立統紀，裁成大體；范鎮、王疇、宋敏求等網羅遺逸，厥協異同。凡十有七年，大典乃立，閎富精覈，度越諸子矣。校讎有功，朕將據古鑑今，以立時治，爲朕得法，其勞不可忘也。皆增秩一等，布其書於天下，使學者咸觀焉。"舊例，修書止著官高一人名銜。歐公曰："宋公於我爲前輩，且於此書用力久且深，何可没也？"遂於紀、傳各著之。宋公感其退遜。今案"舊史"成於五代文氣卑陋之時，紀次無法，詳畧失中，論贊多用儷語，固不足傳世；而《新書》不出一手，亦未得爲全善。本紀用《春秋》例，削去詔令，雖太畧猶不失簡古，至列傳用字多奇澁，殆類虬户銑谿體，識者病之。歐公嘗卧聽《藩鎮傳序》曰："使筆力皆如此，亦未易及也。"然其序全用杜牧《罪言》，實無宋公一語。然則歐公殆不滿於宋，名銜之著，固惡夫争名，抑亦以自表異耶？温公《通鑑》多据舊史，而唐庚子西直謂《新唐書》敢亂道而不好，雖過甚，亦不爲亡謂也。劉元城亦謂事增文省，正《新書》之失處云。

文簡云：《進〈唐書〉表》自言其文減於前，其事多於舊，此正其所爲不逮遷、固者。顧以自衒，何哉。《論語》記夫子與弟子問答，率不過數語，而"季氏將伐顓臾"記所詰對甚詳，不如是不足以見體要，各造其極也。今唐史務爲省文，而拾取小説私記，則皆附著無棄，其有官品尊崇而不預治亂、又無善惡可垂鑑戒者悉聚，徒繁無補，殆與古作者不侔。始唐史置局時，其同僚約曰著舊史所無者三事，則固立於不善矣，弊必至於此。然其名臣關國治亂者，如裴度、陸贄、魏徵傳，悉致其詳，則其有補亦不可掩。〔二〕

【校勘記】

〔一〕底本"《新唐書》二百二十五卷"下有小注："案，曾公亮《進〈新唐書〉表》及《文獻通攷》、鄭樵《通志》所著卷並與此同，惟《宋史·藝文志》作二百五十五卷，於李繪《補注》者仍作二百五十五卷。其互異所由不可攷。”

〔二〕底本“則其有補亦不可掩”下有小注：“隨齋批注。”

《荀子注》二十卷

唐大理評事楊倞注。案劉向序，校中書三百二十二篇，以校除複重二百九十篇，定著三十三篇。《隋志》爲十二卷。至倞始分爲二十卷，而注釋之。淳熙中，錢佃耕道用元豐監本參校，刊之江西漕司，其同異著之篇末，凡二百二十六條，視他本最爲完善。

《李翰林集》三十卷〔一〕

唐翰林供奉廣漢李白撰。《唐志》有《草堂集》二十卷者，李陽冰所錄也。今案，陽冰序文但言十喪其九，而無卷數，又樂史序文稱“《李翰林集》十卷，別收歌詩十卷，因校勘爲二十卷。又於館中得賦、序、表、書、贊、頌等，亦爲十卷，號曰《別集》”。然則三十卷者，樂史所定也。家所藏本，不知何處本，前二十卷爲詩，後十卷爲雜著，首載陽冰、史及魏顥、曾鞏四序，李華、劉全白、范傳正、裴敬碑誌，卷末又載《新史》本傳，而《姑孰十詠》，“笑矣”、“悲來”、“草書”三歌行亦附焉，復著東坡辯證之語，其本最爲完善。别有蜀刻大小二本，卷數亦同，而首卷專載碑序，餘二十三卷歌詩，而雜著止六卷。有宋敏求後序，言舊集歌詩七百七十六篇，又得王溥及唐魏萬集本，因裒《唐類詩》諸編洎石刻所傳，廣之無慮千篇，以《别集》、雜著附其後。曾鞏蓋因宋本而次第之者也。以校舊藏本，篇數如其言。然則蜀本卽宋本也耶？末又有元豐中毛漸題云：“以宋公編類之勤，曾公攷次之詳，而晏公又能鏤板以傳於世。”乃晏知止刻於蘇州者。然蜀本蓋傳蘇本，而蘇本不復有矣。

（以上選自《直齋書録解題》，清乾隆内府活字印《武英殿聚珍版書》本；參校以清光緒間廣雅書局刻《武英殿聚珍版書》本。曲瑩、謝雨欣仝校，方英權覆校）

【校勘記】

〔一〕底本“《李翰林集》三十卷”下有小注：“案《解題》中所云應作三十卷，原本脱十字。今校補。”

宋鄭樵《通志·校讎略》(選錄)

編次必謹類例論

學之不專者，爲書之不明也。書之不明者，爲類例之不分也。有專門之書，則有專門之學；有專門之學，則有世守之能。人守其學，學守其書，書守其類，人有存没而學不息，世有變故而書不亡。以今之書校古之書，百無一存，其故何哉？士卒之亡者，由部伍之法不明也；書籍之亡者，由類例之法不分也。類例分則百家九流各有條理，雖亡而不能亡也。巫醫之學，亦經存没而學不息；釋老之書，亦經變故而書常存。觀漢之《易》書甚多，今不傳，惟卜筮之《易》傳；法家之書亦多，今不傳，惟釋老之書傳。彼異端之學，能全其書者，專之謂矣。

十二野者，所以分天之綱，即十二野不可以明天。九州者，所以分地之紀，即九州不可以明地。《七略》者，所以分書之次，即《七略》不可以明書。欲明天者在於明推步，欲明地者在於明遠邇，欲明書者在於明類例。噫！類例不明，圖書失紀，有自來矣。臣於是總古今有無之書，爲之區別，凡十二類：經類第一，禮類第二，樂類第三，小學類第四，史類第五，諸子類第六，星數類第七，五行類第八，藝術類第九，醫方類第十，類書類第十一，文類第十二。經一類分九家，九家有八十八種書，以八十八種書而總爲九種書可乎？禮一類分七家，七家有五十四種書，以五十四種書而總爲七種書可乎？樂一類爲一家，書十一種。小學一類爲一家，書八種。史一類分十三家，十三家爲書九十種，朝代之書則以朝代分，非朝代書則以類聚分。諸子一類分十一家，其八家爲書八種，道、釋、兵三家書差多，爲四十種。星數一類分三家，三家爲書十五種。五行一類分三十家，三十家爲書三十三種。藝術一類爲一家，書十七種。醫方一類爲一家，書二十六種。類書一類爲一家，分上下二種。文類一類分二家，二十二種，别集一家爲十九種書，餘二十一家二十一〔一〕種書而已。總十二類，百家，四百二十二種，朱紫〔二〕分矣。散四百二十二種書，可以窮百家之學。斂百家之學，可以明十二類之所歸。

易本一類也，以數不可合於圖，圖不可合於音，讖緯不可合於傳注，故分爲十六種。詩本一類也，以圖不可合於音，音不可合於譜，名物不可合於詁訓，故分爲十二種。禮雖一類，而有七種，以《儀禮》雜於《周官》可乎？春秋雖一類，而有五家，以啖、趙雜於《公》、《穀》可乎？樂雖主於音聲，而歌曲與管絃異事。小學雖主於文字，而字書與韻書背馳。編年一家，而有先後。文集一家，而有合離。日月星辰，豈可與風雲氣候同爲天文之學？三命元辰，豈可與九宮太一同爲五行之書？以此觀之，《七略》所分，自爲苟簡；四庫所部，無乃荒唐。

類書猶持軍也，若有條理，雖多而治；若無條理，雖寡而紛。類例不患其多也，患處多之無術耳。

今所紀者，欲以紀百代之有無。然漢、晉之書，最爲希闊，故稍略；隋、唐之書，於今爲近，故差詳；《崇文》四庫及民間之藏，乃近代之書，所當一一載也。

（選自《通志·校讎略》，元大德三山郡庠刻本；參校以明正德陳宗夔刻本。謝雨欣、曲瑩仝校，方英權覆校）

【校勘記】

〔一〕"一"，底本漫漶，據明正德陳宗夔刻本補。

〔二〕"朱紫"，底本漫漶，據明正德陳宗夔刻本補。

《四庫全書總目》（選錄）

四庫全書總目凡例

一、是書卷帙浩博，爲亘古所無。然每進一編，必經親覽，宏綱巨目，悉稟天裁。定千載之是非，決百家之疑似。權衡獨運，衮鉞斯昭。睿鑒高深，迥非諸臣管蠡之所及。隨時訓示，曠若發蒙。八載以來，不能一一殫記。謹錄歷次恭奉聖諭爲一卷，載諸簡端，俾共知我皇上稽古右文，功媲刪述，懸諸日月，昭示方來，與歷代官修之本泛稱御定者，迥不相同。

一、是書以經史子集提綱列目，經部分十類，史部分十五類，子部分十四類，集部分五類。或流別繁碎者，又分析子目，使條理分明。所錄諸書，各以時代爲次。其歷代帝王著作，從《隋書·經籍志》例，冠各代之首。至於列朝聖製、皇上御撰，揆以古例，當弁冕全書，而我皇上道秉大公，義求至當，以四庫所錄包括古今，義在衡鑒千秋，非徒取尊崇昭代，特命各從門目，弁於國朝著述之前。此尤聖裁獨斷，義愜理精，非館臣所能仰贊一詞者矣。

一、前代藏書，率無簡擇，蕭蘭竝擷，珉玉雜陳，殊未協别裁之義。今詔求古籍，特創新規，一一辨厥妍媸，嚴爲去取。其上者悉登編錄，罔致遺珠。其次者亦長短兼臚，見瑕瑜之不掩。其有言非立訓，義或違經，則附載其名，兼匡厥謬。至於尋常著述，未越羣流，雖咎譽之咸無，要〔一〕流傳之已久，準諸家著錄之例，亦併存其目，以備考核。等差有辨，旌别兼施，自有典籍以來，無如斯之博且精矣。

一、自《隋志》以下，門目大同小異，互有出入，亦各具得失，今擇善而從。如詔令奏議，《文獻通考》入集部，今以其事關國政，詔令從《唐志》例入史部，奏議從《漢志》例亦入史部。《東都事略》之屬，不可入正史而亦不可入雜史者，從《宋史》例立别史一門。《香譜》、《鷹譜》之屬，舊志無所附麗，強入農家，今從尤袤《遂初堂書目》例，立譜錄一門。名家、墨家、縱横家，歷代著錄各不過一二種，難以成帙，今從黄虞稷《千頃堂書目》例，併入雜家爲一門。又别集之有詩無文者，《文獻通考》别立詩集一門，然則有文無詩者何不别立文集一門，多事區分，徒滋繁碎，今仍從諸史之例，併爲别集一門。又兼詁羣經者，《唐志》題曰經解，則不見其爲羣經；朱彝尊《經義考》題曰羣經，又不見其爲經解；徐乾學通志堂所刻改名曰總經解，何焯又譏其杜撰。今取《隋志》之文，名之曰五經總義。凡斯之類，皆務求典據，非事更張。

一、焦竑《國史經籍志》多分子目，頗以餖飣爲嫌。今酌乎其中，惟經部之小學類，史部之地理、傳記、政書三類，子部之術數、藝術、譜録、雜家四類，集部之詞曲類，流派至爲繁夥，端緒易至茫如。謹約分小學爲三子目，地理爲九子目，傳記爲五子目，政書爲六子目，術數爲七子目，藝術、譜録各爲四子目，雜家爲五子目，詞曲爲四子目，使條理秩然。又經部之禮類，史部之詔令奏議類、目録類，子部之天文算法類、小説家類，亦各約分子目，以便檢尋。其餘瑣節，槩爲删併。

一、古來諸家著録，往往循名失實，配隸乖宜，不但《崇文總目》以《樹萱録》入之種植，爲鄭樵所譏。今竝考校原書，詳爲釐定。如《筆陣圖》之屬舊入小學類，今惟以論六書者入小學，其論八法者不過筆札之工，則改隸藝術。《羯鼓録》之屬舊入樂類，今惟以論律吕者入樂，其論管絃工尺者不過世俗之音，亦改隸藝術。《左傳類對賦》之屬舊入春秋類，今以其但取儷辭，無關經義，改隸類書。《孝經集靈》舊入孝經類，《穆天子傳》舊入起居注類，《山海經》、《十洲記》舊入地理類，《漢武帝内傳》、《飛燕外傳》舊入傳記類，今以其或涉荒誕，或涉鄙猥，均改隸小説。他如揚雄《太玄經》舊入儒家類，今改隸術數；俞琰《易外别傳》舊入易類，今改隸道家。又如《倪石陵書》名似子書而實文集，陳埴《木鍾集》名似文集而實語錄。凡斯之流，不可殫述，竝一一考核，務使不失其真。

一、諸書刊寫之本不一，謹擇其善本錄之。增刪之本亦不一，謹擇其足本錄之。每書名之下，欽遵諭旨，各註某家藏本，以不没所自。其坊刻之書，不可專題一家者，則註曰通行本。至其編次先後，《漢書·藝文志》以高帝、文帝所撰雜置諸臣之中，殊爲非體；《隋書·經籍志》以帝王各冠其本代，於義爲允，今從其例。其餘槩以登第之年、生卒之歲爲之排比，或據所往來倡和之人爲次。無可考者，則附本代之末。釋道閨閣，亦各從時代，不復區分。宦侍之作，雖不宜厠士大夫間，然《漢志》小學家嘗收趙高之《爰歷》、史游之《急就》，今從其例，亦間存一二。外國之作，前史罕載，然既歸王化，卽屬外臣，不必分疆絶界，故木增、鄭麟趾、徐敬德之屬，亦隨時代編入焉。

一、諸書次序，雖從其時代，至於箋釋舊文，則仍從所註之書，而不論作註之人。如儒家類明曹端《太極圖述解》，以註周子之書，則列於《張子全書》前；國朝李光地《註解正蒙》，以註張子之書，則列於《二程遺書》前是也。他如《史記疑問》附《史記》後，《班馬異同》附《漢書》後之類，亦同此例，以便參考。至於汪晫所輯之《曾子》、《子思子》則仍列於宋，呂柟所輯之《周子鈔釋》諸書則仍列於明。蓋雖裒輯舊文，而實自爲著述，與因原書而考辨者事理固不同也。

一、劉向校理祕文，每書具奏；曾鞏刊定官本，亦各製序文。然鞏好借題抒議，往往冗長，而本書之始末源流轉從疎略。王堯臣《崇文總目》、晁公武《郡齋讀書志》、陳振孫《書録解題》稍具崖略，亦未詳明。馬端臨《經籍考》薈稡羣言，較爲賅博，而兼收竝列，未能貫串折衷。今於所列諸書，各撰爲提要，分之則散弁諸編，合之則共爲總目。每書先列作者之爵里，以論世知人。次考本書之得失，權衆説之異同，以及文字增删、篇帙分合，皆詳爲訂辨，巨細不遺。而人品學術之醇疵，國紀朝章之法戒，亦未嘗不各昭彰癉，用著勸懲。其體例悉承聖斷，亦古來之所未有也。

一、四部之首各冠以總序，撮述其源流正變，以挈綱領。四十三類之首亦各冠以小序，詳述其分併改隸，以析條目。如其義有未盡，例有未該，則或於子目之末，或於本條之下，附註案語，以明通變之由。

一、歷代勅撰官書，如《周易正義》之類，承詔纂修，不出一手。一一詳其爵里，則末大於本，轉病繁冗。故今但記其成書年月、任事姓名，而不縷陳其爵里。又如漢之賈、董，唐之李、杜、韓、柳，宋之歐、蘇、曾、王，以及韓、范、司馬諸名臣，周、程、張、朱諸道學，其書竝家弦户誦，雖村塾童豎，皆能知其爲人，其爵里亦不復贅。至一人而著數書，分見於各部中者，其爵里惟見於第一部，後但云某人有某書，已著録，以省重複。如二書在一卷之中，或數頁之内，易於省記者，則第二部但著其名。如明戴原禮已見所校補朱震亨《金匱鈎玄》條下，其《推求師意》二卷僅隔五條之類。

一、劉勰有言，意翻空而易奇，詞徵實而難巧。儒者説經論史，其理亦然。故説經主於明義理，然不得其文字之訓詁，則義理何自而推？論史主於示褒貶，然不得其事迹之本末，則褒貶何據而定？如成風爲魯僖公之母，明載《左傳》，而趙鵬飛《春秋經筌》謂不知爲莊公之妾、爲僖公之妾，是不知其人之名分，可定其禮之得失乎？劉子翼入唐爲著作郎、弘文館直學士，明載《唐書・劉禕之傳》，而朱子《通鑑綱目》書貞觀元年徵隋秘書劉子翼不至，尹起莘《發明》稱特書隋官以美之，與陶潛稱晉一例，是未知其人之始終，可定其品之賢否乎？今所録者，率以考證精核、辨論明確爲主，庶幾可謝彼虚談，敦兹實學。

一、文章流别，歷代增新。古來有是一家，卽應立是一類；作者有是一體，卽應備是一格，斯協於全書之名。故釋道外教、詞曲末技，咸登簡牘，不廢蒐羅。然二氏之書，必擇其可資考證者，其經懺章咒，竝凛遵諭旨，一字不收。宋人朱表青詞，亦槩從删削。其倚聲填調之作，如石孝友之《金谷遺音》、張可久之《小山小令》，臣等初以相傳舊本，姑爲録存，竝蒙皇上指示，命從屏斥。仰見大聖人敦崇風教、釐正典籍之至意。是以編輯雖富，而謹持繩墨，去取不敢不嚴。

一、聖賢之學，主於明體以達用。凡不可見諸實事者，皆屬卮言。儒生著書，務爲高論，陰陽太極，累牘連篇，斯已不切人事矣。至於論九河則欲修禹迹，考六典則欲復《周官》，封建井田，動稱三代，而不揆時勢之不可行。至黄諫之流，欲使天下筆札皆改篆體；顧炎武之流，欲使天下言語皆作古音，迂謬抑更甚焉。又如明之曲士，人喜言兵，《二麓正議》欲掘坑藏錐以刺敵，《武備新書》欲雕木爲虎以臨陣，陳禹謨至欲使九邊將士人人皆讀《左傳》。凡斯之類，竝闢其異説，黜彼空言，庶讀者知致遠經方，務求爲有用之學。

一、漢唐儒者，謹守師説而已。自南宋至明，凡説經、講學、論文皆各立門户。大抵數名人爲之主，而依草附木者囂然助之。朋黨一分，千秋吴越，漸流漸遠，并其本師之宗旨亦失其傳，而巇隙相尋，操戈不已，名爲争是非，而實則争勝負也。人心世道之害，莫甚於斯。伏讀御題朱弁《曲洧舊聞》，致遺憾於洛黨；又御題顧憲成《涇皋藏稿》，示炯戒於東林，誠洞鑒情僞之至論也。我國家文教昌明，崇真黜僞，翔陽赫燿，陰翳潛消，已盡滌前朝之敝俗，然防微杜漸，不能不慮遠思深。故甄别遺編，皆一本至公，剷除畛畦，以預消芽蘖之萌。至詩社之標榜聲名，地志之矜誇人物，浮辭塗飾，不盡可憑，亦併詳爲考訂，務核其真。庶幾公道大彰，俾尚論者知所勸戒。

一、文章德行，在〔二〕孔門既已分科，兩擅厥長，代不一二。今所錄者，如龔詡、楊繼盛之文集，周宗建、黄道周之經解，則論人而不論其書；耿南仲之説《易》，吴幵之評《詩》，則論書而不論其人。凡兹之類，略示變通，一則表章之公，一則節取之義也。至於姚廣孝之《逃虚子集》、嚴嵩之《鈐山堂詩》，雖詞華之美足以方軌文壇，而廣孝則助逆興兵，嵩則怙權蠹國，繩以名義，匪止微瑕。凡兹之流，竝著其見斥之由，附存其目，用見聖朝彰善癉惡，悉準千秋之公論焉。

一、儒者著書，往往各明一義，或相反而適相成，或相攻而實相救，所謂言豈一端，各有當也。考古者無所别裁，則多岐而太雜；有所專主，又膠執而過偏，左右佩劍，均未協中。今所採錄，惟離經畔道、顛倒是非者，掊擊必嚴；懷詐挾私、熒惑視聽者，屏斥必力。至於闡明學術，各擷所長；品騭文章，不名一格。兼收竝蓄，如渤澥之納衆流，庶不乖於全書之目。

一、《七略》所著古書，卽多依託，班固《漢書·藝文志》注可覆按也。遷流洎於明季，譌妄彌增，魚目混珠，猝難究詰。今一一詳核，竝斥而存目，兼辨證其非。其有本屬僞書，流傳已久，或掇拾殘剩，真贋相參，歷代詞人已引爲故實，未可槩爲捐棄，則姑錄存而辨别之。大抵灼爲原帙者，則題曰某代某人撰；灼爲贋造者，則題曰舊本題某代某人撰。其踵誤傳訛，如呂本中《春秋傳》，舊本稱呂祖謙之類，其例亦同。至於其書雖歷代著錄，而實一無可取，如《燕丹子》、陶潛《聖賢羣輔錄》之類，經聖鑒洞燭其妄者，則亦斥而存目，不使濫登。

一、九流自《七略》以來即已著錄，然方技家遞相增益，篇帙日繁，往往僞妄荒唐，不可究詰，抑或卑瑣微末，不足編摩。今但就四庫所儲，擇其稍古而近理者，各存數種，以見彼法之梗槩。其所未備，不復搜求。蓋聖朝編錄遺文，以闡聖學、明王道者爲主，不以百氏雜學爲重也。

一、是書主於考訂異同、别白得失，故辨駁之文爲多。然大抵於衆説互殊者權其去取，幽光未耀者加以表章。至於馬、班之史，李、杜之詩，韓、柳、歐、蘇之文章，濂、洛、關、閩之道學，定論久孚，無庸更贅一語者，則但論其刊刻傳寫之異同，編次增删之始末，著是本之善否而已。蓋不可不辨者，不敢因襲舊文；無可復議者，亦不敢横生别解。凡以求歸至當，以昭去取之至公。

【校勘記】

〔一〕“要”，殿本作“究”。

〔二〕“在”，殿本作“自”。

經部總敘

經稟聖裁，垂型萬世，删定之旨，如日中天，無所容其贊述，所論次者，詁經之説而已。自漢京以後垂二千年，儒者沿波，學凡六變。其初專門授受，遞稟師承。非惟詁訓相傳，莫敢同異，卽篇章字句，亦恪守所聞。其學篤實謹嚴，及其弊也拘。王弼、王肅稍持異議，流風所扇，或信或疑。越孔、賈、啖、趙，以及北宋孫復、劉敞等，各自論説，不相統攝，及其弊也雜。洛、閩繼起，道學大昌，擺落漢、唐，獨研義理，凡經師舊説，俱排斥以爲不足信。其學務别是非，及其弊也悍。如王柏、吳澄攻駁經文，動輒删改之類。學脈旁分，攀緣日衆，驅除異己，務定一尊。自宋末以逮明初，其學見異不遷，及其弊也黨。如《論語集註》誤引包咸“夏瑚商璉”之説，張存中《四書通證》卽闕此一條，以諱其誤。又如王柏删《國風》三十二篇，許謙疑之，吳師道反以爲非之類。主持太過，勢有所偏，材[一]辨聰明，激而横決。自明正德、嘉靖以後，其學各抒心得，及其弊也肆。如王守仁之末派皆以狂禪解經之類。空談臆斷，考證必疎，於是博雅之儒引古義以抵其隙。國初諸家，其學徵實不誣，及其弊也瑣。如一字音訓動辨數百言之類。要其歸宿，則不過漢學、宋學兩家，互爲勝負。夫漢學具有根柢，講學者以淺陋輕之，不足服漢儒也；宋學具有精微，讀書者以空疎薄之，亦不足服宋儒也。消融門户之見而各取所長，則私心祛而公理出，公理出而經義明矣。蓋經者非他，卽天下之公理而已。今參稽衆説，務取持平，各明去取之故，分爲十類：曰易，曰書，曰詩，曰禮，曰春秋，曰孝經，曰五經總義，曰四書，曰樂，曰小學。

【校勘記】

〔一〕“材”，殿本作“才”。

史部總敘

史之爲道，撰述欲其簡，考證則欲其詳。莫簡於《春秋》，莫詳於《左傳》。魯史所錄，具載一事之始末。聖人觀其始末，得其是非，而後能定以一字之褒貶，此作史之資考證也。丘明錄以爲《傳》，後人觀其始末，得其是非，而後能知一字之所以褒貶，此讀史之資考證也。苟無事蹟，雖聖人不能作《春秋》；苟不知其事蹟，雖以聖人讀《春秋》，不知所以褒貶。儒者好爲大言，動曰舍傳以求經，此其説必不通。其或通者，則必私求諸傳，詐稱舍傳云爾。司馬光《通鑑》世稱絶作，不知其先爲《長編》，後爲《考異》。高似孫《緯略》載其《與宋敏求書》，稱到洛八年，始了晉、宋、齊、梁、陳、隋六代，唐文字尤多，依年月編次爲草卷，以四丈爲一卷，計不減六七百卷。又稱光作《通鑑》，一事用三四出處纂成，用雜史諸書凡二百二十二家。李燾《巽巖集》亦稱張新甫見洛陽有《資治通鑑》草稿盈兩屋。按燾集今已佚，此據馬端臨《文獻通考》述其父廷鸞之言。今觀其書，如淖方成"禍水"之語，則採及《飛燕外傳》；張彖"冰山"之語，則採及《開元天寶遺事》，竝小説亦不遺之。然則古來著録，於正史之外兼收博採，列目分編，其必有故矣。今總括羣書，分十五類：首曰正史，大綱也；次曰編年，曰别史，曰雜史，曰詔令奏議，曰傳記，曰史鈔，曰載記，皆參考紀傳者也；曰時令，曰地理，曰職官，曰政書，曰目録，皆參考諸志者也；曰史評，參考論贊者也。舊有譜牒一門，然自唐以後，譜學殆絶，玉牒既不頒於外，家乘亦不上於官，徒存虚目，故從删焉。考私家記載，惟宋、明二代爲多。蓋宋、明人皆好議論，議論異則門户分，門户分則朋黨立，朋黨立則恩怨結。恩怨既結，得志則排擠於朝廷，不得志則以筆墨相報復。其中是非顛倒，頗亦熒聽。然雖有疑獄，合衆證而質之，必得其情；雖有虚詞，參衆説而核之，亦必得其情。張師棣《南遷録》之妄，鄰國之事無質也，趙與旹《賓退録》證以金國官制而知之。《碧雲騢》一書誣謗文彦博、范仲淹諸人，晁公武以爲真出梅堯臣，王銍以爲出自魏泰，邵博又證其真出堯臣，可謂聚訟，李燾卒參互而辨定之，至今遂無異説。此亦考證欲詳之一驗。然則史部諸書，自鄙倍冗雜、灼然無可採録外，其有裨於正史者，固均宜擇而存之矣。

子部總敘

自六經以外立説者，皆子書也。其初亦相淆，自《七略》區而列之，名品乃定；其初亦相軋，自董仲舒别而白之，醇駁乃分。其中或佚不傳，或傳而後莫爲繼，或古無其目而今增，古各爲類而今合。大都篇帙繁富，可以自爲部分者，儒家以外有兵家，有法家，有農家，有醫家，有天文算法，有術數，有藝術，有譜録，有雜家，有類書，有小説家。其别教則有釋家，有道家。敘而次之，凡十四類。儒家尚矣。有文事者有武備，故次之以兵家。兵，刑類也，唐虞無皋陶，則寇賊姦宄無所禁，必不能風動時雍，故次以法家。民，國之本也；穀，民之本也，故次以農家。本草經方，技術之事也，而生死繫焉，神農、黄帝以聖人爲天子，尚親治之，故次以醫家。重民事者先授時，授時本測候，測候本積數，故次以天文算法。以上六家，皆治世者所有事也。百家方技，或有益，或無益，而其説久行，理難竟廢，故次以術數。游藝亦學問之餘事，一技入神，器或寓道，故次以藝術。以上二家，皆小道之可觀者也。《詩》取多識，《易》稱制器，博聞有取，利用攸資，故次以譜錄。羣言岐出，不名一類，總爲薈稡，皆可采摭菁英，故次以雜家。隸事分類，亦雜言也，舊附於子部，今從其例，故次以類書。稗官所述，其事末矣，用廣見聞，愈於博奕，故次以小説家。以上四家，皆旁資參考者也。二氏，外學也，故次以釋家、道家終焉。夫學者研理於經，可以正天下之是非；徵事於史，可以明古今之成敗，餘皆雜學也。然儒家本六藝之支流，雖其間依草附木，不能免門户之私，而數大儒明道立言，炳然具在，要可與經史旁參。其餘雖真僞相雜，醇疵互見，然凡能自名一家者，必有一節之足以自立。卽其不合於聖人者，存之亦可爲鑒戒。雖有絲麻，無棄菅蒯；狂夫之言，聖人擇焉，在博收而慎取之爾。

集部總敘

集部之目，楚辭最古，别集次之，總集次之，詩文評又晚出，詞曲則其閏餘也。古人不以文章名，故秦以前書無稱屈原、宋玉工賦者。洎乎漢代，始有詞人，迹其著作，率由追録。故武帝命所忠求相如遺書，魏文帝亦詔天下上孔融文章。至於六朝，始自編次。唐末又刊板印行。事見貫休《禪月集序》。夫自編則多所愛惜，刊板則易於流傳，四部之書，别集最雜，兹其故歟？然典册高文，清詞麗句，亦未嘗不高標獨秀，挺出鄧林。此在翦刈卮言，别裁僞體，不必以猥濫病也。總集之作，多由論定。而蘭亭、金谷，悉觴咏於一時，下及漢上題襟、松陵倡和。《丹陽集》惟録鄉人，《篋中集》則附登乃弟，雖去取僉孚衆議，而履霜有漸，已爲詩社標榜之先驅。其聲氣攀援，甚於别集。要之浮華易歇，公論終明，巋然而獨存者，《文選》、《玉臺新詠》以下數十家耳。詩文評之作，著於齊、梁，觀同一八病四聲也。鍾嶸以求譽不遂，巧致譏排；劉勰以知遇獨深，繼爲推闡。詞場恩怨，亘古如斯。冷齋曲附乎豫章，石林隱排乎元祐，黨人餘釁，報及文章，又其已事矣。固宜别白存之，各核其實。至於倚聲末技，分派詩歌，其間周、柳、蘇、辛，亦遞争軌轍。然其得其失，不足重輕，姑附存以備一格而已。大抵門户構争之見，莫甚於講學，而論文次之。講學者聚黨分朋，往往禍延宗社；操觚之士筆舌相攻，則未有亂及國事者。蓋講學者必辨是非，辨是非必及時政，其事與權勢相連，故其患大。文人詞翰，所争者名譽而已，與朝廷無預，故其患小也。然如艾南英以排斥王、李之故，至以嚴嵩爲察相，而以殺楊繼盛爲稍過當，豈其捫心清夜，果自謂然？亦朋黨既分，勢不兩立，故決裂名教而不辭耳。至錢謙益《列朝詩集》，更顛倒賢姦，彝良泯絶，其貽害人心風俗者，又豈尠哉？今掃除畛域，一準至公。明以來諸派之中，各取其所長，而不回護其所短。蓋有世道之防焉，不僅爲文體計也。

《四庫全書總目提要》（選例四則）

《重修廣韻》五卷

宋陳彭年、邱雍等奉勅撰。初，隋陸法言以吕静等六家韻書各有乖互，因與劉臻、顔之推、魏淵、盧思道、李若、蕭該、辛德源、薛道衡八人撰爲《切韻》五卷。書成於仁壽元年。唐儀鳳二年，長孫訥言爲之註。後郭知元、關亮、薛峋、王〔一〕仁煦、祝尚邱遞有增加。天寶十載，陳州司法孫愐重爲刊定，改名《唐韻》。後嚴寶文、裴務齊、陳道固又各有添字。宋景德四年，以舊本偏旁差譌，傳寫漏落，又註解未備，乃命重修。大中祥符四年書成，賜名《大宋重修廣韻》，即是書也。舊本不題撰人，以丁度《集韻》考之，知爲彭年、雍等爾。其書二百六韻，仍陸氏之舊，所收凡二萬六千一百九十四字。考唐封演《聞見記》載陸法言韻凡一萬二千一百五十八字，則所增凡一萬四千三十六字矣。此本爲蘇州張士俊從宋槧翻雕，中間已闕欽宗諱，蓋建炎以後重刊。朱彝尊序之，力斥劉淵韻合殷於文、合隱於吻、合焮於問之非。然此本實合殷、隱、焮於文、吻、問，彝尊未及檢也。註文凡一十九萬一千六百九十二字，較舊本爲詳，而冗漫頗甚。如"公"字之下載姓氏至千餘言，殊乏翦裁；"東"字之下稱東宮得臣爲齊大夫，亦多紕繆。考孫愐《唐韻序》稱異聞、奇怪、傳説、姓氏、原田、土地、物産、山河、草木、禽獸、蟲魚備載其閒，已極蔓引，彭年等又從而益之，宜爲丁度之所譏。潘耒序乃以註文繁複爲可貴，是將以韻書爲類書也。著書各有體例，豈可以便於剽剟，遂推爲善本哉？流傳既久，存以備韻書之源流可矣。

【校勘記】

〔一〕"王"，底本作"主"，據殿本改。

《郡齋讀書志》四卷《後志》二卷《考異》一卷《附志》一〔一〕卷

《郡齋讀書志》四卷，宋晁公武撰。《後志》二卷，亦公武所撰，趙希弁重編。《附志》一卷，則希弁所續輯也。公武，字子止，鉅野人，沖之之子，官至敷文閣直學士、臨安少尹。岳珂《桯史》記隆興二年湯思退罷相，洪适草制作平語，侍御史晁公武擊之。則亦骨鯁之士。希弁，袁州人，宋宗室子，自題稱江西漕貢進士、祕書省校勘，以輩行推之，蓋太祖之九世孫也。始南陽井憲孟爲四川轉運使，家多藏書，悉舉以贈公武。乃躬自讎校，疏其大略爲此書。以時方守榮州，故名《郡齋讀書志》。後書散佚，而《志》獨存。淳祐己酉，鄱陽黎安朝守袁州，因令希弁即其家所藏書目參校，删其重複，摭所未有，益爲《附志》一卷，而重刻之，是爲袁本。時南充游鈞守衢州，亦取公武門人姚應績所編蜀本刊傳，是爲衢本。當時二書竝行於世。惟衢本分析至二十卷，增加書目甚多。卷首公武《自序》一篇，文亦互有詳略。希弁以衢本所增乃公武晚年續裒之書，而非所得井氏之舊，因別摘出，爲《後志》二卷。又以袁、衢二本異同，別爲《考異》一卷，附之編末。蓋原《志》四卷爲井氏書，《後志》二卷爲晁氏書，竝至南渡而止。《附志》一卷則希弁家書，故兼及於慶元以後也。馬端臨作《經籍考》，全以是書及陳氏《書錄解題》爲據。然以此本與《經籍考》互校，往往乖迕不合。如《京房易傳》，此本僅註三十餘字，而馬氏所引其文多至十倍。又如《宋太祖實錄》、《太宗實錄》、《建康實錄》、《汲冢周書》之類，此《志》本僅述其撰人時代及卷數而止，而馬氏所引尚有考據、議論凡數十言。其餘文之多寡，詞之增損互異者，不可勝數。又希弁《考異》稱袁本《毗陵易傳》，衢本作《東坡易傳》；袁本《芸閣先生易解》，衢本作《呂氏章句》。今《經籍考》所題竝同衢本，似馬端臨原據衢本採掇。然如《晉公談錄》[二]、《六祖壇經》之類，希弁《考異》稱袁本所載而衢本所遺者，今《經籍考》實竝引晁氏之説，則當時亦兼用袁本。疑此書已經後人删削，不特衢本不可復見，即袁本亦非盡舊文，故與馬氏所引不能一一符合歟？又《前志》子部序録，稱九曰小説類，十曰天文歷算類，十一曰兵家類，十二曰刑家類，十三曰雜藝類，十四曰醫家類，十五曰神仙類，十六曰釋家〔三〕類，而志中所列小説類《雞跖集》後，即爲《羣仙會真記》、《王氏神仙傳》、葛洪《神仙傳》三種，是天文曆算等五類全佚，而神仙類亦脱其標目。則其他類之殘闕，蓋可例推矣。然書雖非舊，而梗概仍存，終爲考證者所取資也。

【校勘記】

〔一〕“一”，底本作“二”，據殿本改。

〔二〕“晉公談録”，殿本作“丁晉公談録”。

〔三〕“家”，殿本作“書”。

《日知録》三十二卷

國朝顧炎武撰。炎武有《左傳杜解補正》，已著録。是書前有自記，稱自少讀書，有所得輒記之，其有不合，時復改定；或古人先我而有者，則遂削之，積三十餘年，乃成一編。蓋其一生精力所注也。書中不分門目，而編次先後則略以類從。大抵前七卷皆論經義，八卷至十二卷皆論政事，十三卷論世風，十四卷、十五卷論禮制，十六卷、十七卷皆論科舉，十八卷至二十一卷皆論藝文，二十二卷至二十四卷雜論名義，二十五卷論古事真妄，二十六卷論史法，二十七卷論注書，二十八卷論雜事，二十九卷論兵及外國事，三十卷論天象術數，三十一卷論地理，三十二卷爲雜考證。炎武學有本原，博贍而能通貫，每一事必詳其始末，參以證佐，而後筆之於書，故引據浩繁而牴牾者少。非如楊慎、焦竑諸人，偶然涉獵，得一義之異同，知其一而不知其二者。閻若璩作《潛邱劄記》，嘗補正此書五十餘條。若璩之壻沈儼，特著其事於序中。趙執信作若璩墓誌，亦特書其事。若璩博極羣書，睥睨一代，雖王士禎諸人尚謂不足當抨擊，獨於詰難此書沾沾自喜，則其引炎武爲重，可概見矣。然所駁或當或否，亦互見短長，要不足爲炎武病也。惟炎武生於明末，喜談經世之務，激於時事，慨然以復古爲志，其説或迂而難行，或愎而過鋭。觀所作《音學五書》後序，至謂聖人復起，必舉今日之音而還之淳古，是豈可行之事乎？潘耒作是書序，乃盛稱其經濟，而以考據精詳爲末務，殆非篤論矣。

《曝書亭集》八十卷《附錄》一卷

國朝朱彝尊撰。彝尊有《日下舊聞》，已著錄。此集凡賦一卷，詩二十二卷，皆編年爲次。始於順治乙酉，迄於康熙己丑，凡六十五年之作。其紀年皆用

《爾雅》歲陽、歲陰之名，從古例也。詞七卷，曰《江湖載酒集》，曰《茶煙閣體物集》，曰《蕃錦集》。雜文五十卷，分二十六體。附錄《葉兒樂府》一卷，則所作小令也。彝尊未入翰林時，嘗編其行稿爲《竹垞文類》。王士禎爲作序，極稱其《永嘉詩》中《南亭》、《西射堂》、《孤嶼》、《瞿溪》諸篇。然是時僅規橅王、孟，未盡所長。至其中歲以還，則學問愈博，風骨愈壯，長篇險韻，出奇無窮。趙執信《談龍錄》論國朝之詩，以彝尊及王士禎爲大家，謂王之才高，而學足以副之；朱之學博，而才足以運之。及論其失，則曰朱貪多，王愛好。亦公論也。惟暮年老筆縱橫，天真爛漫，惟意所造，頗乏翦裁。然晚景〔一〕頹唐，杜陵不免，亦不能苛論彝尊矣。至所作古文，率皆淵雅，良由茹涵既富，故根柢盤深。其題跋諸作，訂譌辨異，本本元元〔二〕，實跨黃伯思、樓鑰之上。蓋以詩而論，與王士禎分途各驁，未定孰先；以文而論，則《漁洋文略》固不免瞠乎後耳。惟原本有《風懷二百韻》詩及《靜志居琴趣》長短句，皆流宕豔冶，不止陶潛之賦《閒情》。夫綺語難除，詞人常態，然韓偓《香匳集》别有〔三〕篇帙，不入《内翰集》中，良以文章各有體裁，編錄亦各有義例，溷而一之，則自穢其書。今併刊除，庶不乖風雅之正焉。

（以上選自《四庫全書總目》，中華書局 1965 年影印清乾隆五十九年浙江杭州刻本；參校以清乾隆武

英殿刻本。黄林灝、周浩賢仝校，楊勝祥覆校)

【校勘記】

〔一〕“景”，殿本作“境”。

〔二〕“元元”，殿本作“原原”。

〔三〕“有”，殿本作“爲”。

第二輯

《儀禮疏》五十卷

清顧廣圻跋

《儀禮》一經，文字特多譌舛。深於此學者，每讀注而得經之誤，又讀疏而得注之誤。然則疏之爲用至要，而不可以不校者也。校疏諸家，大概見於盧召弓氏《詳校》中。乃浦聲之多憑臆之改，金檏園惟《通解》是從，識者又病之。無他，不見善本之過而已。此宋時官本疏，分卷五十，尚是賈公彦等所撰之舊。不佞在士禮居勘之一過，於行世各本，補其脱，删其衍，正其錯謬，皆不可勝數。其所標“某至某”、“注某至某”，尤有關於經注。而各本刊落竄易殆盡，非此竟無由得見。實於宋槧書籍爲奇中之奇、寶中之寶，莫與比倫者也。竊謂儻剟其菁英，句排字比，勒成一書，流傳寓内，庶幾賈氏之精神不蔽，而問途此經者享夫榛蕪一闢之功。然自揣才力拙薄，曷克斯任，姑引其端，用以俟夫方來之哲焉耳。嘉慶五年歲在庚申七月，元和顧廣圻識。

《儀禮要義》五十卷

清顧廣圻跋

右宋槧本魏文靖公《儀禮要義》五十卷，歸安嚴君九能藏書也。嘉慶壬戌，九能攜至西湖余所寓居相示，幷別有手鈔者一部見借。余久聞此書，今得觀焉，乃歎賞以爲真天地閒第一等至寶，不徒因宋槧而珍重者也。今之《儀禮注疏》依十七篇爲卷，而賈氏之原第世不復見。向在吾郡黃氏傳校其所藏景德六年單疏本，詫爲得未曾有，但其本失去卅二至卅七六卷，是一大闕陷事。今用此書以相比校，則其分卷之處，景德本所有旣合若符節，景德本所無正釐然俱存，一一可取以補全之也。卽此，而爲功於賈書者不甚大哉？至其文句與今本異者，必與景德本合。如《聘禮·記》："對曰：非禮也敢。"唐石經"敢"下衍一"辭"字，自宋以來經注各本皆仍其誤。賈疏云："介則在旁曰：非禮也敢。"張忠甫嘗據以證"辭"之爲衍字者也。今注疏本反依誤本經注增"辭"字於下，致爲鉅謬，唯景德本及此則儼然未有也。此類尚夥，當以卒業後悉標識於鈔本。玆特撮舉其厓略，書於後而還之。六月初七日，元和顧廣圻記。

（以上選自《宋元明清題跋叢刊》第十三册《思適齋書跋》，中華書局 2006 年影印民國二十四年刻《黄顧遺書》本。周浩賢、黄林灝仝校，楊勝祥覆校）

《禮記正義》

宋黃唐跋（書末原刻）

《六經》疏義，自京、監、蜀本皆省正文及注，又篇章散亂，覽者病焉。本司舊刊《易》、《書》、《周禮》，正經、注、疏萃見一書，便於披繹，它經獨闕。紹熙辛亥仲冬，唐備員司庾，遂取《毛詩》、《禮記》疏義，如前三經編彙，精加讎正，用鋟諸木，庶廣前人之所未備。乃若《春秋》一經，顧力未暇，姑以貽同志云。壬子秋八月，三山黃唐謹識。

清惠棟跋

拙菴行人購得宋槧《禮記正義》示余。余案《唐藝文志》，書凡七十卷，此本卷次正同，字體倣石經，蓋北宋本也。先是孔穎達奉詔撰《五經正義》，法周秦遺意，與經注别行。宋以來始有合刻，南宋後又以陸德明所撰《釋文》增入，謂之《附釋音禮記注疏》，編爲六十三卷。監板及毛氏所刻，皆是本也。歲久脱爛，悉仍其闕。今以北宋本挍毛本，訛字四千七百有四，脱字一千一百四十有五，闕文二千二百一十有七，文字異者二千六百二十有五，羨文九百七十有一。校讐是正四百年來闕誤之書，犂然備具，爲之稱快。唐人疏義推孔、賈二君，第《易》用王弼，《書》用僞孔氏，二書皆不足傳，至如《詩》、《春秋左氏》、三《禮》則旁采兩漢南北諸儒之説，學有師承，文有根柢，古義之不盡亡，二君之力也。今監板、毛氏所刻諸經頗稱完善，唯《禮記》闕誤獨多。拙菴適得此書，可謂希世之寶矣。拙菴家世藏書，嗣君博士企晉嘗許余造璜川書屋，盡讀所藏。余病未能，息壤在彼，請俟他日，因挍此書并識於後云。己巳秋日，松崖惠棟。

李盛鐸跋

諸經疏義，本自單行，注疏合刻始自何時，前人無能詳言之者。今注疏流傳，僅有南宋十行本，其卷衺與單疏本不合。乾嘉諸老搜獲錢孫保景鈔《周易注疏》十三卷、沈中賓刻《左傳正義》三十六卷，已悟十行本改移卷第之非。咸、同中，仁和朱氏得五十卷本《周禮注疏》，而日本景刻《尚書正義》亦傳流中土。獨惠松崖先生所挍七十卷本之《禮記正義》，相傳由璜川吴氏轉徙歸曲阜孔氏者，沈晦百餘年，耆古者幾疑秘帙已不存天壤。光緒丁戊之交，頗聞此書復出，爲鬱華閣所收，珎秘不肯眎人。余歸自東瀛，伯羲前輩已歸道山，篋册塵封，無由得見。壬子之夏，鬱華書籍散出，是書展轉遂歸三琴趣齋插架，可謂得所歸矣。按黄唐跋："本司舊刊《易》、《書》、《周禮》，正經、注、疏萃見一書，便於披繹。紹熙辛亥，唐備員司庾，取《毛詩》、《禮記》疏義，如前三經編彙，校正鋟木。"是紹興庾司爲注疏第一合刻之地，《詩》、《禮》二疏且卽爲唐所合編，故它經后僅坿唐跋，此經獨列挍正諸官銜名。於是注疏合刻之地與時，無如此明白者。是此刻爲《禮記》注、疏合刻第一祖本，又爲海内第一孤本。安得假瞿氏之《易》、朱氏之《周禮》，並此本景寫付刊，俾注疏祖刻復得流傳宇内，不亦藝林快事耶？丙辰驚蟄後二日，盛鐸識。

（以上選自陶湘編《涉園所見宋版書影》第二輯，廣陵書社 1998 年影印民國二十六年武進陶氏本。周浩賢、黄林灝仝校，楊勝祥覆校）

《監本纂圖重言重意互注點校毛詩》

傅增湘跋

《毛詩鄭箋》二十卷，宋刊本，半葉十行，行二[一]十八字，注雙行二十四字，黑口，四周雙闌，板心記刊工姓或名一字，左闌外記篇名。首行標題如上。次行低一格，題“唐國子博士兼太子中允贈齊州刺史吳縣開國男陸德明釋文附”。三行頂格題“周南關雎詁訓傳第一”。又次行低一格夾注釋文，後接“毛詩國風”，夾注釋文，接“鄭氏箋”，夾注釋文。次提行詩序起。序後空一格卽接本經，不提行。凡經文下夾行，先注，次箋，次釋文，相連而下。惟重言、重意加圓圍以別之。每詩句讀加小圈。宋諱避至慎字止，間亦有不避者，蓋坊肆所刊，未盡謹嚴也。字體工麗，鋒稜聳峭，審爲建本之至精者。且標明監本，則源出胄監，其點校當爲有據。前附《毛詩圖譜》五葉、《四詩傳授圖》一葉。收藏印記有“王祖嫡印”、“辛未進士”、“師竹山房藏書私印”、“求古居”、“三十五峯園主人”諸印。考祖嫡字胤昌，山東德州人，河南信陽衛官籍。明隆慶辛未科三甲進士，與黄洪憲、吴中行、郭子章、王象乾爲同榜。授翰林院檢討，歷官國子司業、洗馬、侍讀。有《師竹齋集》三十七卷。“求古居”爲黄蕘圃印，餘五印則汪閬源所鈐也。

按，纂圖互注本始於南宋，群經多有之。余生平所見者，如《論語集解》二卷，見楊惺吾《留真譜》，今歸李木齋師。《尚書孔傳》十三卷，見繆藝風《藏書續記》，得於日本西京芳華堂。《禮記鄭注》二十卷，爲汲古閣舊物，余得之琉璃廠文友堂，今儲雙鑑樓中。《春秋經傳集解》三十卷，見丁氏《善本書志》，今歸江南館。以上四書皆題“監本纂圖重言重意互注”，惟《尚書》及《毛詩》有“點校”二字。亦皆十行十八字，《左傳》爲十行二十字。其餘句讀、加圈、左闌有耳、板式、邊闌無一不同，證以《毛詩》，亦咸脗合。是此五經必爲同時同地開雕，毫無疑義也。至《周禮》則曾見四帙。一爲袁寒雲所藏，盛伯羲故物。一爲李木齋師所藏，一爲陸存齋所藏，一爲常熟瞿氏所藏，皆爲十二行本。見於著録者如吴氏拜經樓、陳氏《經籍跋文》，雖未見原書，然亦十二行本，與此非一家眷屬矣。

若以《毛詩》考之，同爲纂圖互注本，其行格亦多有異。如張月霄愛日精廬所藏爲十二行二十一字，陳仲魚《經籍跋文》所見爲十二行十八字，楊氏海源閣所藏二帙，一爲巾箱本，十三行二十四字，一爲十行十八字，咸題“纂圖互注重言重意”，併此本計之，是宋時此書已經五刻矣。仲魚所謂經生帖括之書，故一時風行坊肆，争相傳刻，遂流布廣遠如是耳。顧此書雖屬坊本，然槧工精麗，與麻沙陋刻迥然不同。仲魚謂其原於監本，斯爲可貴。

兹取閩、監、毛本及通行本勘之，開卷序文中“關雎后妃之德”下，有“舊解云三百一十一篇”至“以無所疑難故也”凡一百六十三字。又“用之邦國焉”下，有“風之始”至“並是此義”凡三十六字。皆《經典釋文》原文，而誤混入箋中，是鄭君所述乃自稱“鄭注”、“鄭譜”云云，豈非笑端。設無宋本對勘，安知其謬亂至於此極耶？《張志》云，箋傳無標題[二]，箋以“箋云”冠之，無傳者亦無標題。上舉兩節，正是無傳之箋，因無標題二字遂以致誤耳。其餘經文中，如仲魚所列諸條，《鄘風》“終焉允臧”不作“終然”；《衛風》“如切如瑳”不作“如磋”，“遠兄弟父母”不作“遠父母兄弟”；《魏風》“不我知者”不作“知我”；《唐風》“弗洒弗埽”不作“弗掃”，“白石粼粼”不作“粼粼”，“碩大且篤”不作“實大”；《秦風》“鴥彼晨風”不作“鴪彼”；《小雅》“宜爾家室”不作“室家”，“它山之石”不作“他山”，“朔月辛卯”不作“朔日”，“維曰于士”不作“予仕”，“鞫爲茂草”不作“鞠爲”，“亂如此幠”不作“此憮”，“維暴之云”不作“誰暴”，此本皆與之合。其餘尚多，不及枚舉。若其傳箋之訛舛，釋文之奪誤，此本視通行本匡正尤多。

惟卷中加入各例，凡采《左傳》、《三禮》有及於《詩》者爲互注，標詩句之同者爲重言，於篇目相同者爲重篇，詩句相似者爲似句，不免沿塾儒坊賈之陋習。然溯其源流，標明監本，當即出於岳倦翁所稱監中現行本者，故其佳勝遠邁流俗如此也。

是帙第五、六、七三卷原闕，影寫補完，似爲美玉之微瑕。然紙墨精湛，字體妍麗，以蕘圃題跋考之，知爲黄氏借陳仲魚藏宋本所摹寫，其所改“淫”字審爲蕘翁手筆。木癭犀通，雖病而適增其美，洵煉石補天之妙手，正不得以殘缺少之。考海源閣藏本，其一衹存十一卷，其一衹存三卷，愛日精廬所藏亦鈔補四卷，且未知散落誰氏，是此帙之初印精善，斷爲天壤孤行之秘笈矣。世有真賞之士，寧可以纂圖互注坊本而忽視之哉？癸酉二月初八日藏園居士記。時大雪初霽，園林皎然，玉潤珠暉，清光襲入几案間，與冷淡生活之趣相映發。笳鼓嚴城中，乃有蕭然物外之想，吁！可樂也。

（選自《藏園群書題記》，上海古籍出版社 1989 年排印本。何麗媛、徐通輝仝校，楊勝祥覆校）

【校勘記】

〔一〕“二”，王紹曾注：“按，當作‘一’。”

〔二〕“箋傳無標題”，《愛日精廬藏書志》無“箋”字。

《宋刊巾箱本八經》

傅增湘跋

宋巾箱本諸經正文今存者八經，凡《周易》二十二葉，《尚書》二十八葉，《毛詩》四十葉，《禮記》九十三葉，《周禮》五十五葉，《孝經》三葉，《論語》一十六葉，《孟子》三十四葉，蓋《九經三傳》之僅存者耳。每半葉二十行，每行二十七字，細黑口，左右雙闌，板心下方記刊工姓名，一二三字不等。補板則標明係刊換某某板字。宋諱“貞”、“恒”、“桓”、“慎”、“惇”皆缺末筆，“廓”字不缺，寧宗以前刻板也。世傳宋巾箱本諸經正文，各家目錄多載之，其行格正與此同，所謂行密如檣，字細如髮者。然簡端加闌，上注字音，與此本異。且筆畫板滯，以視此本精麗方峭，真如婢學夫人矣。昔人指爲明靖江王府翻刻，殆非無見也。

憶十年前述古于賈得此書於山左舊家，余偶得瞥見，詫其板式有異，卽知爲《延令書目》冠首之帙。

嗣爲寒雲公子所收，闢八經室以儲之。於時董君綬金、張君庾樓、徐君森玉特爲欣賞，展轉假得，留此影本，緘之篋中。匆匆數年，世事遷移，風飛雨散，原書流失，渺不可追。爰屬陶君蘭泉覆板行世，而諉余記其顛末。得已見書如逢故人，益不勝中郎虎賁之感矣。

考《景定建康志·書籍門》載五經正文有四：曰監本，曰建本，曰蜀本，曰婺本。歸安陸氏剛甫得世行小帙，卽斷爲婺州刊本，謂與婺本重意《尚書》、《周禮》相似。今此本結體方峭，筆鋒犀鋭，是閩工本色，决爲建本無疑。明靖江本卽據以覆木，而加上闌焉，故行格同，尺寸同，避諱之字亦無不同。至秦氏刻《九經》則改爲半葉十八行，而面目迥異矣。此巾箱本諸經正文相傳遞邅之大略，願與海内識者共證之。丙寅十月，鳳阿丙舍書。

（選自《藏園群書題記》，上海古籍出版社 1989 年排印本。何麗媛、徐通輝仝校，楊勝祥覆校）

何晏《論語集解》十卷

清錢曾題記

童年讀《史記·孔子世家》引子貢曰："夫子之文章，可得聞也。夫子之言天道與性命，弗可得聞也已。"又讀《漢書》列傳四十三[一]卷贊引子貢云："夫子之言性與天道不可得而聞已矣。"竊疑古文《論語》與今本少異，然亦無從辨究也。後得高麗鈔本何晏《論語集解》，檢閲此句，與《漢書》傳贊適合。因思子貢當日寓嗟嘆意于不可得聞中，同顔子之"如有所立卓爾"，故以"已矣"傳言外微旨。若脱此二字，便作了語，殊無低徊未忍已之情矣。他如"與朋友交言而不信乎"等句，俱應從高麗本爲是。此書乃遼海道蕭公諱應宫監軍朝鮮時所得，甲午初夏，予以重價購之于公之仍孫，不啻獲一珍珠船也。筆畫奇古，如六朝初唐人隸書碑版，居然東國舊鈔。行間所注字，中華罕有識之者，洵爲書庫中奇本。末二行云："堺浦道祐居士重新命工鏤梓。正平甲辰五月吉日謹誌。"

未知正平是朝鮮何時年號，俟續考之。蕭公幼時與吾曾祖侍御秀峰公同居邑之西鄉，每相約入城，歸時對坐殿橋上，攜象戲下三四局。起望城中而歎："瓦如魚鱗，他時何地受一廛，著我兩人耶？"後竟各遂其志，蕭居城東，吾祖居城西，高門棹楔，衡宇相望，未及百年而蕭氏式微，吾祖後蘭錡依然，風流未艾。循覽此書，廻環祖德，子孫其念之哉！子孫其敬之哉！

（選自《讀書敏求記》，清雍正四年雪松齋刻本；參校以清道光二十七年《海山仙館叢書》本。何麗媛、徐通輝仝校，楊勝祥覆校）

【校勘記】

〔一〕"四十三"，《海山仙館叢書》本作"四十五"。王紹曾注："當作'四十五'。"

《論語》一卷

原跋

泉南有佳士，厥名曰阿佐井野。一日謂予云："東京《魯論》之板者，天下寶也。雖然，離丙丁厄而灰燼矣，是可忍乎？今要得家本以重鏤梓，若何？"予云："善。"按應神天皇御宇，典經始來；繼體天皇御宇，五經重來。自尔以降，吾朝儒家所講習之本，藏諸秘府，傳於叔世也。蓋唐本有古今之異乎？家本有損益之失乎？年代寖遠，不可獲而測，遂撰累葉的本以付與，庶幾博雅君子糾焉。天文癸巳八月乙亥，金紫光祿大夫拾遺清原朝臣宣賢法名宗尤。

（選自《論語》十卷，日本天文二年泉南阿佐井野氏刊本。何麗媛、徐通輝仝校，楊勝祥覆校）

楊守敬跋（在末卷後）

此日本天文二年所刻《論語》單經本，當明嘉靖十年。余嘗校之，其所據原本，遠出宋本上，不獨字體古雅與正平本伯仲也。後有清原朝臣宣賢跋，聲稱從家本重梓，知其所自來遠矣。顧流傳甚少，山井鼎作《考文》時亦未及之，及吉宧漢作《論語考證》始載賢本，卽此本也。余展轉購得二本，歸以貽通經學古者。光緒癸未三月，宜都楊守敬記。

（選自北京大學圖書館藏李氏書）

李盛鐸跋（卷首貼籤）

右《論語》單經爲日本天文癸巳刊本，當明嘉靖間。其所據或爲卷子本不可知，而字句多與宋以後本絶異。其中“吾十有五而志于學”，“于”作“乎”；“其不可者拒之”，“拒”作“距”；“譬之宮牆”，“之”作“諸”；“萬方有罪，罪在朕躬”，不重“罪”字，皆上與《漢石經殘字》合，信爲古本無疑。昔錢遵王得正平《論語》抄本，謂不啻獲一珍珠船，若覩此帙，當若何寶貴耶？棘人李盛鐸。

楊惺吾在日本得舊抄卷子本《左傳》一帙，“左右拒”亦作“距”，余曾見之。

（選自《木樨軒藏書題記及書錄》，北京大學出版社1985年排印本。何麗媛、徐通輝仝校，楊勝祥覆校）

鄭注《爾雅》

明末毛晉跋

舊有《尔疋》注什餘家，如劉歆、樊光、李巡、孫炎、沈旋、施乾、謝嶠諸子爲尤著。先輩病其漏略，湮而不傳。惟郭景純攷采二九載，詮成三卷，最爲稱首。第晉代迄今，幾千餘年，况本文多江南人語，而郭氏居河東，古今世殊，南北俗異，意義音聲之間，誠有未盡合者。迨宋邢昺、杜鎬九人疏之，非不詳洽，漁仲又懼後人舍經而疑箋注，復舍箋注而泥己意，别出手眼，採經爲證，不畔作者本旨。郭氏所謂擁篲清道，企望塵躅者，其在斯乎？余家向藏抄本，未甚精確。客秋從錫山購得殘編數簏，獨斯帙完好，實南宋善版。狂喜竟日，亟授梓人。其間淆訛，如廞斛、蜜密、蚸蚜、鼫鼭之類，一一更定。又如“弇，同也”、“葦，醜芀”、“蛭，蟣”、“倉庚，黧黄也”及“由膝以下爲揭，由膝以上爲涉，由帶以上爲厲”數條，俱已脱落，未見其注何似，不敢妄補。始信落葉難埽，雖宋刻不無遺憾云。海虞毛晉識。

（選自《津逮秘書·鄭注爾雅》，明毛氏汲古閣刻本；參校以潘景鄭補輯《汲古閣書跋》，古典文學出版社1956年排印本。何麗媛、徐通輝仝校，楊勝祥覆校）

韋昭注《國語》二十一卷

清錢曾題記

吾家所藏《國語》有二：一從明道二年刻本影鈔；一是宋公序《補音》，南宋槧本。間以二本參閱，明道本《周語》云："昔我先王世后稷。"注曰："后，君也；稷，官也。"則是昔我先王世君，此稷之官也，考之《史記·周本紀》亦然。而公序本直云："昔我先世后稷。"讀者習焉不察，幾謂爲周家之后稷矣。"襄王二十四年，秦師將襲鄭，過周國門，左右皆免冑而下拜。"注曰："言免冑則不解甲而拜〔一〕。蓋介冑之士不拜，秦師反是，所謂無禮則脱也。"公序本又失去"拜"字，與註文大相違背。微明道本，于何正之？今世所行《國語》，皆從公序本翻雕，知二字之亡來久矣〔二〕。

（選自《讀書敏求記》，清雍正四年雪松齋刻本；參校以清道光二十七年《海山仙館叢書》本。何麗

媛、徐通輝仝校，楊勝祥覆校)

【校勘記】

〔一〕“免胄則不解甲而拜”，《海山仙館叢書》本作“免胄則解甲而拜”。

〔二〕“知二字之亡來久矣”後，《海山仙館叢書》本有“他不具悉也”五字。

《國語》（舊鈔天聖明道本）

清何焯跋

虞山錢宗伯舊藏宋仁宗天聖七年所開《國語》，明道二年復經刊正者，最爲古本。矜慎不肯借傳，卽同好亦罕得見。康熙甲子，余交其從孫孝修，嘗爲道之。後見其族孫遵王所撰《敏求記》，亦甚貴其書。己丑夏，吳興書賈忽以傳本來鬻。余驚喜，以重值購焉。此書與今世所行南宋本增損多不同，其可從是正者居十之六七，亦閒有當據別本者。昔宋公序假其宗人緘所藏《國語》，取官私凡十五六本互校，乃作《補音》。此出於天聖，正與公序同時，不知其云“得真本”者，卽公序所見與否？亦特其一耳，若盡執此廢彼，則又失之，要在求其是而已。韋弘嗣所稱丹陽唐君者，名固，見《吳志·闞澤傳》，後著《國語》、《公羊》、《穀梁傳》注，講授嘗數十人，孫氏黃武中卒。公序記前世名儒傳學姓氏，獨不及固，因附詳之。長洲何焯書。

是年冬，余從雍熙寺西冷攤得南監宋槧舊本《補音》，則有“吳尚書僕射唐固，字子正，注《春秋外傳國語》二十一卷”一行，列敘於虞、韋之閒。向者蓋誤於麻沙新本爾，以斯知寡見不可以輕題識也。焯又書。

（選自《義門先生集》，清道光三十年蘇州刻本。何麗媛、徐通輝仝校，楊勝祥覆校）

高誘注《戰國策》三十三卷

清錢曾題記

吳澂《東西周辨》曰："周三十六王，前十有二王都鎬京，中十有三王都王城。王城對鎬京，則鎬京在西，而王城在東，其東西之相望也遠。季十王都成周，赧王都王城〔一〕。王城對成周，則成周在東，而王城在西，其東西之相距也近。一王城也，昔以東周稱，今以西周稱。夫周末東西之分，因武、惠二公各居一都，而各王則或東或西之名繫乎公〔二〕，不繫乎王也。邵子《經世書》紀赧王爲西周君，與東周惠公並，而西周公無聞焉，則直以西爲王，東爲公矣。知東之有公，而不知西之亦有公也。知王之在西，而不知赧以前之王固在東也。《戰國策》編題首東周，次西周，豈無意哉？近有縉雲鮑彪注，謂西周正統，而不應後于東周，升之爲首卷，于西著王世次，于東著公世次，蓋因邵子而誤者。"嗟乎！文正一代大儒，其辨援據詳洽，問學淵源。惜高誘注亡來已久，舉世夢夢，無從是正鮑氏之訛。予初購此書于絳雲樓，乃剡川姚宏校定宋槧本。得之如獲拱璧，即以傳示同人，共相繕寫。然非草廬之辨，互爲証明，學人是今非古，焉知鮑注淆亂如此？予故備著文正之言，以俟好古敏以求之者。

（選自《讀書敏求記》，清雍正四年雪松齋刻本；參校以清道光二十七年《海山仙館叢書》本。何麗媛、徐通輝仝校，楊勝祥覆校）

【校勘記】

〔一〕“赧王”，《海山仙館叢書》本作“赧一王”。

〔二〕“各”，《海山仙館叢書》本作“名”。“或西”下，《海山仙館叢書》本有“東西”二字。

《前漢書》七十卷（宋本）

清顧廣圻、黄丕烈等跋

右宋景文公以諸本參校，手所是正，並附古注之末。至正癸丑三月十二日，雲林倪瓚在凝香閣謹閲。

顔注班書行世諸刻，大約源於南宋槧本，文句或用三劉、宋子京之説，或校刊者用意添改，往往致譌，而剩字尤多，此以後人文理讀前人書之病也。惟是刻乃景祐二年監本，獨存北宋時面目，惜補版及剜損處無從取正。然據是可以求其添改之迹，誠今日希世寶笈也。後之讀者幸知而珍重之。嘉慶戊午用校時本一過於讀未見書齋，其所取正，文多别記，玆不論。澗薲顧廣圻。俱在末卷後。

此北宋精刊景祐本《漢書》，爲余百宋一廛中史部之冠，藏篋中三十來年矣，非至好不輕示人。郡中厚齋都轉偶過小齋，曾一出示，繼於朋好中時一及之。奈余惜書癖深，未忍輕棄，并不敢以議價，致蔑視寶物。因思都轉崇儒重道，昔年出資數萬敬脩文廟，其誠摯爲何如？知天必昌大其後，以振家聲，故近日收藏古籍，嗜好之篤，訪求之勤，一至於此，則余又何敢自祕所藏，獨寶其寶耶？君家當必有能讀是書者，敢以鎮庫之物輟贈爲預兆云。乙亥季冬，士禮居主人〔一〕。

（選自《士禮居藏書題跋記》，清光緒十年滂喜齋刻本；參校以《中華再造善本》影印《漢書》跋。徐通輝、何麗媛仝校，楊勝祥覆校）

【校勘記】

〔一〕"士禮居主人"，《中華再造善本》影印《漢書》跋作"士禮居主人識"。

校宋紹興刊《唐六典》殘本

傅增湘校跋

《唐六典》世行本以正德乙亥吳郡刊本爲最古。據王文恪序言，此書世無刻本，間於中祕得其書，手錄以歸，浙江按察使漳川席君文同捐俸刻之，至繼任嘉魚李君立卿乃成書。余曩於南中收得此本，爲積書巖周氏舊藏。其書半葉十二行，每行二十字，注雙行同，白口，左右雙闌，版心上方記大小字數，下方記刊工姓名，在明刊中亦號爲精審不苟者。然脱誤閎多，行間多有墨釘，頗難是正，讀者憾焉。嗣後有嘉靖甲辰浙江刻本、清代嘉慶庚申掃葉山房刻本、光緒乙未廣雅書局刻本，皆從正德本出，而沿訛踵謬，又加甚焉。余别收彭文勤家鈔本，行間缺字殊夥，是亦源於正德本無疑也。日本享保甲辰攝政太政大臣近衛家熙刊本名曰《大唐六典考訂》，每卷附補考各條，自謂校勘之功經二十寒暑，所據以正德本爲主，參以嘉靖本。又檢《舊唐書·百官志》、《通典》及《太平御覽》等書，隨文補其闕逸，訂其訛誤，可謂致力甚勤。第未覩宋刊面目，不敢遂以爲脗合也。

余於戊午長教部時，發敬一亭所庋内閣紅本蔴袋，檢出宋殘本數册，命儲之歷史博物館中。其散落於廠市者，李椒微師收得數册，余亦收得二册。通計所存爲卷一至三，卷七至十五，卷二十八至三十，凡十五卷，已得全書之半。考明《文淵閣書目》宿字號第一廚政書類《唐六典》一部，十册，疑卽是帙也。原書每半葉十行，行十九、二十字，注二十三字，白口，左右雙闌，版心高六寸七分，寬四寸七分，下方記刊工姓名。余所收第三十卷有紹興四年知温州永嘉縣詹棫題誌，其結體方嚴，氣息樸厚，猶具北宋遺規，當卽紹興初温州學宫所刻。麻紙，廣幅，蝴蝶裝。紙背鈐有“國子監崇文閣”朱文大印。余别見内閣殘宋本多有此印，審爲元代官書。卷中粘有校簽，則前人依《職官分紀》訂正之文。余遍假官私所藏殘卷，就校於正德本上，字句匡糾之處多不可勝計。最要者卷三，金部郎中，“若雜綵十段則絲布二匹”下脱一葉，正文二百五字，注文三百七十二字。正德本則“絲布二匹”下逕接“從三品三百六十石”，爲倉部郎中掌百官年禄之文。日本雖據《舊唐書·百官志》、《通志》補之，然今以宋本覆核，正文旣多不完，注中脱失尤甚，蓋粗舉大要，得其二三耳。卷七屯田郎中“凡天下諸”下脱一葉，正文八十一字，注文七百二十字。正德本“諸”字下接“太子右春坊各五頃”注文，於義既不可解，廣雅本則於“諸”下妄增“侯”字以求文字之順適，而不知其注爲下文公廨田之注也。享保本據《舊唐書·百官志》補正文，與宋本適合，注文據《通志》補，職分田、公廨田各官頃數視宋本文字小異，而“諸軍州管屯總九百九十有二”注文、“屯官屯副”下注文、“京兆尹河南府京縣員”注文，凡三段皆缺焉未得一字，若非親見宋本，雖具媧皇神力亦末由彌其缺憾矣。其他文字小失處，如卷尾詹棫題誌，結銜爲“右宣教郎知温州永嘉縣主管勸農公事”，自正德本“管”字訛作“簿”字，於是爲“主簿勸農公事”，讀者習焉不察，甯知宋代有斯官制乎？昔人所云一字千金者，得非此類耶！

昔年游覽南中，行篋曾攜此殘册，以示沈乙盦、王息叟兩先輩，詫爲驚人祕笈，謂世間《六典》得此遂無殘缺，當使播諸天下，以餉學者。余私意亦欲萃官私各卷製板印行，絀於資力，因循未就。兹先録闕文二葉及元代官印於左，用詒海内知好。其沈、王二公題記亦附著之，俾後來者有所考焉。庚午立冬後三日，藏園居士記。〔一〕

(選自《藏園群書題記》，上海古籍出版社 1989 年排印本。徐通輝、何麗媛仝校，楊勝祥覆校)

【校勘記】

〔一〕篇末有王紹曾注：“後附沈、王題記及所録闕文略去。”

李軌注《法言》十三卷《音義》一卷

清錢曾題記

《法言》十三篇，篇各有序，總附之卷末，同乎班固之敘傳然也。宋咸升序于篇首，殊失漢人著述體裁。李軌仍其舊而不更，唐以前學人卓識如此。軌字洪範，東晉尚書郎都亭侯，所著書見《隋書·經籍志》。此本後附《音義》一卷，撰之者不知何人，是又洪範之桓君山矣。

（選自《讀書敏求記》，清雍正四年雪松齋刻本；參校以清道光二十九年《海山仙館叢書》本。徐通輝、何麗媛仝校，楊勝祥覆校）

宋本《纂圖互注揚子法言》

傅增湘跋

《纂圖互注揚子法言》十卷，宋刊本，半葉十一行，每行二十字，注雙行二十五字，黑口，雙闌。首宋咸序，次宋咸《進重廣註揚子法言表》，次司馬温公《註揚子序》，次篇目，次《五聲十二律圖》一幅。宋咸序後有牌子六行。本書首行題“纂圖互註揚子法言卷第一”，次行低二格題“晉李軌、唐柳宗元註”，三行低二格題“聖宋宋咸、吳祕、司馬光重添註”。註文先李，次宗元，次祕，次光。其重意或互註則於註後加白文二字以別之。卷中“貞”、“慎”等字缺末筆，左闌外記篇名及卷數。間有元補之葉，則闌外不記。

按，《法言》通行者爲明顧氏世德堂本，其源出於宋末建安四子，而去其互註與重言重意耳。然其中亦有未經去淨者。此宋末刊本各家多有之，恒不爲世重，余歷年所見凡三四帙，皆晚印模糊者。且其中卷六第十一、二兩葉，卷八第九葉，卷九第三、四、五、六葉，卷十第七葉，行格既有改易，註文咸經删落，闌外亦不記篇名，審爲元代補刊之葉，欲求一初印清朗者竟不可得。余此帙得之滬上，爲鐵琴銅劍樓舊藏，未經編入目者。其補版晚印與所見各本同。初夏無事，偶取世德堂本對勘一過，則佳處正復不少。兹舉其註文言之：如卷一“丘陵學山”註“故曰學海”下脱“丘陵亦山之類而小，故曰學山”十二字；卷二“蒼蠅紅紫”註下脱“咸曰：言□□蒼蠅白黑與紫亂朱”十三字；卷三“搥提仁義”註下脱“提徒計切，亦擲也”七字；卷六“德隆則晷星”註“有德無德”下脱“而已聖人知其然，務在脩德，豈在星乎？德之隆盛，然後規星無不順軌星〔一〕”二十八字；卷七“程嬰公孫杵臼”註“趙括趙嬰”下脱“齊皆滅其族。朔妻成公□□有遺腹子，走公宫，匿程嬰”二十一字，皆賴此建本補完。其餘正文及小註改訂者約得二百數十字，更不可殫述。夫世德堂本開板宏朗，精美悦目，號爲善本，非兼金不易致，豈意其奪訛盈目，轉不如此陋刊坊本之爲愈乎！以此知讀書貴得古本，要必悉心翫誦，乃知其勝，惜乎皮相者多，而真賞者日少，爲足歎也。庚午五月既望，藏園居士附記。

（選自《藏園群書題記》，上海古籍出版社 1989 年排印本。徐通輝、何麗媛仝校，楊勝祥覆校）

【校勘記】

〔一〕下“星”字，王紹曾注：“疑‘矣’字之誤。”

《文選》

書末原刻題跋三種：
一、宋尤袤題記

貴池在蕭梁時寔爲昭明太子封邑，血食千載，威靈赫然，水旱疾疫，無禱不應。廟有文選閣，宏麗壯偉，而獨無是書之板，蓋缺典也。往歲邦人嘗欲募衆力爲之不成。今是書流傳於世，皆是五臣注本，五臣特訓釋旨意，多不原用事所出。獨李善淹貫該洽，號爲精詳，雖四明、贛上各嘗刊勒，往往裁節語句，可恨。袤因以俸餘鋟木，會池陽袁史君助其費，郡文學周之綱督其役，踰年乃克成。既摹本藏之閣上，以其板寘之學宮，以慰邦人所以尊事昭明之意云。淳熙辛丑上巳日，晉陵尤袤題。

二、宋袁説友題記

説友到郡之初，倉使尤公方議鋟《文選》板以實故事。念費差廣而力未給，説友言曰：“是固此邦缺文也，願畧它費以佐其用，可乎？”迺相與規度費出，閲一歲有半而後成，則所以敬事於神者厚矣。江東歲比旱，説友日與池人禱之神焉，蓋有禱輒應。歲既弗登，獨池之歉猶什四也，顧神貺昭答如此，亦有以哉？《文選》以李善本爲勝，尤公博極羣書，今親爲讎校，有補學者，是所謂成民而致力於神者與？淳熙辛丑三月望日，建袁説友題。

三、宋計衡跋

池類《文選》歲久多漫滅不可讀，衡到□屬校官胡君思誠率諸生校讎，董工□而新之，亡慮三百二十二板、廿萬□□九十二字，閲三時始訖工，今遂爲全書。書成，以其板移寘郡齋，而以新本藏昭文廟文選閣云。紹熙壬子十一月□旦，假守番陽計衡書。

楊守敬跋

唐代《文選》李善注及五臣注各自單行，所據蕭選正本亦有異同。至五代孟蜀毋昭裔始以《文選》刊板，傳記雖未言以何本上木，然可知爲五臣本。按，今行袁刻六臣本於李善表後有國子監准敕節文："五臣注《文選》傳行已久，竊見李善注《文選》援引該贍，典故分明，若許雕印必大段流布，欲乞差國子監説書官員校定淨本後抄寫板本，更切對讀後上板，就三館雕造。候敕旨。奉勅，宜依所奏施行。"據此可見善注初無刊本，此云"淨本後抄寫板本"，是淨寫善注又抄寫五臣板本合刊之證；唯不著年月，當是北宋。故自來著録家有北宋六臣《文選》（即袁氏所原之裴本是也）、北宋五臣《文選》（即錢遵王所收之三十卷本是也，見《讀書敏求記》），而絶無有北宋善注《文選》者。良由善注自合五臣本後，人間之抄寫卷軸本盡亡。故四明、贛上雖有刊本，想在南宋之初僅從六臣本抽出善注，故往往有裁節語句之弊（見尤氏跋語。今存宋本六臣注所載善注往往不全，緣善注多在五臣之後，凡善注、五臣同者往往删善注。四明、贛本不合諸本參校，故有裁節語句而不知者。此善本從六臣本出切證）。至尤氏始病其陋，重爲校刊。當時六臣本雕印甚多（今著録尚存四五種，余嘗合校之，有彼此互節善注者，故知其詳也），故袁氏採掇該備。然舊本以五臣混善注之弊亦未能盡除（詳見胡刻《文選考異》）。元時張伯顔刊善本則又不以尤本翻雕，又多增入五臣注本。明代弘治間唐藩刊本、嘉靖間汪諒刊本、崇禎間毛氏汲古閣刊本又皆以張本爲原，而遞多謬誤（見《東湖叢記》陳仲魚跋）。國朝嘉慶間，吳中黄蕘圃始得尤氏宋本，聞於世，鄱陽胡氏倩元和顧澗薲影摹重刊，論者謂與原本毫髮不爽。余從日本訪得尤氏原本，照之，乃知原書筆力峻拔，其精者如覩歐陽率更宋拓《化度寺碑》，胡刻雖佳，未能似之也。此本後有尤延之、袁説友、計衡三跋，胡刻本只有尤跋，袁跋則從陸敕先校本載於《考異》，然亦損失末二十餘字。此則袁跋全存，計跋稍有缺爛，猶爲可讀；唯缺第一至第十二卷，未稱完璧。然黄氏本孤行天地，兵燹以來未卜存佚，此雖有殘缺，固亦應球圖視之也。余嘗擬以胡刻本通校一過，顧卒卒未暇，會碩卿大令酷愛此書，欲見推讓，重違其意，許之。乃隨手抽第十三卷對勘。如《風賦》“激颺熛怒”，注“如熛之聲”，胡本“熛”誤作“漂”（余所據胡本是湖北書局重刊，其中訛字甚多，恐非胡氏之舊）；又“啗齰〔嗽〕獲”，注“中風口動之貌”，胡本“口”上擠一個“人”字，《考異》亦以爲誤。今按，此本並無“人”字，不知胡本何以誤增（此非翻刻胡本之誤）。以斯而例，則胡本亦未可盡據。又原本俗字胡本多改刊，原本中縫下有刻工人姓名，胡本則盡刊削，是皆足資考證者。碩卿專足取書，匆匆作跋，但詳善刻本原委，或亦足補胡氏《考異》之所不及。至精校全書，此又託之碩卿，慎勿謂胡氏已刊忽之也。光緒丁亥正月二十八日，宜都楊守敬記。

余在日本時，見楓山庫所藏宋贛州刊本，卷後題“贛州州學教授張之綱覆校”，又見足利學所藏宋本，又得日本慶長活字重印紹興本及朝鮮活字本，皆六臣本。曾以互校明刻，乃知延之當日刻此書兼收衆本之長，各本皆誤，始以書傳校改。胡氏勘尤本僅據袁本、茶陵本，凡二本，與尤氏不同者皆以爲尤氏校改，此亦臆度之辭。如《西都賦》“除太常掌故”，袁本、茶陵本並作“固”，尤作“故”，《考異》遂謂尤氏校改，不知紹興本、朝鮮本及翻刻茶陵本並作“故”，非尤氏凴臆也。又嘗校贛州張本，於善注時有删節，頗疑卽延之所云裁節字句者。觀延之上文云傳世皆五臣注本，豈以贛本六臣注中有善本故云然與？是則別善注於五臣卽自延之始。然裴氏明言刊於廣都，何得僅舉四明、贛州兩本？仍疑贛州、四明別有善注單行本，俟他日再核之。守敬又記。

（選自張玉範整理《木犀軒藏書題記及書錄》，北京大學出版社1985年排印本；尤袤、袁説友題記，據宋刻本《文選》過錄。徐通輝、何麗媛仝校，楊勝祥覆校）

李善注《文選》六十卷

清錢曾題記

古人註書〔一〕，類有體例。漢唐諸大儒，依經疏解，析理精妙，此註經之體然也。史家如裴松之之註《三國志》，劉孝標之註《世説》，旁搜曲引，巧聚異同，使後之覽者知史筆有所料揀，非闕漏不書耳。若夫郭象注《莊》，晉人謂離《莊》自可成子，是亦一説也。至于集選，宜詮釋字句所自出，以明作者之原委，如善注《文選》，其嚆矢焉。善注有張伯顏重刻元板，不及宋本遠甚。余所藏乃宋刻佳者，中有元人跋語，古香馣薆，閲之不免以書簏自笑。〔二〕

（選自《讀書敏求記》，清雍正四年雪松齋刻本；參校以清道光二十九年《海山仙館叢書》本。徐通輝、何麗媛仝校，楊勝祥覆校）

【校勘記】

〔一〕“書”，王紹曾注：“原作‘詩’，此從朱校。”《海山仙館叢書》本作“書”。

〔二〕篇末有王紹曾注：“據書末莫是閒居士跋語，朱筆係其過錄嘉興陳荄庵校。”

五臣註《文選》三十卷

清錢曾題記

宋刻五臣注《文選》，鏤板精緻，覽之殊可悦目。唐人貶斥吕向，謂比之善著〔一〕猶如虎狗鳳雞。由今觀之，良不盡誣。昭明序云：“都爲三十卷。”此猶是舊卷帙，殊足喜耳。

（選自《讀書敏求記》，清雍正四年雪松齋刻本；參校以清道光二十九年《海山仙館叢書》本。徐通輝、何麗媛仝校，楊勝祥覆校）

【校勘記】

〔一〕“著”，王紹曾注：“一作注。”《海山仙館叢書》本亦作“注”。

《樂府詩集》

明末毛晉跋

樂蓋六藝之一也。樂部諸書，孟堅著諸經籍之首，貴與列諸經解之後，陳氏直厠諸子錄雜藝之間，愈趨而愈微眇。迨陳三山撰《樂書》二百卷，凡雅俗、胡部、音器、歌舞，下及優伶、雜戲，無不備載。博則博矣，但腐氣逼人，而泉飛雲散之趣湮没殆盡，能不爲之三歎耶？太原郭茂倩集樂府詩一百卷，采陶唐迄李唐歌謠辭曲，略無遺軼，可謂抗行周雅，長揖楚詞，當與三百篇並垂不朽。惜乎至元間童萬元家本，凡目錄、小序，率意節略，歲月既久，黯滅不能句讀。因匄大宗伯錢師榮木樓所藏宋刻，手自讎正，九閲月而告成。恨未得徐陵《玉臺新錄〔一〕》、吳兢《古樂府詞》並付棗氏耳。虞山毛晉識。

（選自《樂府詩集》，明毛氏汲古閣刻本；參校以潘景鄭輯《汲古閣書跋》，古典文學出版社 1958 年排

印本。徐通輝、何麗媛全校，楊勝祥覆校)

【校勘記】

〔一〕“錄”，潘輯本作“詠”。

《孟襄陽集》

明末毛晉跋

余藏《襄陽詩》甚多，可據者凡三種：一宋刻三卷，逐卷意編，不標類目，共計二百一十首；一元刻劉須溪評者，亦三卷，類分遊覽、贈答、旅行、送别、宴樂、懷思、田園、美人、時節、拾遺凡十條，共計二百三十三首；一弘治間關中刻孟浩浩然者，卷數與宋元相合，編次互有異同，共計二百一十八首。至近來《十二家唐詩》及《王孟合刻》等，或一卷，或二卷，或四卷，詮次寡多，本本淆譌。予悉依宋刻，以元本、關中本參之，附以拾遺，共得二百六十六首。間有字異句異先後倒者，分註“元刻某”、“今刻某”，不敢臆改云。湖南毛晉識。

（選自《孟襄陽集》，明毛氏汲古閣刻本；參校以潘景鄭輯《汲古閣書跋》，古典文學出版社 1958 年排印本。徐通輝、何麗媛仝校，楊勝祥覆校）

《孟浩然詩集》三卷（宋本）

清黃丕烈題記

余于五月杪自都門歸，聞桐鄉金氏書有散在坊間者，即訪之，得諸西山堂書凡五種：宋刻者，爲《孟浩然詩集》、錢杲之《離騷集傳》、《雲莊四六餘話》；影宋鈔者，爲岳板《孝經》、呂夏卿《唐書直筆新例》。索白鏹六十四金，急欲歸之，而議價再三，牢不可破，卒以京板《佩文韵府》相易，貼銀十四兩，方得成此交易。此《孟浩然詩集》，即五種中之最佳而余亦斷不肯舍者也。先是書友携此書來，余取舊藏元刻劉須溪批點本手勘一過，知彼此善惡，奚啻霄壤。非特強分門類，不復合三卷原次序，且脱所不當脱，如《歲晚歸南山作》，《新唐書》所云浩然自誦所爲詩也，元刻在所缺詩中；衍所不當衍，如《歲除夜有懷》，明知《衆妙集》中爲崔塗詩也，元刻在所收詩中，去取果何據乎？今得宋刻正之，如撥雲覩青矣。至于此刻爲南宋初刻，類此版式唐人文集不下數十種。

余所藏者，有劉隨州、劉賓客；余所見者，有姚少監、韓昌黎，皆有“翰林國史院官書”長方印，然皆殘闕過半，究不若此本之爲全璧也。得書之日，忻幸無似，爰書此以著緣起。近倩汪澥雲主政作續得書圖，題此曰《襄陽月夜》，蓋絶妙詩中畫景云。嘉慶辛酉冬孟九日書于太白楼下，黄丕烈識。

（選自陶湘輯《涉園所見宋版書影》，江蘇廣陵古籍刻印社 1998 年影印本；參校以《中華再造善本》影印《孟浩然集》。徐通輝、何麗媛仝校，楊勝祥覆校）

清王念孫《讀淮南子雜志書後》

《淮南内篇》舊有許氏、高氏注。其存於今者，則高注，非許注也。前有高氏《敘》一篇，《天文篇》注又云“鍾律上下相生，誘不敏也”，則其爲高注無疑。其自唐以前諸書所引許注有與今本同者，乃後人取許注附入，非高氏原文也。凡注内稱“一曰”云云者，多係許注，則其爲後人附入可知。宋人書中所引《淮南注》，略與今本同，而謂之許注，則考之未審也。《道藏》本題“許慎記上”，蓋沿宋本之誤。是书自北宋已有譌脱，故《爾雅疏》、《埤雅》、《集韻》、《太平御覽》諸書所引，已多與今本同誤者，而南宋以後無論已。余未得見宋本，所見諸本中，唯《道藏》本爲優，明劉績本次之，其餘各本皆出二本之下。兹以《藏》本爲主，參以羣書所引，凡所訂正，共九百餘條。推其致誤之由，則傳寫譌脱者半，馮意妄改者亦半也。

有因字不習見而誤者。若《原道篇》：“先者踰下，則後者蹷之。”蹷，女展反。故高注云：“蹷，履也，音展，非展也。”而各本乃誤爲“蹷”矣。凡據諸書以正今本者，具見於本條下，後皆放此。《兵略篇》：“涉血蹷腸，與死扶傷。”蹷，亦履也，而各本又誤爲“屬”

矣。《齊俗篇》:“穿窬拊楗,扫墓踰備之姦。”扫,户骨反,掘也。各本“扫”誤爲“抽”,“墓”誤爲“箕”。高注:“扫,掘也。”“掘”字又誤爲“握”,則義不可通。《兵略篇》:“毋扫墳墓。”《藏》本“扫”字又誤爲“扣”矣。《説山篇》:“鏏鼎日用而不足貴,周鼎不爨而不可賤。”鏏,讀若彗。高注曰:“小鼎也。”各本“鏏”誤爲“鍇”,又誤在“鼎”字下矣。《説林篇》:“設鼠者機動,釣魚者泛杌。”泛,釣浮也。杌,讀若兀,動也。機動則得鼠,泛動則得魚。故高注云:“杌動,動則得魚也。”而各本“杌”字乃誤爲“杭”矣。“使但吹竽,使工厭竅,雖中節而不可聽。”但,拙人也,讀若癰疽之疽字,從且,不從旦。故高注云:“但讀燕言鉏同也。”而各本乃誤爲“但”矣。“使但吹竽,使工厭竅”者,厭,於葉反,與擪同,一指按也。言使但吹竽,而使樂工爲之按竅也。隸書“工”字或作“互”,“氐”字或作“互”,二形相似,而各本“工”字遂誤爲“氐”矣。《脩務篇》:“墨子趹蹏而趨千里。”趹,讀若決。高注:“趹蹏,疾行也;趨,走也。”各本“趹”誤作“趺”,高注又誤作“趺,疾行也;蹏,趨走也”,則義不可通矣。“以一餔之故,絶穀不食。”“餔”,即“噎”字也,而各本乃誤爲“飽”矣。“藜藋之生蟆蟆然,日加數寸。”藋,徒弔反,即今所謂灰藋也。藜藋之高過人,故云“日加數寸”。世人多聞藜藿,寡聞藜藋,而各本“藋”字遂誤爲“藿”矣。《泰族篇》："呟聲清於耳，兼味快於口。"呟，於交反，與咬同，淫聲也，字從夭，而各本乃誤作"呔"矣。

有因假借之字而誤者。《覽冥篇》："蚖鱓著泥百仞之中。"蚖鱓，與黿鼉同。各本"蚖鱓"誤爲"蛇鱓"，則與下文"蛇鱓"相亂矣。《道應篇》："孚子治亶父三年。"孚子，卽宓子賤也。"宓"、"孚"聲相近，故字相通，而各本乃誤爲"季子"矣。

有因古字而誤者。《時則篇》："孟秋之月，其兵戉。"戉，古鉞字也，而各本乃誤爲"戈"矣。《齊俗篇》："煎敖燎炙，齊咊萬方。"齊，讀爲劑。咊，卽甘受和之和。"咊"與"味"字相似，而各本遂誤爲"味"矣。《脩務篇》："感而不應，敀而不動。"敀，古迫字也，而各本乃誤爲"攻"矣。

有因隸書而誤者。《時則篇》："具栚曲筥筐。"高注："栚，持也。三輔謂之栚。"案，栚讀若朕，架蠶薄之木也。隸書"栚"字或作"栱"，而各本遂誤爲"撲"矣。《覽冥篇》："井植生梓，溝植生條。"《本经篇》："山无峻榦，林无柘梓。"梓，古櫱字，伐木之更生者也。隸書"梓"字或作"梓"，而各本遂誤爲"梓"矣。《精神篇》："樣桷不斲，素題不枅。"樣，卽今橡栗字也。隸書"樣"字或作"樣"，而各本遂誤爲"樸"矣。《本經篇》："芟野莽，長苗秀。"高注："莽，草也。"隸書"莽"字或作"美"，而各本遂誤爲"菼"矣。《道應篇》："於是佽非敎然瞋目，攘臂拔劍。"隸書"眞"字或作"真"，與"冥"相似，而各本“瞋目”遂誤爲“瞑目”，且誤在“敎然”之上矣。《氾論篇》：“剛強猛毅，志厲青雲，非夸矜也。”隸書“夸”字或作“夲”，而各本遂誤爲“本”矣。《兵略篇》：“疾如鏃矢。”高注：“鏃，金鏃翦羽之矢也。”隸書“矦”字作“㑀”，“佳”字作“隹”，二形相似，而各本“鏃”字遂誤爲“錐”。下文“疾如鏃矢，何可勝偶”，“鏃”字又誤爲“鏃”矣。《説林篇》：“故解捽者不在於捌格，在於批扰。”扰，竹甚反，湥擊也，字從冘。冘，讀若淫。故高注云：“批，擊；扰，椎。”隸書“冘”字或作“冗”，“亢”字或作“冗”，二形相似，而《藏》本“扰”字遂誤爲“伉”，劉本又誤爲“伔”矣。

有因草書而誤者。《齊俗篇》：“柱不可以摘齒，筳不可以持屋。”高注：“筳，小簪也。”案，筳讀若廷。言小簪可以摘齒，而不可以持屋也。“筳”與“筐”草書相似，而各本遂誤爲“筐”矣。

有因俗書而誤者。《原道篇》：“欲宍之心亡於中，則飢虎可尾。”“宍”，俗“肉”字也。《藏》本“宍”誤作“寅”，而各本又誤作“害”矣。《齊俗篇》：“夫水積則生相食之魚，土積則生自宍之獸。”“宍”，亦“肉”字也，而各本又誤作“穴”矣。《天文篇》：“日行九州七舍，有五億萬七千三百九里，離以爲朝晝昏夜。”離者，分也。俗書“離”字作“𩀌”，各本則脱其右半而爲“禹”矣。《氾論篇》：“姦符節，盜管璽。”高注：“璽，印封。”俗書“璽”字作“坙”，而各本遂誤爲“金”矣。《詮言篇》：“寒暑之變，無損益於己，質有定也。”俗書“定”字作“㝎”，而各本遂誤爲“之”矣。《説林篇》：“若被蓑而救火，鑿竇而止水。”俗書“鑿”字作“鑿”，各本則脱其下半而爲“毀”矣。

有兩字誤爲一字者。《説林篇》：“狂者傷人，莫之怨也。嬰兒詈老，莫之疾也。賊心亡也，賊害也。”亡，無也，言狂者與嬰兒皆無害人之心也。各本“亡也”之“也”誤爲“山”，又與“亡”字合而爲“峕”矣。

有誤字與本字竝存者。《主術篇》：“鴟夜撮蚤，察分秋豪。”蚤，或誤作蚉，又轉寫而爲蚊，而各本遂誤作“撮蚤蚊”矣。《道應篇》：“豐水之深千仞而不受塵垢，投金鐵焉，則形見於外。”鐵字或省作鍼，因誤而爲鍼，而各本遂誤爲“金鐵鍼”矣。

有校書者旁記之字而闌入正文者。《兵略篇》：“明於奇賌、陰陽、刑德、五行、望氣、候星、龜策、禨祥。”賌，讀若該。奇賌者，奇祕之要，非常之術也。校書者不曉“奇賌”之義，而欲改爲“奇正”，故記“正”字於“賌”字之旁，而各本遂誤爲“奇正賌”矣。《説林篇》：“蘇秦步，曰：‘何故？’趨，曰：‘何趨？’”“步”與“故”爲韻，“趨”與“趨”爲韻。隸書“趨”或作“趍”，故《淮南》書中“趨”字多作“趍”。校書者以《説文》“趍趙”之趍音馳，故旁記“馳”字，而各本遂誤作“趍曰何趍馳”矣。

有衍至數字者。《俶真篇》："孟門終隆之山，不能禁也；湍瀨旋淵之深，不能留也；太行石澗飛狐句注之險，不能難也。"各本"不能禁也"下衍"唯體道能不敗"六字，則上下文皆隔絕矣。

有脱數字至十數字者。《原道篇》："此俗世庸民之所公見也，而賢知者弗能避，有所屏蔽也。"高注云："以諭利欲，故曰有所屏蔽也。"各本正文脱"有所屏蔽"四字，則注文不可通矣。《道應篇》"令尹子佩請飲莊王，莊王許諾。子佩具於強臺，莊王不往。明日，子佩跣揖北面，立於殿下"云云，各本脱"子佩具於強臺"至"明日"十二字，則上下文不可通矣。《氾論篇》："故馬免人於難者，其死也葬之，以帷爲衾；牛有德於人者，其死也葬之，以大車之箱爲薦。"各本"葬之"下脱"以帷爲衾"四字，"牛"下脱"有德於人者"五字，"葬"下脱"之"字，"大車"下脱"之箱"二字，則文不成義矣。《説山篇》："魄問於魂曰：'道何以爲體？'曰：'以無有爲體。'魄曰：'無有有形乎？'魂曰：'無有。'魄曰：'無有何得而聞也？'"各本"何得而聞"上脱"魄曰無有"四字，則上下文不可通矣。"一淵不兩蛟，一棲不兩雄。一則定，兩則爭。"高注云："以日月不得竝明，一國不可兩君也。"各本脱"一棲不兩雄"以下十一字，又脱去注文，則"一淵不兩蛟"句孤立無耦矣。《説林篇》："或謂家，或謂隴，或謂笠，或謂簦。名異實同也。頭蝨與空木之瑟，名同實異也。"各本脱“名異實同也”五字，則義不可通矣。《人閒篇》：“魯君聞陽虎失，大怒，問所出之門，使有司拘之。以爲傷者戰鬭者也，不傷者爲縱之者。傷者受大賞，而不傷者被重罪。”各本脱“傷者戰鬭”至“縱之者”十三字，則上下文不可通矣。“夫上仕者，先避患而後就利，先遠辱而後求名。太宰子朱之見終始微矣。”仕，與士同。各本“仕”上脱“上”字，“先避”下又脱“患而後就利”至“太宰子朱”十六字，則上下文不可通矣。“請與公僇力一志，悉率徒屬，而必以滅其家。其夜，乃攻虞氏，大滅其家。”各本脱“其夜”以下十字，則敘事未畢，且與上文“虞氏以亡”句不相應矣。

有誤而兼脱者。《原道篇》：“輕車良馬，勁策利錣。”高注：“策，箠也。錣，箠末之箴也。錣讀焫燭之焫。”錣，竹劣反。焫，如劣反。《藏》本“錣”誤作“鍛”，注文誤作“策，箠也，末之感也。鍛讀炳燭之炳”，則義不可通矣。

有正文誤入注者。《主術篇》：“故善建者不拔，言建之無形也。”此引《老子》而釋其義也。各本“言建之無形也”六字皆誤作注文矣。《説林篇》：“疾雷破石，陰陽相薄，自然之勢。”各本“自然之勢”四字誤入注，則上二句爲不了語矣。“行者思於道，而居者夢於牀。慈母吟於燕，適子懷於荆。精相往來也。”各本“精相往來也”五字亦誤入注矣。

有注文誤入正文者。《道應篇》：“田鳩往見楚王，楚王甚説之，予以節，使於秦。至，因見惠王而説之。”高解“予以節”云：“予之將軍之節。”各本此六字誤入正文“因見”之下、“惠王”之上，則文不成義矣。《人閒篇》：“非其事者，勿仞也。非其名者，勿就也。無功而富貴者，勿居也。”高解“非其名者勿就”云：“無故有顯名者，勿處也。”而各本此九字皆誤入正文矣。

有錯簡者。《天文篇》：“陽氣勝，則日脩而夜短；陰氣勝，則日短而夜脩。其加卯酉，則陰陽分、日夜平矣。”各本“其加卯酉”三句，錯簡在下文“帝張四維，運之以斗”一節之下，則既與上文隔絶，又與下文不相比附矣。

有因誤而致誤者。《俶真篇》：“昧昧楙楙，皆欲離其童蒙之心，而覺視於天地之閒。”楙，讀若懋。高注云：“楙楙，欲所知之貌也。昧昧、楙楙，一聲之轉。”各本“楙楙”誤作“晽晽”，字書所無也。而楊氏《古音餘》乃於侵韻收入“晽”字，引《淮南子》“昧昧晽晽”矣。《主術篇》：“夫寸生於穊，穊生於日。”穊與秒同。秒，禾芒也。各本“穊”誤爲“穰”，字書所無也。而吳氏《字彙補》乃於“禾”部收入“穰”字，音粟，引《淮南子》“寸生於穰”矣。《齊俗篇》：“夫蝦蟇爲鶉，水蠆爲蟌。”高注：“蟌，蜻蛉也。”隸書“蟌”字或作“蟋”，因誤而爲“螋”，字書所無也。蟌，讀若葱。“葱”字俗書作“蒶”，校書者記“蒶”字於“蟌”字之旁，因誤而爲“蒠”。

傳寫者又以“菍”字誤入正文，故“水蠆爲蟌”各本皆誤作“水蠆爲蟌菍”。後人又爲之音，曰“音矛”、“音務”，皆不知何據。而《字彙補》遂於虫部收入“蟌”字，音矛；又於艸部“菍”字下注云“音務”，引《淮南子》“水蠆爲蟌菍”矣。“譬若水之下流，熛之上尋也。”熛，讀若標，火飛也。“熛之上尋”，猶言火之上尋。各本“熛”誤作“煙”，而《藝文類聚》引此亦作“煙”，且在火部“煙”下，則唐初本已誤矣。《兵略篇》：“推其搖搖，擠其揭揭。”高注：“搖搖，欲仆也。揭揭，欲拔也。”搖，古摇字。因其欲仆而推之，故曰“推其搖搖”。隸書“搖”字或作“揺”，各本遂誤作“搶”，字書所無也。而《古音餘》乃於侵韻收入“搶”字，引《淮南子》“推其搶搶”矣。《說山篇》：“弊箅甑瓾。”高注：“瓾，甑帶”；“瓾讀鼃黽之鼃也”。瓾、鼃皆從圭聲，故讀瓾如鼃。各本“瓾”誤作“甀”，字書所無也。高注“鼃黽”之“鼃”又誤作“鼃黽”之“黽”。而《古音餘》遂於梗韵收入“甀”字，引高注“甀讀鼃黽之黽”矣。《說林篇》：“遽契其舟桅。”高注：“桅，船弦板。桅，讀如《左傳》‘襄王出居鄭地氾’之‘氾’也。”“范”與“危”草書相似，故各本“桅”字皆作“桅”。而《古音餘》遂於陷韵收入“桅”字，引《淮南子》“遽契其舟桅”，音氾矣。

有不審文義而妄改者。《原道篇》：“乘雷車，六雲蜺。”謂以雲蜺爲六馬也。後人不曉“六”字之義，遂改“六雲蜺”爲“入雲蜺”矣。《主術篇》：“夫華騮綠耳，一日而至千里。然其使之搏兔，不如狼契。”契，公八反。狼、契，皆犬名也。後人不知“狼契”爲何物，而改爲“豺狼”，其失甚矣。《齊俗篇》：“故六騏驥，四駃騠，以濟江河，不若窾木便者，處勢然也。”“窾木”謂舟也。古者謂所居之地曰“處勢”。言乘良馬濟江河，不若乘舟之便者，處勢使然也。後人不識古義，而改“處勢”爲“處世”，其失甚矣。《道應篇》：“故莊子曰：‘朝秀不知晦朔。’”高注：“朝秀，朝生暮死之蟲也。”後人依今本《莊子》改爲“朝菌”，不知《淮南》自作“朝秀”，不得據彼以改此也。《脩務篇》：“夫亭歷冬生而人曰冬死，死者衆。薺麥夏死而人曰夏生，生者衆。”亭歷、薺麥皆冬生夏死，故互言之。後人不知“亭歷”爲何物，而改爲“橘柚”，其失甚矣。

有因字不習見而妄改者。《齊俗篇》：“故伊尹之興土功也，脩脛者使之跖钁。”钁，讀若華，臿也。跖，蹋也。故高注云：“長脛以蹋插者，使入深也。”後人不識“钁”字而改“钁”爲“钁”，不知钁爲大鉏，鉏以手揮，不以足蹋也。《説山篇》：“視日者眩，聽雷者聵。”聵，女江反，耳中聲也。後人不識“聵”字而改“聵”爲“聾”，其失甚矣。

有不識假借之字而妄改者。《道應篇》：“跖之徒問跖曰：‘盜亦有道乎？’跖曰：‘奚適其有道也。’”適，讀曰啻。言奚啻有道而已哉，乃聖、勇、義、仁、智五者皆備也。後人不知“適”與“啻”同，而誤讀爲“適齊”、“適楚”之“適”，遂改“有道”爲“無道”矣。

有不審文義而妄加者。《覽冥篇》：“夫燧取火於日，方諸取露於月。”夫燧，陽遂也。故高注曰：“夫讀大夫之夫。”後人乃誤以“夫”爲語詞，而於“燧”上加“陽”字矣。《氾論篇》：“故使陳成常、鴟夷子皮得成其難。”後人於“陳成”下加“田”字，而不知“田”卽“陳”也。“今不知道者，見柔懦者侵，則務爲剛毅；見剛毅者亡，則務於柔懦。”於，亦爲也。而後人又於“於”下加“爲”字矣。《人閒篇》：“曉然自以爲智存亡之樞機，禍福之門户。”智，卽知字也。“曉然”以下十六字連讀。後人不識古字，而讀“曉然自以爲智”絶句，又於“智”下加“知”字以聯屬下文。各本“然”字又誤在“自”字下，則更不可讀矣。“故善鄙同，誹譽在俗；趨舍同，逆順在君。”此言善鄙同，而或誹或譽者，俗使然也；趨舍同，而或逆或順者，君使然也。後人不達，乃於兩“同”字上加兩“不”字，則意相反矣。“越王句踐一決獄不辜，援龍淵而切其股，血流至足，以自罰也，而戰武必死。”戰武，戰士也；必，與畢同，言戰士皆致死也。《淮南》一書，通謂“士”爲“武”。後人不達，又於“武”下加“士”字、“必”下加“其”字矣。

有不識假借之字而妄加者。《本經篇》：“異貴賤，差賢不，經誹譽，行賞罰。”賢不，卽賢否也。後人不知“不”爲“否”之借字，遂於“不”下加“肖”字矣。《泰族篇》：“天地之性物也有本末。”性物，卽生物也。後人不知“性”爲“生”之借字，乃於“天地之性”下加“也”字，又於“物也”上加“天地之生”四字，其失甚矣。

有妄加字而失其句讀者。《泰族篇》“趙政不增其德而累其高，故滅。知伯不行仁義而務廣地，故亡。句。《國語》曰”云云，後人誤以“故亡國”絶句，遂於“國”上加“其”字矣。《要略》曰：“進退左右，無所擊危。”危，與詭同。詭，戾也。《主術篇》曰：“舉動廢置，無所擊戾。”意與此同。劉績不解“無所擊危”之義，而於“無所”下加“失”字，讀“無所失”絶句，而以“擊危”下屬爲句，其失甚矣。

有妄加數字至二十餘字者。《天文篇》：“天有九野、五星、八風、五官、五府。”此先舉其綱，而下文乃陳其目。後人於“八風”下加“二十八宿”四字，又於注内列入二十八宿之名，而不知皆下文所無也。又下文“星分度”一節，乃紀二十八宿分度之多寡，非紀二十八宿之名。後人不察，又於其末加“凡二十八宿也”六字，斯爲謬矣。“太陰在寅，朱鳥在卯，句陳在子，元武在戌，白虎在酉。”後人於此下加“蒼龍在辰”四字，而不知蒼龍卽太陰也。《泰族篇》：“天地之道，極則反，盈則損。”後人於“天地之道”上加“故《易》之失也卦，《書》之失也敷，

《樂》之失也淫，《詩》之失也辟，《禮》之失也責，《春秋》之失也刺”六句。此取《詮言篇》文而增改之也，不知下文自有“《易》之失鬼，《樂》之失淫，《詩》之失愚，《書》之失拘，《禮》之失忮，《春秋》之失訾”六句。若先加此六句，則文既重出而義復參差矣。“河以逶蛇，故能遠。山以陵遲，故能高。道以優游，故能化。”此以河之逶蛇、山之陵遲諭道之優游也。後人於“道以優游”句上加入“陰陽無爲故能和”七字，則與“逶蛇”、“陵遲”、“優游”之義，咸不相比附矣。

有不審文義而妄删者。《道應篇》：“敖幼而好游，至長不渝解。”渝解，猶懈怠也。後人不知其義，遂以“至長不渝”絶句，而删去“解”字矣。《人閒篇》：“城中力已盡，糧食匱，武大夫病。”武大夫，士大夫也。《淮南》書謂“士”爲“武”。後人不達，遂删去“武”字矣。

有不識假借之字而妄删者。《人閒篇》：“此何遽不能爲福乎。”能，讀曰乃。言何遽不乃爲福也。後人不知“能”與“乃”同，遂删去“能”字矣。

有不識假借之字而顛倒其文者。《人閒篇》：“國危不而安，患結不而解，何謂貴智。”而，讀曰能。言危不能安，患不能解，則無爲貴智也。後人不知“而”與“能”同，遂改爲“國危而不安，患結而不解”矣。

有失其句讀而妄移注文者。《説山篇》：“無言而神者，載無也。有言則傷其神。句。之神者，鼻之所以息，耳之所以聽。”高解“有言則傷其神”云：“道賤有言而多反有言，故曰‘傷其神’。”據此則當以“則傷其神”絶句，其“之神者”三字乃起下之詞。之，此也。言此神者，鼻之所以息，耳之所以聽也。後人誤以“則傷其神之神者”爲句，而移注文於“之神者”下，則上下文皆不可讀矣。

有既誤而又妄改者。《氾論篇》：“使人之相去也，若玉之與石，葵之與莧，則論人易矣。”玉與石，葵與莧，皆不相似，故易辨也。俗書“葵”字作“𦯈”，“美”字作“羙”，“𦯈”之上半與“羙”相似，因誤而爲“美”。後人又改爲“美之與惡”，則不知爲何物矣。《人閒篇》：“喟然而歎。”喟然，即喟然。隸書“貰”字或作“賁”，形與“貴”相似，故“喟”誤爲“嘖”，而後人遂改爲“憒”矣。《脩務篇》：“明鏡之始下型，矇然未見形容。及其扢以元錫，摩以白旃，則鬢眉微毛，可得而察。”扢，讀若槩。高注云：“扢，摩。”《藏》本正文“扢”字誤作“粉”，注文“扢”字又誤作“於”，劉本又改“於摩”爲“摩磨”，則誤之又誤矣。《泰族篇》：“捷昒而朝天下。”“捷”與“插”同。“昒”與“曶”同，古“笏”字也。插笏，搢笏也。隸書“捷”字或作“揵”，形與“挺”相似，故《藏》本“捷”字誤爲“挺”，“昒”字又誤爲“肳”。朱東光本改“挺肳”爲“搢笏”，義則是而文則非矣。“聘納而取婦，冠絻而親迎。”俗書

"冠"字作"冦",與"初"字相似,故《藏》本"冠綄"誤爲"初綄",而劉本又改爲"紱綄"矣。

有因誤字而誤改者。《道應篇》:"孔子亦可謂知化矣。"知化,謂知事理之變化也。"化"誤爲"礼",而後人遂改爲"禮"矣。《詮言篇》:"自身以上至於荒芒,亦遠矣;自死而天地無窮,亦滔矣。"兩"亦"字皆誤爲"尔",而後人遂改爲"爾"矣。

有既誤而又妄加者。《俶真篇》:"雲臺之高,墮者折脊碎腦,而蟁蝱適足以翾。"翾,許緣反,小飛也。"翾"誤爲"翺",後人遂於"翺"下加"翔"字,不知蟁蝱之飛可謂之翾,不可謂之翺翔也。《覽冥篇》:"治日月之行,律陰陽之氣。"高注:"律,度也。"此三字傳寫誤在"律"字之下、"陰陽"之上,以致隔絶上下文義。後人遂以"律"字上屬爲句,而於"陰陽"上加"治"字矣。《主術篇》:"不智而辯慧懁給,則乘驥而或。""懁"與"儇"同。"或"與"惑"同。高注云:"不智之人,辯慧懁給,不知所裁之,猶乘驥而或,不知所詣也。"懁,佞也。傳寫以"懁"誤爲"懷","乘"誤爲"棄","或"誤爲"式"。後人又於"式"上加"不"字,則文不成義矣。《人閒篇》:"孫叔敖病且死。""且"字因與"病"字相連而誤爲"疽"。後人以下文"謂其子曰"云云乃未死以前之事,故又於"死"上加"將"字,而不知"疽"爲"且"之誤。且,卽"將"也。

有既誤而又妄删者。《主術篇》:"堯、舜、禹、湯、文、武，皆坦然南面而王天下焉。”《藏》本作“王皆坦然天下而南面焉”，顛倒不成文理。劉本又删去“王”字，則誤之又誤矣。《人閒篇》：“或直於辭而不周於事者，或虧於耳以忤於心而合於實者。”“周”亦“合”也，謂不合於事也。隸書“周”與“害”相似，故《藏》本“周”誤爲“害”，而劉績不達，遂於“害”上删“不”字矣。下文曰“此所謂直於辭而不周於事者也”，卽承此文言之。傳寫誤爲“不用於事”，而後人又改爲“不可用”矣。

有既脱而又妄加者。《主術篇》：“是故十圍之木，持千鈞之屋；五寸之鍵，而制開闔。”《藏》本脱“而”字，劉績不能補正，又於“制開闔”下加“之門”二字矣。《詮言篇》：“故中心常恬漠，不累其德。”“累”讀負累之累。傳寫脱去“不”字，後人又誤以“累”爲累積之累，遂於“累”下加“積”字矣。

有既脱而又妄删者。《天文篇》：“天地之偏氣，怒者爲風；天地之合氣，和者爲雨。”《藏》本上句脱“地”字，劉本又删去下句“天”字，則是以風屬天、雨屬地，其失甚矣。

有既衍而又妄加者。《氾論篇》：“履天子之籍，造劉氏之冠。”“冠”上誤衍“貌”字，後人遂於“籍”上加“圖”字，以與“貌冠”相對，而不知“圖籍”不可以言“履”也。

有既衍而又妄删者。《主術篇》：“主道員者，運轉而無端，化育如神，虛無因循，常後而不先也；臣道方者，論是而處當，爲事先倡，守職分明，以立成功也。”《藏》本“臣道方者”作“臣道員者運轉而無方者”，以上十字，《藏》本原文。其“員者運轉而無”六字，乃涉上文而衍。劉績又讀“臣道員者”爲句，“運轉而無方”爲句，而於“方”下删“者”字，則誤之又誤矣。

有既誤而又改注文者。《原道篇》：“夫蘋樹根於水。”高注：“蘋，大萍也。”正文“蘋”字誤作“萍”，後人遂改注文之“蘋，大萍”爲“萍，大蘋”，以從已誤之正文矣。

有既誤而又增注文者。《俶真篇》：“辯解連環，辭潤玉石。”高注：“潤，澤也。”正文“辭”字涉注文而誤爲“澤”，後人又於注文“潤，澤也”上加一“澤”字，以從已誤之正文矣。《精神篇》：“故覺而若眯，生而若死。”眯，讀若米。高注：“眯，厭也。楚人謂厭爲眯。”厭，卽今魘字。傳寫以“眯”誤作“昧”，後人遂誤讀爲“暗昧”之“昧”，而於注内加“暗也”二字矣。《説山篇》：“人不小覺，不大迷。”高注：“小覺不能通道，故大迷也。”兩“小覺”竝誤爲“小學”，後人又於注文“小學”下加“不博”二字，以牽合正文矣。《泰族篇》：“故因則大，作則細矣。”高注：“能循則必大也，欲作則小矣。”古“作”字爲“乍”形，與“化”相似，因誤爲“化”，後人又於注文“欲作”上加“化而”二字矣。

有既誤而又移注文者。《地形篇》曰：“天地之閒，九州八柱。”下文曰：“八紘之外，乃有八極。”高注：“八極，八方之極也。”正文“八柱”誤爲“八極”，而後人遂移“八極”之注於前，以從已誤之正文矣。《道應篇》：“輪扁斲輪於堂下。”高注：“輪扁，人名。”正文“輪扁”誤爲“輪人”，而後人遂移注文於下文“輪扁曰”云云之下矣。《詮言篇》：“蘇秦善説而亡身。”高注：“蘇秦死於齊也。”正文“亡身”誤爲“亡國”，後人又移注文於“亡”字之下、“國”字之上，則是以“亡”字絶句，而以已誤之“國”字下屬爲句，其失甚矣。

有既改而又改注文者。《原道篇》：“干、越生葛絺。”高注：“干，吴也。”劉本改“干、越”爲“于、越”，并改高注，而不知“于”之不可訓爲“吴”也。“九疑之南，民人劗髮文身，以像鱗蟲。”劗，讀若鑽，又讀若櫕。高注：“劗，翦也。”後人不識“劗”字，遂改“劗髮”爲“被髮”，并改高注，而不知“被”之不可訓爲“翦”也。“聖人處之，不爲愁悴怨慰。”怨，讀爲苑。苑、慰皆病也，故高注云：“慰，病也。”後人改“怨慰”爲“怨懟”，并改高注，而不知“懟”之不可訓爲“病”也。《地形篇》：“夸父耽耳。”高注：“耽，讀褶衣之褶。”後人改“耽耳”爲“耽耳”，并改高注，而不知“耽”之不可讀爲“褶”也。《氾論篇》：“周棄作稼穡。”高注：“周棄，后稷也。”後人改正文“周棄”爲“后稷”，又改注文爲

“稷，周棄也”，斯爲謬矣。《兵略篇》：“西包巴、蜀，東裹郯、邳。”高注：“巴、蜀、郯、邳，地名。”後人改“邳”爲“淮”，并改高注，而不知淮乃水名，非地名也。“伐橪棗而爲矜。”橪，而善反。高注：“橪棗，酸棗也。”後人不識“橪”字，遂改“橪”爲“棘”，并改高注，而不知棘非酸棗也。

有既改而復增注文者。《道應篇》：“吾與汗漫期於九垓之上。”高注：“九垓，九天也。”後人改“之上”爲“之外”，又於注文“九天”下加“之外”二字矣。《詮言篇》：“三關交爭，以義爲制者，心也。”高注：“三關，謂食、視、聽。”後人改“三關”爲“三官”，又於注文“三關”上加“三官”二字，其失甚矣。

有既改而復删注文者。《時則篇》：“迎歲於西郊。”高注：“迎歲，迎秋也。”後人依《月令》改“迎歲”爲“迎秋”，又删去注文矣。《繆稱篇》：“甯戚擊牛角而歌，桓公舉以爲大田。”高注：“大田，田官也。”後人改“大田”爲“大政”，又删去注文矣。《詮言篇》：“臺無所監，謂之狂生。”高注：“臺，持也。所監者非元德，故爲狂生。臺，古握字也。”後人改“臺”爲“持”，又改注文之“臺，持也”爲“持無所監”，并删去“臺古握字也”五字矣。《泰族篇》：“故張瑟者，小弦絙而大弦緩。”高注：“絙，急也。”後人依《文子》改“絙”爲“急”，又删去注文矣。

有既脱且誤而又妄增者。《人閒篇》：“故黄帝亡其元珠，使離朱、攫剟索之。”攫，搏也。剟，與掇同，拾也。故高注云：“攫剟，善於搏拾物。”《藏》本正文脱“攫”字，注文作“剟搏善拾於物”，脱誤不成文理，劉績不達，乃於正文“剟”上加“捷”字，斯爲謬矣。

有既誤且改而又改注文者。《俶真篇》：“蓶扈炫煌。”高注：“蓶，讀曰唯。扈，讀曰户。”《藏》本“蓶”誤作“蘿”，“扈”誤作“扈”，注文誤作“扈，讀曰扈”。劉績不能釐正，又改“蘿”爲“萑”，并改高注，而不知“萑”之不可讀爲“唯”也。“譬若周雲之蘢蓯遼巢，彭薄而爲雨。”高注：“彭薄，藴積貌也。”《藏》本“彭薄”誤爲“彭濞”，劉績又改爲“彭濞”，并改高注，而不知“彭濞”乃水聲，非雲氣藴積之貌也。《兵略篇》：“夫栝淇衛箘簬，載以銀錫，雖有薄高之幨、腐荷之櫓，然猶不能獨穿也。”高注：“櫓，大盾也。”案，腐荷之櫓不能穿，謂矢不能穿盾也。傳寫以“櫓”誤爲“矰”，矰，即矢也，則義不可通。後人不知“矰”爲“櫓”之誤，乃改“不能獨穿”爲“不能獨射”，以牽合“矰”字，又改注文之“櫓，大盾也”爲“矰，猶矢也”，以牽合正文，甚矣其謬也。

有既誤且衍而又妄加注釋者。《兵略篇》：“發如猋風，疾如駭電。”“駭”下衍“龍”字，“電”字又誤作“當”，後人遂讀“疾如駭龍”爲句，而以“當”字屬下讀，且於“駭龍”下妄加注釋矣。

若夫入韻之字，或有譌脱，或經妄改，則其韻遂亡，故有因字誤而失其韻者。《原道篇》：“中能得之，則外能牧之。”“牧”與“得”爲韻。高注：“牧，養也。”各本“牧”誤作“收”，注文又誤作“不養也”，則既失其義，而又失其韻矣。《俶真篇》：“茫茫沉沉，是謂大治。”沉，胡朗反。高注：“茫，讀王莽之莽。沉，讀‘水出沉沉白’之沉。”茫茫、沉沉，疊韻也，各本作“茫茫沈沈”，則非疊韻矣。《兵略篇》：“天化育而無形象，地生長而無計量，渾渾沉沉，孰知其藏。”渾渾、沉沉，雙聲也，且“沉”與“象”、“量”、“藏”爲韻。各本作“渾渾沉沉”，則既非雙聲，而又失其韻矣。《天文篇》：“秋分雷臧，蟄蟲北鄉。”臧，古藏字，與“鄉”爲韻。各本“臧”誤作“戒”，則既失其義，而又失其韻矣。《覽冥篇》：“臥倨倨，興眄眄。”眄，即盱字。高注：“眄眄然，視無智巧貌也。”“眄眄”與“倨倨”爲韻。各本“眄眄”作“眄眄”，則既失其義，而又失其韻矣。《齊俗篇》：“夫明鏡便於照形，其於以承食，不如竹箅。”承，讀爲烝，謂烝飯也。箅，博計反，竹箅所以蔽甑底也。“箅”與“蜧”爲韻。各本“承”誤作“函”，“箅”誤作“簞”，又脱“竹”字，則既失其義，而又失其韻矣。《道應篇》：“西窮窅冥之黨，東關鴻濛之光。”關，讀曰貫。鴻濛之光，謂日光也，東方爲日所出，故曰“東貫鴻濛之光”。“光”與“鄉”爲韻。《藏》本“關”誤作“開”，各本“光”字又誤作

“先”，則既失其義，而又失其韻矣。“於是乃去其督而載之朮，解其劒而帶之笏。”高注：“朮，鷸鳥冠也。知天文者冠鷸。”朮，卽鷸之借字，與“笏”爲韻。各本“朮”誤作“木”，注文“鷸”字又誤作“鶩”，則既失其義，而又失其韻矣。《詮言篇》：“動有章則詞，行有迹則議。”訶，謂相譏訶也。“訶”與“議”爲韻。隸書“訶”字或作“詞”，因誤而爲“詞”，則既失其義，而又失其韻矣。“大寒地拆水凝，火弗爲衰其熱；大暑爍石流金，火弗爲益其烈。”“熱”與“烈”爲韻。各本“熱”、“暑”二字互誤，則既失其義，而又失其韻矣。《兵略篇》：“是謂至旍，窈窈冥冥，孰知其情。”旍，卽旌旗之旌。“旌”與“精”古字通，至旌者，至精也。“旌”與“冥”、“情”爲韻。各本“旍”誤爲“於”，則既失其義，而又失其韻矣。《説山篇》：“髡屯犂牛，既科以橢。”橢，他果反，與“羈”、“犧”、“河”爲韻。高注云：“科，無角。橢，無尾。”俗從牛作“犐”、“犞”，又誤而爲“杯”、“㰏”，則失其韻矣。

有因字脱而失其韻者。《原道篇》：“故矢不若繳，繳不若網，網不若無形之像。”“網”與“像”爲韻。各本“繳不若”下脱去四字，則既失其義，而又失其韻矣。《兵略篇》：“同欲相趨，同惡相助。”“同欲”、“同惡”相對爲文。“欲”、“趨”爲韻，“惡”、“助”爲韻。各本“同欲”下脱“相趨”二字，“相助”上脱“同惡”二字，則既失其義，而又失其韻矣。

有因字倒而失其韻者。《原道篇》："游微霧，騖忽怳。""怳"與"往"、"景"、"上"爲韻。各本作"怳忽"，則失其韻矣。"蟠委錯紾，與萬物終始。""始"與"右"爲韻。各本作"始終"，則失其韻矣。《俶真篇》："馳於外方，休乎内宇。""宇"與"野"、"圄"、"雨"、"父"、"女"爲韻。各本作"宇内"，則失其韻矣。《天文篇》："閉關梁，決罰刑。""刑"與"城"爲韻。各本作"刑罰"，則失其韻矣。《精神篇》："視珍寶珠玉猶礫石也。""石"與"客"、"魄"爲韻。各本作"石礫"，則失其韻矣。《兵略篇》："不可制迫也，不可量度也。""度"與"迫"爲韻。各本作"度量"，則失其韻矣。《人間篇》："蠹啄剖柱梁，蟁寅走牛羊。""梁"與"羊"爲韻。各本作"梁柱"，則失其韻矣。

有因句倒而失其韻者。《脩務篇》："契生於卵，啓生於石。""石"與"射"爲韻。各本"啓生於石"在"契生於卵"之上，則失其韻矣。

有句倒而又移注文者。《本經篇》："直道夷險，接徑歷遠。""遠"與"垣"、"連"、"山"、"患"爲韻。高注云："道之阸者，正直之。夷，平也。接，疾也。徑，行也。"傳寫者以"直道"二句上下互易，則失其韻，而後人又互易注文以從之。《文選》謝惠連《秋懷》詩注引《淮南》亦如此，則唐時本已誤矣。

有錯簡而失其韻者。《説山篇》："山有猛獸，林木爲之不斬。園有螫蟲，藜藿爲之不采。故國有賢臣，折衝千里。”此言國有賢臣，則敵國不敢加兵，亦如山之有猛獸、園之有螫蟲也。各本“故國有賢臣”二句，錯簡在下文“形勞則神亂”之下，與此相隔甚遠，而脈絡遂不可尋。且“里”與“采”爲韻，錯簡在後，則失其韻矣。

有改字而失其韻者。《原道篇》：“四時爲馬，陰陽爲騶。”高注：“騶，御也。”“騶”與“俱”、“區”、“驟”爲韻，後人依《文子》改“騶”爲“御”，則失其韻矣。《天文篇》：“正月指寅，十一月指子，一歲而帀，終而復始。”指寅者，《顓頊厤》所起也，至丑而一帀。指子者，《殷厤》所起也，至亥而一帀。故指寅、指子，皆一歲而帀，且“子”與“始”爲韻。後人改“十一月指子”爲“十二月指丑”，則既失其義，而又失其韻矣。《精神篇》：“靜則與陰合德，動則與陽同波。”“波”與“化”爲韻。後人依《原道篇》改爲“靜則與陰俱閉，動則與陽俱開”，則失其韻矣。《氾論篇》：“其德生而不殺，予而不奪。”“殺”與“奪”爲韻。後人改“殺”爲“辱”，則既失其義，而又失其韻矣。“聖人乃作爲之築土構木，以爲室屋。”此二句以“木”、“屋”爲韻，下三句以“宇”、“雨”、“暑”爲韻。後人多聞“宫室”，寡聞“室屋”，而改“室屋”爲“宫室”，則失其韻矣。《詮言篇》：“故不爲好，不避醜，遵天之道；不爲始，不專己，循天之理。”“好”、“醜”、“道”

爲韻，“始”、“已”、“理”爲韻。後人依《文子》改“好”爲“善”，則失其韻矣。《泰族篇》：“四海之内，一心同歸，背貪鄙而向仁義。”“義”與“和”、“隨”、“靡”爲韻。後人改“仁義”爲“義理”，則失其韻矣。

有改字以合韻而實非韻者。《道應篇》：“攝女知，正女度，神將來舍。德將爲若美，而道將爲女居。惷乎若新生之犢，而無求其故。”此以“度”、“舍”、“居”、“故”爲韻。後人不知“舍”字之入韻，而改“德將爲”三字爲“德將來附”，以與“度”爲韻，則下文“若美”二字，文不成義矣。且古音“度”在御部，“附”在侯部，“附”與“度”非韻也。

有改字以合韻而反失其韻者。《説林篇》：“無鄉之社，易爲肉黍。無國之稷，易爲求福。”“社”、“黍”爲韻，“稷”、“福”爲韻。後人不識古音，乃改“肉黍”爲“黍肉”，以與“福”爲韻，而不知“福”字古讀若“偪”，不與“肉”爲韻也。“槁竹有火，弗鑽不爇。土中有水，弗掘不出。”爇，與然同。此以“水”與“火”隔句爲韻，而“鑽”與“爇”、“掘”與“出”則於句中各自爲韻。後人不達，而改“弗掘不出”爲“弗掘無泉”，以與“爇”爲韻，則反失其韻矣。

有改字而失其韻又改注文者。《精神篇》：“五味亂口，使口厲爽。”高注：“厲爽，病傷滋味也。”此是訓“厲”爲“病”，訓“爽”爲“傷”。“爽”字古讀若霜，與“明”、“聰”、“揚”爲韻，後人不知，而改“厲爽”爲“爽傷”，又改注文之“厲爽”爲“爽病”，甚矣其謬也。《説林篇》：“繡，以爲裳則宜，以爲冠則議。”高注：“議，人譏非之也。”宜、議二字古音皆在歌部，後人不知，遂改“議”爲“譏”，以與“宜”爲韻，并改高注，而不知“宜”字古讀若俄，不與“譏”爲韻也。

有改字而失其韻又删注文者。《要略》曰：“一群生之短脩，同九夷之風采。”高注：“風，俗也。采，事也。”“采”與“理”、“始”爲韻，後人改“風采”爲“風氣”并删去注文，則既失其義，而又失其韻矣。

有加字而失其韻者。《泰族篇》：“至治寬裕，故下不賊。至中復素，故民無匿。”賊，害也，言政寬則不爲民害也。匿，讀爲慝，謂民無姦慝也。“匿”與“賊”爲韻，後人於“賊”上加“相”字、“匿”下加“情”字，則既失其義，而又失其韻矣。

有句讀誤而又加字以失其韻者。《要略》曰：“精神者，所以原本人之所由生，而曉寤其形骸九竅，取象於天，句。合同其血氣，句。與雷霆風雨；句。比類其喜怒，句。與晝宵寒暑。句。”與者，如也，言血氣之相從，如雷霆風雨；喜怒之相反，如晝宵寒暑也。“暑”與“雨”、“怒”爲韻。後人不知“與”之訓爲“如”，而讀“與雷霆風雨比類”爲句，遂於“與晝宵寒暑”下加“竝明”二字以對之，則既失其句，而又失其韻矣。

有既誤且脱而失其韻者。《泰族篇》：“神農之初作琴也，以歸神杜淫，反其天心。及其衰也，流而不反，淫而好色，至於亡國。”“淫”、“心”爲韻，“色”、“國”爲韻。各本作“神農之初作琴也，以歸神。及其淫也，反其天心”，錯謬不成文理，又脱去“及其衰也”以下十六字，則既失其義，而又失其韻矣。

有既誤且倒而失其韻者。《泰族篇》：“天地所包，陰陽所嘔，雨露所濡，以生萬殊。翡翠瑇瑁，瑶碧玉珠，文彩明朗，潤澤若濡。摩而不玩，久而不渝。”“嘔”、“濡”、“殊”、“珠”、“濡”、“渝”爲韻。《藏》本“雨露所濡，以生萬殊”誤作“雨露所以濡生萬物”，“瑶碧玉珠”又誤在“翡翠瑇瑁”之上，則既失其句，而又失其韻矣。

有既誤且改而失其韻者。《覽冥篇》：“田無立禾，路無莎薠，金積折廉，璧襲無贏。”贏，璧文也，與“禾”、“莎”爲韻。“薠莎”誤爲“莎薠”，後人又改“贏”爲“理”，則失其韻矣。《道應篇》：“此其下無地而上無天，聽焉無聞，視焉則眴。”眴，讀曰眩，與“天”爲韻。《藏》本“則眴”誤作“無眴”，朱本又改“眴”爲“矚”，則既失其義，而又失其韻矣。

有既誤而又加字以失其韻者。《説林篇》：“予溺者金玉，不若尋常之纆。”纆，讀若墨，索也。“纆”與“佩”、“富”爲韻。“纆”誤爲“纏”，後人又於

“纏”下加“索”字，則既失其義，而又失其韻矣。

有既脱而又加字以失其韻者。《説山篇》：“詹公之釣，得千歲之鯉。”“鯉”與“止”、“喜”爲韻。“千歲之鯉”上脱“得”字，則文不成義。後人不解其故，而於“千歲之鯉”下加“不能避”三字，則失其韻矣。《脩務篇》：“蘇援世事，分别白黑。”“黑”與“福”、“則”爲韻。“分”下脱“别”字，遂不成句。後人又於“黑”下加“利害”二字，而以“分白黑利害”爲句，則既失其句，而又失其韻矣。

以上六十四事，略舉其端以見例，其餘則遽數之不能終也。其有譌謬太甚，必須詳説者，具見於本條下，兹不更録，以省緐文。若人所易曉者，則略而不論。嗟乎，學者讀古人書，而不能正其傳寫之誤，又取不誤之文而妄改之，豈非古書之大不幸乎？

至近日武進莊氏所刊《藏》本，實非其舊。其《藏》本是而各本非者，多改從各本；其《藏》本與各本同誤者，一概不能釐正，更有未曉文義而輒行删改，及妄生異説者。竝見各條下。竊恐學者誤以爲《藏》本而從之，則新刻行而舊本愈微，故不得不辯。

高注囊括六蓺，旁通百家，訓詁既詳，音讀尤審。急氣緩氣，閉口籠口，諸法實足補前人所未備。然瑜不揜瑕，亦時有千慮之一失。若《原道篇》：“精通於靈府，與造化者爲人。”人者，偶也，説見本條下，後皆放此。言與造化者爲偶也。高注訓“爲”爲“治”，則誤以“人”爲人民之人矣。《俶真篇》：“人莫鑑於沫雨，而鑑於止水者，以其靜也。”“沬雨”乃“流雨”之誤，“流雨”與“止水”相對爲文，而高注乃以“沬雨”爲“雨潦上覆甌”矣。“孔墨之弟子，皆以仁義之術教導於世，然而不免於儡，句。身猶不能行也，又況所教乎？”儡，疲也，謂躬行仁義而不免於疲也。高以“儡身”二字連讀，而釋之云“儡身，身不見用，儡儡然也”，則下文“猶不能行也”五字，文不成義矣。《時則篇》：“夏行冬令，格。”格，讀曰落，謂草木零落也。而高注乃讀爲庋閣之閣，謂恩澤不下流矣。《覽冥篇》：“夫瞽師庶女，位賤尚葈。”尚，主也。葈卽麻枲之枲。尚枲，卽《周官》之典枲，言典枲爲賤官，而瞽師庶女又賤於典枲也。而高注乃以“葈”爲枲耳矣。“故東風至而酒湛溢。”湛，讀曰淫。酒淫溢者，東風至而酒爲之加長也。而高乃以“酒湛”二字連讀，而訓爲清酒矣。“大衝車，高重壘。”衝車所以攻，重壘所以守也。而高注乃以“重壘”爲京觀矣。“廝徒馬圉，軵車奉饟，道路遼遠，霜雪亟集，短褐不完，人羸車弊，泥塗至膝，相攜於道，奮首於路，身枕格而死。”格，胡客反，輓車之橫木也。謂困極而仆，身枕輓車之木而死也。高注以“格”爲捞牀，則與上文全不相屬矣。《本經篇》：“德交歸焉，而莫之充忍也。”充忍，卽充牣。牣，滿也。德交歸焉，而莫之充滿，所謂大盈若虛也。高乃以“忍也”二字別爲句，而訓“忍”爲不忍矣。“木巧之飾，盤紆刻儼。羸鏤雕琢，詭文回波。淌游瀷減，菱杼紾抱。”菱、杼，皆水草也。杼，讀曰芧，謂三棱也。畫爲菱芧在水波之中，故曰“淌游瀷減，菱杼紾抱”。高注以“杼”爲采實，采實卽橡栗，斯與菱不類矣。《繆稱篇》：“故唱而不和，意而不戴，中心必有不合者也。”戴，讀曰載。載，行也。言上有其意而不行於下者，誠不足以動之也。故下文曰：“上意而民載，誠中者也。”高訓“意”爲恚聲，“戴”爲嗟，則與下文不合矣。《道應篇》：“相天下之馬者，若滅若失，句。若亡其一。句。若此馬者，絶塵弭徹。”高以“若亡”絶句，則“其一”二字上下無所屬矣。“此《筦子》所謂‘鳥飛而準繩’者。”各本誤作“此所謂《筦子》‘梟飛而維繩’者”。“準”字俗書作“准”，因誤而爲“維”。高注云“從下繩維之”，則所見本已誤爲“維”矣。《氾論篇》：“昔者，齊簡公釋其國家之柄，而專任大臣將相，句。攝威擅勢，私門成黨，而公道不行。”“相”與“柄”、“黨”、“行”爲韻。高讀“大臣”絶句，而以“將相”屬下讀，則句法參差，而又失其韻矣。《詮言篇》：“周公殽臑不收於前，鍾鼓不解於縣。”臑，奴低反，有骨醢也。殽，俎實也。臑，豆實也。殽、臑、鍾、鼓，皆各爲一物。隸書從耎、從需之字多相亂，故“臑”誤爲“臑”，而高注遂以“臑”爲前肩矣。《説山篇》：“文公棄荏席，句。後黴黑。”黴黑，謂面黑之人也。“棄荏席”一事，“後黴黑”又一事。高乃以六字連讀，而釋之云“棄其臥席之下黴黑者”矣。《脩務篇》説堯、舜、禹、文王、皋陶、契、啓、史皇、羿九人，而總謂之九賢；又謂堯、舜、禹、文王、皋陶爲五聖，契、啓、史皇、羿爲四俊，文義本自明了。祇因“啓生於石”高本誤作“禹生於石”，遂爲之注云：“禹母脩己，感石而生禹。”而徧考諸書，皆無禹生於石之事，且九賢之内無啓，則祇有八賢，而四俊祇有三俊矣。乃又據上文之“神農、堯、舜、禹、湯”而以湯入五聖，又據上文“后稷之智”而以稷入四俊，不知彼此各不相蒙也。

凡若此者，皆三復本書而申明其義，不敢爲苟同，亦庶幾土壤之增喬嶽、細流之益洪河云爾。嘉慶廿年歲在乙亥季冬之廿日，高郵王念孫書，皆年七十有二。

（選自《讀書雜志》卷九之二十二，江蘇古籍出版社1985年影印清道光十一年高郵王氏家刻本；參校以清光緒二十一年鴻文書局石印本。翟超群、周君毅仝校，李璽覆校）

附顧校《淮南子》各條王引之跋

歲在庚辰，元和顧澗薲文學寓書於顧南雅學士，索家大人《讀書雜志》。乃先詒以《淮南雜志》一種，而求其詳識宋本與《道藏》本不同之字，及平日校訂是書之譌爲家刻所無者，補刻以遺後學。數月書來，果錄宋本佳處以示，又示以所訂諸條。其心之細，識之精，實爲近今所罕有。非孰於古書之體例而能以類推者，不能平允如是。家大人既以數年之力校成《淮南雜志》，而又得文學所校以補而綴之，蓋至是搜剔靡遺矣。今年將補刻所校，爰揚搉之，以爲讀書者法。道光元年二月既望，高郵王引之敘。

（選自《讀書雜志》卷九補，江蘇古籍出版社1985年影印清道光十一年高郵王氏家刻本；參校以清同治九年金陵書局重刊本。翟超群、周君毅仝校，李霻覆校）

清顧廣圻《書文苑英華辨證後》

予性素好鉛槧，從事稍久，始悟書籍之訛，實由于校。據其所知，改所不知，通人類然，流俗無論矣。叔夏自序云："三折肱爲良醫，知書不可以意輕改。"何其知言也。此書乃校讎之模楷，豈獨讀《英華》者資其是正哉。雖亦未免疵纇，如證牛上士《師子賦》"豈方姿於虪儵"，當是黑虎之"虪"，舍《爾雅》而徵《七命》，數典殊失，然終無損大段之佳也。

（選自《思適齋集》卷十五，《續修四庫全書》影印清道光二十九年徐渭仁輯刻《春暉堂叢書》本。紀霖凱、陳一嬌仝校，李璽覆校）

清阮元《江西校刻宋本十三經注疏書後》

右《十三經注疏》，共四百十六卷。謹案《五代會要》，後唐長興三年，始依石經文字刻“九經”印板。經書之刻木板，實始於此。逮兩宋，刻本浸多。有宋十行本注疏者，即南宋岳珂《九經三傳沿革例》所載建本附釋音注疏也。其書刻于宋南渡之後，由元入明，遞有修補。至明正德中，其板猶存。是以十行本爲諸本最古之册。此後有閩板，乃明嘉靖中用十行本重刻者；有明監板，乃明萬曆中用閩本重刻者；有汲古閣毛氏板，乃明崇禎中用明監本重刻者。輾轉翻刻，訛謬百出。明監板已燬，今各省書坊通行者，惟有汲古閣毛本。此本漫漶，不可識讀。近人修補，更多訛舛。元家所藏十行宋本有十一經，雖無《儀禮》、《爾雅》，但有蘇州北宋所刻之單疏板本，爲賈公彦、邢昺之原書，此二經更在十行本之前。元舊作《十三經注疏校勘記》雖不專主十行本、單疏本，而大端實在此二本。嘉慶二十年，元至江西，武寧盧氏宣旬讀余《校勘記》而有慕于宋本，南昌給事中黄氏中傑亦苦毛板之朽，因以元所藏十一經至南昌學堂重刻之，且借校蘇州黄氏丕烈所藏單疏二經重刻之。近鹽巡道胡氏稷亦從吳中購得十一經，其中有可補元藏本中所殘缺者，於是宋本注疏可以復行於世，豈獨江西學中所私哉？刻書者最患以臆見改古書，今重刻宋板，凡有明知宋板之誤字，亦不使輕改，但加圈于誤字之旁，而別據《校勘記》，擇其説附載於每卷之末，俾後之學者不疑于古籍之不可據，慎之至也。其經文、注文有與明本不同，恐後人習讀明本而反臆疑宋本之誤，故盧氏亦引《校勘記》載於卷後，慎之至也。竊謂士人讀書當從經學始，經學當從注疏始。空疏之士，高明之徒，讀注疏不終卷而思臥者，是不能潛心揅索，終身不知有聖賢諸儒經傳之學矣。至於注疏諸義，亦有是有非。我朝經學最盛，諸儒論之甚詳，是又在好學深思、實事求是之士，由注疏而推求尋覽之也。二十一年秋，刻板初成，藏其板於南昌學，使士林、書坊皆可就而印之。學中因書成，請序於元。元謂聖賢之經如日月經天、江河行地，安敢以小言冠茲卷首，惟記刻書始末於目錄之後，復敬錄《欽定四庫全書》“十三經注疏”各提要於各注疏之前，俾束身修行之士知我大清儒學遠軼前代，由此潛心敦品，博學篤行，以求古聖賢經傳之本源，不爲虛浮孤陋兩途所誤云爾。

（選自《揅經室三集》卷二，清嘉慶道光間阮元刻道光二十二年阮亨彙印《文選樓叢書》本。紀霖凱、陳一嬌仝校，李霻覆校）

清孫詒讓《札迻序》

詒讓少受性迂拙，於世事無所解，顧竊嗜讀古書。咸豐丙辰丁巳閒，年八九歲，侍家大人於京師澄褱園。時甫受四子書，略識文義。庋閣有明人所刻《漢魏叢書》，愛其多古册，輒竊觀之，雖不能解，然瀏覽篇目，自以爲樂也。年十六七，讀江子屏《漢學師承記》及阮文達公所集栞《經解》，始窺國朝通儒治經、史、小學家法。既又隨大人官江東，適當東南巨寇蕩平，故家祕臧多散出，閒收得之，亦絫數萬卷。每得一佳本，晨夕目誦，遇有鉤棘難通者，疑牾絫積，輒鬱轖不怡。或窮思博討，不見耑倪，偶涉它編，迺獲塙證，曠然昭寤，宿疑冰釋，則又欣然獨笑。若陟窮山，榛莽霾塞，忽覯敓徑，竟達康莊。邢子才云："日思誤書，更是一適。"斯語亮已。卅年以來，凡所采獲，咸綴識簡耑，或别紙識録，朱墨戢孴，紛如落葉。既又治《周禮》及《墨翟書》，爲之疏詁，稽覽羣籍，多相通貫，應時槧記，所積益衆。中年早衰，意興零落，惟此讀書結習，猶復展卷忘倦，綴艸褋遝，殆盈匧衍矣。竊謂校書如讐，例肇西漢，都水《别録》，閒舉譌文，若以"立"爲"齊"、以"肖"爲"趙"

之類，蓋後世校字之權輿也。晉唐之世，束晳、王劭、顔師古之倫，皆著書匡正羣書違繆，經疏史注，咸資援證。近代鉅儒，脩學好古，校栞舊籍，率有記述，而王懷祖觀察及子伯申尚書、盧紹弓學士、孫淵如觀察、顧澗薲文學、洪筠軒州倅、嚴鐵橋文字、顧尚之明經及年丈俞蔭甫編修，所論箸尤衆。風尚大昌，覃及異域，若安井衡、蒲阪圓所箋校，雖疏淺亦資攷證。綜論厥善，大氐以舊栞精校爲據依，而究其微恉，通其大例，精揅博攷，不參成見。其諟正文字譌舛，或求之於本書，或旁證之它籍，及援引之類書，而以聲類通轉爲之錧鍵，故能發疑正讀，奄若合符。及其蔽也，則或穿穴形聲，捃摭新異，馮肊改易，以是爲非。乾嘉大師唯王氏父子郅爲精博，凡舉一誼，皆塙鑿不刊。其餘諸家，得失閒出，然其稽覈異同，啓發隱滯，咸足餉遺來學，沾溉不窮。我朝樸學超軼唐宋，斯其一耑與？詒讓學識疏譾，於乾嘉諸先生無能爲役，然深善王觀察《讀書襍志》及盧學士《羣書拾補》，伏案揅誦，恒用檢覈，閒竊取其義法以治古書，亦略有所寤。嘗謂秦漢文籍，誼恉奥博，字例、文例多與後世殊異。如《荀卿書》之“案”，《墨翟書》之“唯毋”，《晏子書》之以“敓”爲“對”，《淮南王書》之以“士”爲“武”，《劉向書》之以“能”爲“而”，驟讀之，幾不能通其語。復以竹帛梨棗，鈔栞婁易，則有三代文字之通叚，有秦漢篆隸之變遷，有魏晉正艸之�淆，有六朝唐人俗書之流失，有宋元明校槧之羼改，逵徑百出，多岐亡羊。非覃思精勘，深究本原，未易得其正也。今春多暇，檢理匧臧，自以卅年覽涉所得，不欲棄置，輒取秦漢以逮齊梁故書雅記，都七十餘家，丹鉛所識，按册迻錄，申證厥誼。閒依盧氏《拾補》例，坿識舊本異文，以備甄攷；漢唐舊注及近儒校釋，或有回穴，亦坿糾正，寫成十有二卷。其羣經、三史、《説文》之類，誼證緐博，別有箸錄，以竢續訂。凡所攷論，雖復簡絲數米，或涉瑣屑，於作述閎恉，未窺百一，然匡違苪佚，必有誼據，無以孤證肊説，貿亂古書之真，則私心所遵循而不敢越者。儻坿王、盧諸書之後，以裨補遺闕，或有所取爾。編寫既竟，謹舉漢唐以來校讐家之例，論厥要略，覬與學者共商榷焉。光緒十有九年十一月，瑞安孫詒讓敘。

（選自《札迻》，《續修四庫全書》影印清光緒二十年籀膏刻二十一年重斠正修本。紀霖凱、陳一嬌仝校，李璽覆校）

胡樸安《古書校讀法序》

編者抱整理國學〔一〕之志願，而整理之方法首在於分類，已另有文詳言之。兹編爲校讀古書而作，校讀古書與整理國學不同。整理國學，乃據已校已讀之古書，整理之爲舊義之結束，更求新義之孳生。是整理國學乃第二步工夫，校讀古書係第一步工夫。所以校讀古書采取之方法，不在分類，在于能得古書之真。古書之真有二：一版本之真，一著作者之真。略言之，前者謂之校，後者謂之讀。清儒言校讀古書，當審諦十事：通訓詁，一也；定句度，二也；徵故實，三也；校異同，四也；訂羨奪，五也；辨聲假，六也；正錯誤，七也；援旁證，八也；輯逸文，九也；稽篇目，十也。此十事可約之爲四：徵故實，名物之學也；定句度，章句之學也；通訓詁、辨聲假，訓詁之學也；校異同、訂〔二〕羨奪、正錯誤、援旁證、輯逸文、稽篇目，校勘之學也。所以治古書當以擇善本爲始。善本者，卽已經名人校勘之本也。善本旣得，訓詁爲先。通古今之異讀，辨夏楚之離詞，明本字借字之分，得同實殊號之旨。或異字而義同，或同字而義異，或錯綜以成文，或參互而見旨。訓詁旣明，章句斯析；章句既析，名物必詳。如是入于目者，始可誦于口；誦于口者，始可通于心。而古書之真乃見。設不審諦此十事而治古書，則用力多而獲益少，甚且誤入歧路，滿目荆棘，莫得正道。蓋古書經秦火而後，載籍無存，中更篆隸之變遷，簡册之舛亂，師説之異同，方言之各别。兩晉喪亂，典籍淪亡，南北分立，異説紛起，僞書疊出，莫可究詰。加以唐之俗書，宋之擅改，明之羼竄，古書之真盡失。非精熟此十事，即不足以治古書。有清一代，始開治古書之徑途，由聲音而得訓詁，由訓詁而辨名物，由名物而明義理。如戴氏東原、段氏玉裁、錢氏竹汀等，皆能於古書之條例有所發明，尤以高郵王氏父子爲博大而精審。王氏治古書，大概本前所舉十事，參互鉤稽，以得古書之真。其《讀書雜誌》、《經義述聞》二書，所包藴極爲豐富，每考訂一事，輒能綜合同類之證據，以歸於義之所安。其後如德清俞氏曲園、瑞安孫氏仲容，皆能諭詞例字例之條流，通古音古義之變遷。此爲校讀古書之正當方法，足爲後人楷式者也。其他專校異同者，如顧氏千里、嚴氏可均等；專輯佚文者，如余氏蕭客、盧氏文弨等。清朝此等工作，實已邁過前人。以校異同論，阮氏雲台之《十三經校勘記》，合古今不同之本，成煌煌數十巨册，爲前此所無；以輯佚文論，馬氏國翰之《玉函山房輯佚》，論者雖謂爲陋略，然周、秦、漢已佚之書，大概皆見於此輯，固不足當一種佚書之業，要可爲古佚書匯萃之總。至於證僞書者，如閻氏百詩之

《古文尚書疏證》等；辨流别者，如章氏實齋之《文史通義》等，皆足爲校讀古書之助。兹編詳采清儒校讀之成法，擇要記之，間亦略伸己見，并附古書流别及目録，俾學者由此可以自治古書，不致有誤入歧路之虞。惟兹編所述，悉係方法，譬如行路，不過指示東西南北之方向，而不可當車馬舟楫之用。所以學者得此方法，當擇古書一二種以爲校讀之試驗，方有實益。若僅守此編，而不用之於實際，縱對於此編極能了解，亦如有志遠遊者畏車馬舟楫之勞，日在地圖上尋東西南北之方向，終歸於空談而已矣。

（選自《古書校讀法》，《樸學齋叢書》第二集第五册影印民國十四年安吴胡氏鉛印本。紀霖凱、陳一嬌仝校，李霆覆校）

【校勘記】

〔一〕“學”，底本作“家”，據下文“整理國學”句改。

〔二〕“訂”，底本作“定”，據上文“訂羡奪”句改。

清劉毓崧《校刻漢書凡例》（選錄）

一、荀氏《漢紀》雖改紀傳爲編年，而根柢實在《漢書》，所據之本猶是漢時舊帙，所當取校，以存古本之遺。

一、類書中時代近古者，如《北堂書鈔》、《藝文類聚》、《初學記》之類，所引《漢書》皆唐以前舊本；《太平御覽》雖時代較後，然其書多取材於北齊《修文殿御覽》，所引《漢書》容有六朝舊本，所當取校，以溯宋本之源。

一、《册府元龜》作於宋真宗景德、祥符之際，其敘事依據正史，西漢一朝大都出自《漢書》，真北宋初年之本，諸家所列宋本皆在其後，所當取校，以從宋本之朔。

一、林鉞《漢雋》作於南宋初年，婁機《班馬字類》、徐天麟《西漢會要》皆作於南宋中葉，其所見《漢書》皆兩宋舊本，所當取校，以擇宋本之長。

一、《史記》敘漢初事，爲《漢書》所本。《通鑑》敘漢時事，多本於《漢書》。推之《集解》、《索隱》、《正義》，以及倪思《班馬異同》、胡三省《通鑑注》，凡與《漢書》有關者，所當取校，以考各本之異。

一、《文選》所錄西漢人文，或採《漢書》，或採本集，其字句均可參稽。他如賈長沙、董江都、司馬長卿、揚子雲諸集，其文載入《漢書》者，所當取校，以定各本之殊。

一、各書紀載可印證《漢書》者，經學如《韓詩外傳》、《春秋繁露》之類，小學如《急就篇》、《方言》之類，正史如《後漢書》之類，别史如《東觀漢紀》之類，地理如《三輔皇圖》、《水經注》之類，政書如《漢官儀》、《通典》之類，金石如《隸釋》、《隸續》之類，儒家如《新書》、《鹽鐵論》、《説苑》、《新序》之類，術數家如《京氏易傳》、《焦氏易林》之類，雜家如《淮南子》之類，所當參校，以求原本之真。

一、前代校《漢書》者，小宋、三劉以外，莫著於吴氏之《兩漢刊誤補遺》。近時校《漢書》者，錢氏《考異》、《拾遺》以外，莫著於王氏之《商榷》。若夫群書考證涉及《漢書》者，後漢人如《論衡》、《獨斷》等書，六朝人如《顔氏家訓》等書，唐人如《史通》等書，宋人如《夢溪筆談》、《容齋隨筆》、《野客叢書》、《困學紀聞》等書，明人如《丹鉛總録》等書，國朝人〔一〕如《日知錄》等書，所當詳校，以正今本之誤。

一、《漢書》紀、表、志、傳，往往不同。或傳寫有訛，則可依他卷以更本卷；或根源各異，則難據此篇以考彼篇。觀其會通，無庸執一，所當互校，以免紛岐。

（選自《通義堂文集》卷五，《續修四庫全書》影印民國九年劉承幹輯刻《求恕齋叢書》本。紀霖凱、陳一嬌仝校，李璽覆校）

【校勘記】

〔一〕王紹曾注：“此係劉氏指清代。”

陳垣《校法四例》

昔人所用校書之法不一，今校《元典章》所用者四端：一爲對校法。卽以同書之祖本或別本對讀，遇不同之處，則注於其旁。劉向《別錄》所謂“一人持本，一人讀書，若怨家相對者”，卽此法也。此法最簡便，最穩當，純屬機械法。其主旨在校異同，不校是非，故其短處在不負責任，雖祖本或別本有訛，亦照式錄之；而其長處則在不參己見，得此校本，可知祖本或別本之本來面目。故凡校一書，必須先用對校法，然後再用其他校法。

有非對校決不知其誤者，以其文義表面上無誤可疑也。

卷	葉		
吏三	十六	元關本錢二十定	元作“二千定”
户六	二	花銀每兩出庫價鈔二兩五錢	元作“二兩五分”
户八	十八	博換到茶貨共一百三十斤	元作“二百三十斤”
户八	八六	一契約取四十五定	元作“四五十定”

兵三	廿六	小鋪馬日差二三四	元作“三二十四”
刑一	五	延祐四年正月	元作“閏正月”
刑一	七	大德三年三月	元作“五月”

有知其誤，非對校無以知爲何誤者：

吏七	九	常事五日程中事十日程大事十日程	元作“中事七日程”
户七	十二	每月五十五日	元作“每五月十五日”
兵三	七	該六十二日奏	元作“六月十二日奏”
新刑	三四	案牘都目各决一十七下司吏决一十七下	元作“司吏决二十七下”

二爲本校法。本校法者，以本書前後互證，而抉摘其異同，則知其中之繆誤。吴縝之《新唐書糾繆》，汪輝祖之《元史本證》，即用此法。此法於未得祖本或别本以前，最宜用之。予於《元典章》曾以綱目校目録，以目録校書，以書校表，以正集校新集，得其節目訛誤者若干條。至於字句之間，則循覽上下文義，近而數葉，遠而數卷，屬詞比事，牴牾自見，不必盡據異本也。

吏六	四十	未滿九個月不許預告遷轉	上下文均作“九十個月”
户十二	十三	裏河千里百斤	上下文均作“千斤百里”
刑七	十四	犯姦放火大德五年	目作“至元五年”
		犯姦休和理斷大德六年	目作“至元六年”
刑七	十五	容姦受錢追給大德八年	目作“至元八年”。按編纂次第，均應以目爲正。
刑八	二	取受枉法二十貫以上至三十貫七十七下三十貫以上至一百貫八十七下	據表“三十”均應作“五十”

三爲他校法。他校法者，以他書校本書。凡其書有采自前人者，可以前人之書校之；有爲後人所引用者，可以後人之書校之；其史料有爲同時之書所並載者，可以同時之書校之。此等校法，範圍較廣，用力較勞，而有時非此不能證明其訛誤。丁國鈞之《晉書校文》，岑刻之《舊唐書校勘記》，皆此法也。

吏一	廿七	蕁麻林納尖尖	元刻亦作“納尖尖”
吏一	三四	蕁麻林納失失	元刻亦作“納失失”

欲證明此“納尖尖”、“納失失”之是非，用對校法不能，因沈刻與元刻無異也。用本校法亦不能，因全部

《元典章》關於“納失失”、“納尖尖”止此二條也。則不能不求諸《元典章》以外之書。《元史》卷七七《祭祀志》“國俗舊禮”條：“輿車用白氊青緣，納失失爲簾，覆棺亦以納失失爲之。”卷七八《輿服志》“冕服”條：“玉環綬，制以納石失。”注：“金錦也。”又“履，制以納石失”。《輿服志》中“納石失”之名凡數見，則《元典章》“納失失”之名不誤，而“納尖尖”之名爲元刻與沈刻所同誤也。

户九	十二	五月二月以鉤杙壓下枝著地	元作“正月二月”

此引《齊民要術》卷五語也，可以《齊民要術》證之。

禮三	十一	始死如有窮	元作“始死充於有窮”

此引《禮記·檀弓上》之文也，今《檀弓》作“始死充充如有窮”，則沈刻、元刻皆誤也。

刑十九	十六	木忽回回每	元刻亦作“木忽”
新户	三五	回回也里可温竹忽答失蠻	元本同

一“木忽”，一“竹忽”，必有一誤。《元史》卷三三《文宗紀》：“天曆二年三月，詔僧、道、也里可温、术忽、答失蠻爲商者，仍舊制納税。”卷四三《順帝紀》：“至正十四年五月，募各處回回、术忽殷富者赴京師從軍。”則“木忽”當作“术忽”，而沈刻與元刻

皆誤也。又《元史》卷四十《順帝紀》："至元六年十一月，監察御史世圖爾言：'禁答失蠻、回回、主吾人等叔伯爲婚姻。'"楊瑀《山居新話》載："杭州砂糖局糖官，皆主鶻、回回富商。""主吾"、"主鶻"，更可以證"木忽"之誤。

四爲理校法。段玉裁曰："校書之難，非照本改字、不譌不漏之難，定其是非之難。"所謂理校法也。遇無古本可據，或數本互異，而無所適從之時，則須用此法。此法須通識爲之，否則鹵莽滅裂，以不誤爲誤，而糾紛愈甚矣。故最高妙者此法，最危險者亦此法。昔錢竹汀先生讀《後漢書·郭太傳》"太至南州過袁奉高"一段，疑其詞句不倫，舉出四證，後得閩嘉靖本，乃知此七十四字爲章懷注引謝承書之文，諸本皆儳入正文，惟閩本獨不失其舊。今《廿二史考異》中所謂某當作某者，後得古本證之，往往良是，始服先生之精思爲不可及。經學中之王、段，亦庶幾焉。若《元典章》之理校法，祇敢用之於最顯然易見之錯誤而已，非有確證，不敢藉口理校而憑臆見也。

吏五	四	合無滅半支俸	"滅半"當作"減半"
吏六	三七	年高不任部書願不轉部者	"部書"當作"簿書"
吏八	十六	也可扎忽赤	當作"扎魯忽赤"，元本亦漏。
户五	三一	亡宋淳佑元年	"淳佑"當作"淳祐"

户六	二	赤銀每兩入庫價鈔一十四兩八錢	“赤銀”當作“赤金”
户八	一百一	押運犂耳七百兩經由施仁門入城	“兩”當作“而”
兵三	十四	官人每根底要肚及	“肚及”當作“肚皮”
刑一	四	江西省行准中書省咨	“省行”當作“行省”
刑十九	四五	拜征怯薛第三日	“拜征”當作“拜住”，元本亦誤。

（選自《元典章校補釋例》卷六，民國二十三年國立中央研究院歷史語言研究所北平刻本。紀霖凱、陳一嬌仝校，李璽覆校）

清宋翔鳳《鐵琴銅劍樓藏書目錄序》

自目錄之學興，而古今載籍存亡之數可得而參稽。凡師儒學術衰盛之源，亦有所考鏡。蓋始於漢京向、歆父子。子政爲《别録》於前，子駿成《七略》於後，起自黄、虞，及於當代，條流派别，靡有闕遺。班氏《藝文》，因斯而就。曹魏繼之，有《中經簿》，遂分四部。宋、齊、梁、隋，代有簒録，然皆祕閣所藏，監令所掌，就其存者，以成簿籍。惟梁處士阮孝緒，博采王公之家，凡有書記，參校官簿，更爲《七録》，由是人間始有私行之目録。《隋〔一〕·經籍志》所據爲存亡者，皆《七録》也。唐之中祕，惟開元中有《群書四部録》，久而無傳。宋有《崇文總目》，亦多闕失，轉不能逮晁氏《讀書志》、陳氏《書録解題》詳明曲暢，以啓來者。

蓋古書之先，始爲篇策，繼以縹緗，乃成卷軸。書必手寫，貴重煩難。後唐、後周、孟蜀，始以九經鐫板。有宋以來，徧及群籍，遂可家置一編，風行四海，雖有放失，易於綱羅，萬卷不足多，千古如一日也。宋人近古，分行數墨，猶仍舊式。有明之代，傳刻日多，肊改錯訛，妄删舊注，讀者苦之，遂寶宋本。

近百餘年，并元板而重之，并影宋本而重之。但校宋刻，亦有傳訛，聊舉數事：

宋板《周禮·少宗伯》注引鄭司農云："四望、三王、五帝、九皇、六十四民，咸祀之。"其"三王"誤作"三皇"，疏亦同。案，此本《春秋繁露》，"三王"謂當代之王及二王後，同時各行其正朔，用其禮樂，以通三統。封五帝後爲小國，以備五德之運。九皇之後，則爲附庸。九皇以前無封國，列於齊民，故云"六十四民"，皆在同時。考之《左氏》，亦多密合。世逾遠而逾微，賈公彦不得其説，董生本《公羊》説。案，《隋·經籍志》云："晉時《穀梁》、《公羊》、《左氏》俱立國學，然《公羊》、《穀梁》但試讀文而不能通其義。至隋，《公羊》、《穀梁》浸微，今殆無師説。"案，"今"謂唐時。遂改注文。疏又引《史記》云："九皇氏没，六十四民興。"以"六十四民"在"九皇"之後。《史記》並無此語，出於虚造。宋板則承唐人之疎謬而不欲輕改，亦其慎也。

又，宋板《管子·形勢篇》："抱蜀不言。"卷尾綴音云："蜀音猶。"案〔二〕，"猶"字顯係"獨"字之誤，則"抱蜀"爲"抱獨"，卽老氏之"抱一"。宋板尚存"猶"字之音，遂可申明其義。明人刻《管子》，則併"猶"音删去不存。

又，《韓非子·二柄篇》："易牙蒸其首子而進之。"證以《墨子》及《漢書·元后傳》，則"首子"爲是，宋板《韓非》作"子首"爲非。是又不能以宋本而改今本也。

再，明代間有精刻，如震澤王氏重刻《史記》、寒山趙氏重刻《玉臺新詠》，與宋板無毫髮異。以少詹事錢先生之精審，猶以趙刻之《玉臺》爲宋板。

又，王光禄《尚書後案》據訛本《白虎通》引《書·無逸篇》曰，"厥兆天子爵"爲《書·無逸篇》之佚文，謂其家所藏宋本《白虎通》如是。然今尚有宋板大字、小字二本及元大德本，但作《書》逸篇，則光禄所藏正是明刻。

蓋有收藏之家，自詫爲珍奇，坊賈之技，僞託以求售，變幻百出，難可勝窮，惟在明者能辨之也。明季虞山錢氏絳雲樓藏書爲備，錢遵王作《讀書敏求記》，排次篇目，就其宋本，皆有識別，然寥寥無幾。同時邑中毛氏汲古閣刻經史諸書，始以宋本對校，已洗有明一代刻書之陋。然毛氏未見宋刻十行本註疏，故《禮記註疏》闕文未補，分卷亦異。近代則有吳門周君漪塘、黄君蕘圃兩家收宋元本最富。周君無所籑錄，黄君重刊《國語》、《國策》，皆顧君澗薲爲之手定。澗薲以絶人之資爲校讎之學，其重刊之精妙，有過於宋本者。如鄱陽胡氏刻《文選》、《資治通鑑》，陽城張氏刻《禮記》鄭註，陽湖孫氏刻《説文解字》、《唐律疏義》，全椒吳氏刻《韓非子》，最後吳門汪氏刻單疏本《儀禮》，款識字體，全摹宋本，皆出澗薲手。余歸田時，澗薲久謝世，兩家之書，亦既無存，爲之太息。

今茲秋杪，胡君心耘自虞山回郡，言虞山一邑好古好學之士不殊曩昔。因出《鐵琴銅劍樓藏書目録》一編，則邑之明經瞿君子雍之所簒録也。鐵琴銅劍樓者，則其先人學博君所搆藏書之室也。蓋其所收藏皆宋元舊刻暨舊鈔之本，至明而止。則從邑中及郡城故家展轉搜羅，卷逾十萬，擁書之多，近未有過之者也。既列其目，而每書之後必載其行款，陳其同異，以見宋元本之至善，教子孫以長守。此其意甚切而其志甚遠也。明經君即世，令子鏡之、濬之、融之昆季更承先志，旁搜博采，日絫月積，相與編摩，已歷三世。遠追古人，近比毛氏，將益盛焉，無不及也。且世有籍貪婪之巨貲，或逐倍蓰之近利，遂不久而易失。聞瞿氏之所藏，皆出於耕養之餘，成其學業之孅，所由辛苦而致之，斯能緜遠而有之。余故樂爲之序，而又不能不竊竊然深望於其後賢也。咸豐七年蒼龍在丁巳十有二月十九日，長洲八十一叟宋翔鳳拜序。

（選自《鐵琴銅劍樓藏書目録》，《續修四庫全書》影印清光緒二十四年常熟瞿氏家塾刻本。紀霖凱、陳一嬌仝校，李璽覆校）

【校勘記】

〔一〕“隋”，底本作“隨”。

〔二〕“案”，底本作“桉”。

朱希祖《校本意林跋》（選録）

夫校讎之法有二：一則羅列各本，擇善而從，其不善者，棄而不言。然必擇一本爲主，若他本他書有善者，據以校改此本，必注云：原本作某，今據某本或某書改。否則必犯無徵不信之譏，且蹈無知妄改之戒，原本不誤而校改反誤者，皆由于此。一則擇一本爲主，而又羅列各本之異同。心知其善者固當記注于上，卽心知其誤者亦當記注于上，以存各本之真面，使後世讀此書者，得參校其異同，斟酌其是非，擇善而從，抑亦校讎之善法也。然主前法者，或譏後法爲蕪纇而無所發明；主後法者，或譏前法爲專擅而妄改古書。其實各得其法，不偭其矩，皆有益於學者。

（選自《鄘亭藏書題跋記（一）》，國立中央圖書館編輯《圖書月刊》民國三十一年第二卷第一期。紀霖凱、陳一嬌仝校，李璽覆校）

劉咸炘《論宋版書》（選錄）

學人之講版本，固不爲賞鑒也。所貴於宋本者，爲其古也。所貴於古者，謂其善而不失真也。然宋本果遂皆善而不失真乎？杭世駿《欣託齋藏書記》曰：“今挾書求售者動稱宋刻，不知卽宋亦有優劣。《青雲梯》、《錦繡段》皆成於臨場之學究，而刻於射利之賈豎，皆坊刻也，不謂之宋刻不可也。”錢大昕《養新錄》曰：“今人重宋槧本書，謂必無錯誤，却不盡然。陸放翁《跋歷代陵名》云：‘近世士大夫所至，喜刻書版而略不校讎，錯本書散滿天下。’更誤學者，不如不刻之爲愈也。是南宋初刻本已不能無誤矣。張淳《儀禮識誤》、岳珂《九經三傳沿革例》所舉各本異同甚多，善讀者當擇而取之。若偶據一本，信以爲必不可易，此書估之議論也。”俞正燮《校〈文選〉李注識語》曰：“《文選》李注宋本，今通行者二本：一爲汲古閣仿宋本，嘉慶甲子見其正本於德州糧道署；一爲鄱陽胡氏仿宋本。二皆真宋本也。二本已多不同。前見《東坡志林》言李注有本末，極可喜，五臣至淺，謝瞻《張子房詩》‘苛慝暴三殤’，言上殤、中殤、下殤，五臣乃引泰山側婦人事，以父與夫爲殤，真俚儒之荒陋者。今汲古閣及胡氏之宋本李注正引‘泰山側婦’云云，則北宋時蘇氏所見之李注與此不同。是宋本之别有三也。又見《西溪叢語》言潘岳《閒居賦》‘房陵朱仲之李’李〔一〕善注云：‘朱仲李未詳。’今汲古閣宋本李注引《荆州記》‘房陵縣有朱仲者，家有縹李，代所希有’，胡氏宋本李注引‘仙人朱仲，竊房陵好李’，則南宋時姚氏家傳之李注又與此不同。是宋本之别有四也。凡古人寫本、刻本多歧出，校者存其異同，以俟采擇可耳。且宋本亦未必佳，《石林燕語》言有教官出題：‘乾爲金，坤亦爲金，何也？’檢福建本《易經》，果有‘坤爲金’，蓋脱釜上二點乃爲金也。又秋試題：‘《井卦》何以無《彖》？’檢福建本《易經》，《井卦》果脱《彖傳》。是亦真宋本也。然則藏真宋本者可不詳校乎？”

…………

自宋本貴而書賈遂重，版本家每傳述老賈之言，謂曾見宋本。其所言固多當者，然亦不可盡信。題〔二〕跋尚不免收僞本，況口傳乎？如嚴元照《蕙櫋雜記》謂唐詩“十叩柴門九不開”，書賈錢景開見宋本云“小叩柴門久不開”。今按，元曲常用此句，皆同今本，錢氏所言殆書賈欺人伎倆耳。明錢允治自言據宋本補《文心雕龍·隱秀》篇脱葉，而其文不類，亦僞宋本之一徵也。

宋本貴而明本則賤，所以賤者，以其多訛也。顧炎武《日知錄》曰：“山東人刻《金石錄》，於李易安

《後序》‘玄黓歲壯月朔’，不知‘壯月’之出於《爾疋》，而改爲‘牡丹’。凡萬曆以來所刻之書，多‘牡丹’之類也。”葉氏曰：“明時官吏奉使出差，回京必刻一書，以一書一帕相餽贈，世卽謂之書帕本。語詳顧炎武《日知錄》。校勘不善，訛謬滋多，至今藏書家視書帕本比之經廠坊肆名低價賤，殆有過之。”又曰：“明人好刻書而最不知刻書。非仿宋刻本，往往羼雜己注，或竄亂原文。”按，此與顧説萬曆間人好改竄古書，皆徵之而信，非誣辭也。然明本固不皆如是。宋翔鳳曰：“明代間有精刻，如震澤王氏重刻《史記》，寒山趙氏重刻《玉臺新詠》，與宋本無毫髪異。以錢少詹之精審，猶以趙刻《玉臺》爲宋版。”葉氏亦曰：“藏書家〔三〕貴宋元本，於近刻則奴僕之，此大惑也。如明人胡維新《兩京遺編》、顧元慶《四十家小説》，在明刻本中其精較勝於吳琯《古今逸史》及商濬《稗海》等書。”按，胡氏固書賈，而其刻正萬曆間者也。至萬曆以前，尤不可輕矣。黄丕烈記書賈錢景開言明初黑口版亦可貴，與宋元版同。蓋其去宋未遠，猶多精刻。其翻宋者，亦仍舊式而不加改竄。今日視明正嘉以前，正如明之視宋耳。

章學誠《論修〈史籍攷〉要略》曰：“十二曰版刻宜詳。朱氏《經義攷》後有刊板一條，不過記載刊本原委，而惜其未盡善，未載刊本之異同也。版刻之書，流傳旣廣，訛失亦多。其所據何本，較定何人，出於誰氏，刻於何年，款識何若，有誰題跋，孰爲序引，版存何處，有無缺訛，一書曾經幾刻，諸刻有何異同，惜未有人仿前人《金石錄》例而爲之專書者也。如其有之，則按錄求書，不迷所向，嘉惠後學，豈不遠勝《金石錄》乎？”顧廣圻《石研齋書目序》曰：“由宋以降，版刻衆矣。同是一書，用較異本，無弗夐若徑庭者。每見藏書家目錄，經某書、史某書云云，而某書之何本，漫爾不可別識。然則某書果爲某書與否，且或有所未確，又烏從論其精觕美惡邪？”按，二説出後，版本學盛，專記版刻之書乃日多。不惟詳敘源流，且有兼校異文者矣。如瞿氏《鐵琴銅劍樓書目》。

書之貴多本，以文字不同，可以互相校正，人皆知之矣。乃有書本異而其文乃迥殊者。如明顧元慶、陳繼儒所刻呂祖謙《臥遊錄》，《四庫提要》以其全抄《世説》及蘇軾雜著而疑其僞。乃近胡氏《金華叢書》所收一本則與顧本迥殊，而與陳振孫所謂“錄史傳所載古今人境勝處”者適合。於此益見版本之不可不講也。

（選自《推十書》丁輯《目錄學》下編《版本第十》，成都古籍書店1996年影印本。紀霖凱、陳一嬌仝校，李璽覆校）

【校勘記】

〔一〕“李”，底本脱，據清《連筠簃叢書》本《癸巳存稿》卷十二《校〈文選〉李注識語》及明嘉靖俞憲鴸鳴館刻本《西溪叢語》卷下補。

〔二〕“題”，底本作“提”。

〔三〕“家”，底本脱，據民國九年長沙觀古堂刻本補。

張元濟《宋本杜工部集跋》

少陵詩聖，丁安史之亂，坎壈身世，流離隴蜀，畢陳歌詠。沈雄魁壘之音，感人而動物，故當時號爲“詩史”。至其才力富健，變風變雅，窮高妙之格，極豪逸之氣，包冲澹之趣，兼峻潔之姿，備藻麗之態，實積衆流之長，爲千古宗仰而不替。本傳有集六十卷，而《藝文志》著錄集六十卷、小集六卷。至宋寶元間，王原叔洙始取祕府舊藏及人家所有之杜集，裒爲二十卷。嘉祐四年，蘇州郡守王君玉琪得原叔家藏及古今諸集，聚於郡齋而參考之。吳江邑宰河東裴如晦煜取以覆視，遂鏤於版。自後補遺、增校、注釋、批點、集注、分類、編韻之作，無不出于二王之所輯梓。原叔曾否刊行，無由聞見。惟賴君玉剞劂行世，遂爲斯集之鼻祖。毛氏汲古閣所藏宋本，遞傳至于潘氏滂喜齋，今歸上海圖書館，相傳爲嘉祐間刊，然以諱字避至完、構觀之，是刻當在南宋初矣。檢校全集，計二十卷補遺一卷。宋刻兩本相儷，缺卷爲毛氏鈔補，亦據兩本。其一存卷一第三、四、五葉，卷十七至二十及補遺，每半葉十行，行十八至二十一字；毛氏鈔補自卷一第六葉起至卷九，卷十五，卷十六，每卷先列子目，目後銜接正文。其二爲卷十至十二，每半葉十行，行二十字；毛氏鈔補卷十三及十四，每卷先列子目，目後重銜、書名、卷次及詩體、首數各一行。兩本字體紙墨均甚相似，驟不易辨，但從行款注例審之，顯有不同。又檢刻工，前一本有洪茂、張逢、史彦、張由、余青、吳圭、洪先、張謹、牛實、劉乙、宋道、徐彦、施章、田中、張清、呂堅、王伸、方誠、駱昇、葛從、朱贇、蔡等。就余所寓目之宋槧校之，與衢州本《三國志・魏書》、紹興本《管子》、紹興本《臨州先生文集》同者一人，與南宋初補刊本《禮記》鄭注同者三人，與南宋本《爾雅》同者四人，與紹興明州本《徐公文集》同者五人，與南宋本《陶淵明集》同者七人，與紹興明州本《六臣注文選》同者八人，與南宋初年刊《資治通鑑目錄》同者十二人，與紹興茶鹽司本《資治通鑑》同者十七人，於是確定爲紹興初年之浙本無疑。《直齋書錄解題》謂又有遺文九篇，治平中太守裴煜刊集外，此存補遺一卷，可證是爲覆刻君玉之本也。復考配本，間有樊作某，晉作某，荆作某，宋景文作某，陳作某，刊作某，一作某等，與錢牧齋謙益箋註所載吳若《後記》云"凡稱樊者，樊晃《小集》也；稱晉者，開運二年官書也；稱荆者，王介甫《四選》也；稱宋者，宋景文也；稱陳者，陳無己也；稱刊及一作者，黃魯直、晁以道諸本也"，若合符節，是必吳若刊本可無疑義。吳記作于紹興三年六月，當即刻于是時。兩本雕版，異地同時。

此本刻工有楊茂、言清、言乂、王祐、熊俊、黄淵、楊詵、鄭珣、翟庠等，尚未見于他書，蓋建康府學所鐫者也。吳本雖後于王本，牧齋已推爲近古。由今觀之，兩本實爲希世之珍。近人之疑吳本爲烏有而深譏虞山之作僞者，觀此亦可冰釋。覽毛斧季扆跋文，知子晉晉先借得宋板，命蒼頭劉臣影寫一部。廿年後，斧季從吳興賈人收得原本三册，其缺佚倩甥王爲玉據劉寫者影鈔足之，篋藏遂有兩帙。今喜此書尚留人間，延天水一脈之傳。夷考君玉原本，刊於嘉祐四年。《吳郡志》云："時方貴杜集，人間苦無善本。琪家藏本讐校素精，俾公使庫鏤板，印萬本，每部值千錢。"彼時傳本不謂不多，竟無遺存。幸七十餘年後有覆刻，有重校，不則恐絶響人間矣。從殘存三册覈之，知當時已爲牉合之本。錢氏述古堂亦嘗景寫一部，而卷一尚存宋刻第一、二葉之王洙《杜工部集記》，意者毛、錢交摯，殆卽斧季撤贈者。此本今藏北京圖書館。曩余主商務印書館時，曾創景印古籍之舉，先後成《四部叢刊》、《百衲本二十四史》。更仿遵義黎氏之例，博訪罕傳珍本，輯爲《續古逸叢書》，求集腋于真影，廣學人之津梁，成書四十六種。抗戰中輟，忽逾廿稔。維我新邦肇建，萬象煥明，古刻瓌寶，迭出重光。自中央創導科學研究，重視遺産，廣蒐善本，勉以流通。今歲欣逢我館創建六十周年，謀繼前功，以資紀念。竊謂杜詩上承風騷，廣洽民情，本現實之精神，闢詩歌之康莊，輝煌成就，允垂久遠。去年成都築工部草堂，鼓舞群仰，名山羽翼，悠待球珍。爰借上海圖書館所藏《杜工部集》，趙宋孤槧，傳世冠冕，攝景精印，列爲《續古逸叢書》第四十七種。其卷一王記之宋刊，卷十二第廿一後半葉，卷十九第一二葉及補遺第七八葉之錢鈔，均據北京圖書館藏本照補者。不圖期頤之年，猶得親與其役，舊業重理，撫卷歎賞。不辭荒傖，聊誌顛末於後。盛世昌明，繼是有成，余雖耄老，尚能憑軾以俟之。

公元一千九百五十七年八月一日，海鹽張元濟，時年九十有一。

（選自《續古逸叢書》第四十七種《宋本杜工部集》附頁，商務印書館1957年影印宋刻本。劉文斌、劉若晗仝校，孫天琪覆校）

第三輯

清章學誠《校讎通義序》

校讎之義，蓋自劉向父子部次條別，將以辨章學術，考鏡源流，非深明於道術精微、群言得失之故者，不足與此。後世部次甲乙、紀錄經史者，代有其人，而求能推闡大義、條別學術異同，使人由委溯源，以想見於墳籍之初者，千百之中不十一焉。鄭樵生千載而後，慨然有會於向、歆討論之旨，因取歷朝著錄，略其魚魯豕亥之細，而特以部次條別，疏通倫類，考其得失之故而爲之校讎。蓋自石渠、天祿以還，學者所未嘗窺見者也。顧樵生南宋之世，去古已遠，劉氏所謂《七略》、《別錄》之書，久已失傳，《唐志》尚存，《宋志》已逸，嗣是不復見矣。所可推者，獨班固《藝文》一志。而樵書首譏班固，凡所推論有涉於班氏之業者，皆過爲貶駁之辭。蓋樵爲通史，而固則斷代爲書，兩家宗旨自昔殊異，所謂道不同不相爲謀，無足怪也。獨《藝文》爲校讎之所必究，而樵不能平氣以求劉氏之微旨，則於古人大體，終似有所未窺。又其議論過於駿利，隋唐史志，甲乙部目，亦略涉其藩，而未能推闡向、歆術業，以究悉其是非得失之所在。故其自爲《通志·藝文》、《金石》、《圖譜》諸略，牴牾錯出，與其所譏前人著錄之謬未始徑庭，此不揣本而齊末者之效也。又其論求書之法、校書之業，既詳且備，然亦未究求書以前文字如何治察，校書以後圖籍如何法守。凡此皆鄭氏所未遑暇，蓋其涉獵者博，又非專門之精，鉅編鴻製，不能無所疎漏，亦其勢也。今爲折衷諸家，究其源委，作《校讐通義》，總若干篇，勒成一家，庶於學術淵源有所釐别。知言君子，或有取於斯焉。

《校讐通義·宗劉第二》（二之一）

《七略》之流而爲四部，如篆隸之流而爲行楷，皆勢之所不容已者也。史部日繁，不能悉隸以《春秋》家學，四部之不能返《七略》者一。名、墨諸家，後世不復有其支别，四部之不能返《七略》者二。文集熾盛，不能定百家九流之名目，四部之不能返《七略》者三。鈔輯之體，既非叢書，又非類書，四部之不能返《七略》者四。評點詩文，亦有似别集而實非别集、似總集而又非總集者，四部之不能返《七略》者五。凡一切古無今有、古有今無之書，其勢判如霄壤，又安得執《七略》之成法以部次近日之文章乎？然家法不明，著作之所以日下也；部次不精，學術之所以日散也。就四部之成法，而能討論流别，以使之恍然於古人官師合一之故，則文章之病，可以稍救，而《七略》之要旨，其亦可以有補於古人矣。

（以上選自《校讐通義》，民國十一年吴興劉氏嘉業堂刻《章氏遺書》本。劉文斌、劉若晗仝校，孫天琪覆校）

張爾田《劉向校讎學纂微序》

《纂微》之作，孫君益葊所以表纂劉向氏一家之學也。自來爲校讎者夥矣，莫高劉向氏。顧向之所以爲學，則人多未之知。殺青斯竟，爰命撮其總要，以爲讀者告曰：大哉校讎之爲學也，非其人博通古今道術，而又審辨乎源流失得，則於一書旨意必不能索其奧而詔方來。當漢成世，既命謁者陳農求遺書，向獨爲之檢校，區分類例。今觀所傳敘錄，提要鉤元，往往一二語卽洞明流變，有不待詳説而犂然者。故孟堅譔史，至以辯章舊聞，推爲司籍之功。所謂辯章舊聞者，蓋不徒鰓鰓於寫官之異同，與夫官私著錄之攷訂而已。若但取古今藏本，諟正文字，斯乃始事之所爲，向不如是也。《隋書·經籍志》簿錄篇云："古者史官既司典籍，蓋有目錄，以爲綱紀"，"漢時劉向《別錄》、劉歆《七略》，剖析條流，各有其部，推尋事迹，疑則古之制"。知校讎者，目錄之學也。目錄之學，其重在周知一代之學術及一家一書之宗趣，事乃與史相緯。而爲此學也，亦非殫見洽聞、疏通知遠之儒不爲功。乃世之號稱目錄家者，一再傳後，寖失其方，百宋千元，標新炫異。其善者爲之，亦不過如吾所謂緦緦於寫官之異同、官私著録之攷訂而止。剖析條流，以爲綱紀，固概乎未之有聞，方且以此仰推於向，曰：“吾之學乃向之學也。”夫寧非蔽歟？寥寥數千載，能知向之學者殆不數人。宋之鄭漁仲，本朝之章實齋，蓋嘗有慨於斯矣。漁仲之《校讐略》，於編次之法論之極爲詳備，然責向不收蕭何律令、張蒼章程；又以經傳、諸子、詩賦不存圖譜，斥之爲章句之儒，則猶未爲知向者也。實齋之書，折衷諸家，究極源委，有見於官師合一，是其所長。其爲《校讐通義》也，特著《宗劉》一篇，以示學者趨嚮，可謂有功於向者。顧其意，亦但以四部既分，欲人於類别中略附便章之義，如斯而已。至於向之所以爲學，不特語焉未詳，亦且蓄焉而未發，抑其疏矣。君曩著《漢書藝文志舉例》，余嘗舉“史家目録於道最高”語爲之序。今復成此專書，於以闡揚向之所以爲學。千載絶詣，待君而發其覆，夫豈偶然？董仲舒有言：“知其旨者，不任其辭。不任其辭，則可以適道矣。”惟不任其辭而通其旨，其於讀君書也，庶有當乎？彼但見《備衆本》、《訂脱誤》諸篇，遂謂之爲劉向氏之學，而疑君書所重在是，則亦淺之乎視君也已。癸亥秋八月，錢塘張爾田序。

（選自孫德謙《劉向校讐學纂微》，民國十二年四益宧刻本。劉若晗、劉文斌仝校，孫天琪覆校）

清張壽榮《八史經籍志序》

萃千百年著作之林，門分類別，以之網羅六藝史書，與夫諸子百家，《騷》、《選》詩賦，别集總編之紛賾，後之人因是而得審夫佚存，辨夫真贋，攷覈夫源流異同，以爲涂逕之問，蓋目錄之學尚矣。夫自劉氏爲《七略》，厥後因之者，王儉《七志》、阮孝緒《七録》，胥不免襍亂無當，惟荀勗《中經簿》易七而四，部分較然，簡約以盡。然子不先史，古史非詞章家類，《中經簿》乙部以諸子著録，丁部詩賦後而有《汲冢書》，皆不可爲訓。《隋書·經籍志》撰自唐魏徵諸臣，於甲乙等四部定爲經、史、子、集，其稱始允，於後史家遂代因之不改。雖班《志》上承劉《略》，未變舊例，要無失其椎輅於前焉。夫目録者，經籍之史；諸史之志經籍，又攷鏡家之史。學者誠欲博其取資，遞窺夫四部之流變也，則求之一史，抑豈若合諸史而彙觀之之詳且盡乎？予於滬上得《八史經籍志》鋟板，前無序言，末署文政八年刊，知出自東國好古者所爲，求其姓氏，卒不可悉。爰爲疏夫厓略，綴文於首，而各史著録之概，亦有不容昧者，乃復具述之如左：

一、《漢書·藝文志》　自司馬氏剏爲八書以紀朝章國典、象緯川源，班孟堅因之而作十志，因《律書》、《歷書》而志《律歷》，因《禮書》、《樂書》而志《禮樂》，因《平準》、《封禪》而有《食貨》、《郊祀》之志，因《天官》、《河渠》而有《天文》、《溝洫》之志。其不因而因者，又增爲《刑法》、《五行》、《地理》、《藝文》四志。而《地理》、《藝文》志中有班氏自注語。《地理》以明沿革，《藝文》本《七略》而修，間亦識其所未盡。其諸不列姓氏者，皆班氏原文也。《七略》無史，班氏以《世本》、《戰國策》、《太古以來年紀》等錄附《春秋》後，近也，亦變而正也。

一、《隋書·經籍志》　《隋書》十志最爲後人推稱。當太宗命儒臣纂修梁、陳、齊、周、隋五史，竝撰十志，而五史先成嫥行，十志後出，以其通括五代，隋居於末，篇第遂編入《隋書》。雖《隋》專其名，俗猶呼爲"五代史志"未改也。《經籍志》撰自魏鄭公，四部一準荀氏，甲、乙等稱始定爲經、史、子、集，末附道、佛二藏，分別諦當，洵足爲各史之志經籍者程式。抑漢以後藝文，亦藉是得以攷見源流。惟發明中言伏生口傳《尚書》、衛宏潤益《詩序》、馬融增益《小戴記》文數事，多不足於後人。然志體盡善，不以小疵掩也。

一、《舊唐書·經籍志》、《新唐書·藝文志》　是二者俱本毋煚等所修《古今書錄》，錄開元盛時四部諸書，以經、史、子、集分隸於甲、乙、丙、丁，曰甲部經錄、乙部史錄、丙部子錄、丁部集錄，蓋承《隋志》而又變通之矣。自班《志》以來，四部中隨類訖繫以小序發明，煚等撰集，循例無改。而《舊志》意主簡略，盡行汰刪，但以各書著錄，其爲《開元四部》外諸書，雖名卿鉅公撰述，惟見本傳，此並不錄。煚等書原附釋、道錄於後，亦去之。前後綴以兩序，藉窺梗概而已。《新志》門類間爲增損，書則互相出入，部首綜舉大數，而有著錄不著錄之分。各類舉數下，復於注中括以失姓名幾家、自某以下不著錄幾家云云。此爲小異，餘者其猶仍《舊志》之簡略與？

一、《宋史·藝文志》　宋自咸平以來，龍圖閣、太清樓、玉宸殿、四門殿儲偫至富，尋爲煨燼。仁宗新崇文院，命學士張觀等編四庫書爲《崇文總目》，盛矣。高宗移蹕臨安，搜訪遺闕，優獻書之賞。紹熙以後，輯錄之夥，視《崇文總目》又有加焉。元人修史，刪其所重，登所未備，而爲《藝文志》，復斷自嘉定以後，而有著錄不著錄之分。雖書不甚精，要亦言四部者攷核所必資，不能廢也。

一、《宋史藝文志補》、《遼金元三史藝文志補》　是書爲國朝盧文弨召弓編纂。召弓得上元倪燦稿及海甯張錦雲《元史藝文志補》，輯爲此志。宋有志，而咸淳以來尚多闕略，遼、金、元本無志。議者欲仿《隋志》兼“五代史志”之例，輯之於《明史》。今冠倪序於首，以見其初志。而本志所輯，一《補遺》，一《補闕》，兩書仍各自爲編云。

一、《三史藝文志補》、《元史藝文志補》　是書一爲金門詔作，一爲錢大昕作。皆以三史無志，搜輯掇拾而爲之，蓋猶是倪氏、盧氏意爾。四部著録，惟元爲詳，遼、金則僅有存者，錢書故以元總其名。

一、《明史·藝文志》　是書爲張廷玉等奉敕纂修。有明一代，秘閣所儲近百萬卷，可謂盛矣。萬曆時，焦竑嘗有《國史經籍志》之輯，號稱博洽。顧其書叢鈔舊目，未加審詳，不問存亡，率爾濫載。蓋延閣、廣内之藏，竑既無從徧覽，前代〔一〕陳編，漫爲著録，是其所輯固有不足憑矣。我朝尤侗撰有《明藝文志》五卷，挂漏踳駁，二者交譏。又所著録往往不載卷數及撰人姓名，則書當更出竑下。是編廷玉等仰稟聖裁，稽核之周，採取之精，詳慎以至，雖上擬《隋志》，庶幾其無愿焉。

右凡史之志八，重者四，作者九人，不列者不數焉。以經籍稱者二，以藝文稱者八。曰八史，著其代也；曰經籍志，舉其重也。夫人有志於學問之事，與今人居，與古人稽，雖殊方絶域，文教覃敷，且有以動其著述之懷。康熙時，西條掌書記山井鼎撰《七經孟子考文》，東都講官物觀爲之補遺。後其書進自浙汪啓淑家，獲邀《四庫》之收。兹復有文政八年《八史經籍志》刊本，雖其人莫詳，一經一史，後先輝映，何彼國之士之好學如是其不絶哉。今士生華夏之區，文獻足徵，顧乃終身俗學，土梗經籍，汶汶於帖括制義之中，老其年而不知返，是足慨已。光緒九年癸未首春八日，鎮海張壽榮序。

（選自《八史經籍志》，清光緒九年鎮海張氏刻本。劉文斌、劉若晗仝校，孫天琪覆校）

【校勘記】

〔一〕“代”，底本作“伐”。

余嘉錫《四庫提要辨證序錄》

嘉錫束髮受書，先君子自課之，先君子諱嵩慶，字子澂，光緒丙子進士，以户部主事出爲河南知縣，官至湖北候補知府。著有《緝芳仙館詩詞鈔》、《借酒集》、《豆塍瑣議》諸書，稿藏於家，多爲日寇所燬。常坐之案頭，口授章句，《五經》、《楚辭》、《文選》既卒業，即命觀四史、《通鑑》，學爲詩古文，不令習時藝也。嘉錫頗知嗜學，發篋中書盡讀之，目爲之眚。小子狂簡，遂斐然有述作之志，年十四，作《孔子弟子年表》，讀《郁離子》，好之，效其體著書數萬言；十六歲注《吳越春秋》，然於學問之事，實未有所解。閱張之洞《書目答問》，駭其浩博，茫乎失據，不知學之所從入，及讀其《輶軒語》曰："今爲諸生指一良師，將《四庫全書提要》讀一過，即略知學問門徑矣。"不禁雀躍曰："天下果有是書耶？"閒請於先君子，爲道其所以然，意欣然嚮往之，遂日求購讀。光緒二十六年庚子，年十有七矣，先君子以事于長沙，始爲購得之，則大喜，窮日夜讀之不厭。時有所疑，輒發篋陳書考證之，筆之上方，明年遂錄爲一册，此余從事《提要辨證》之始也。爾後讀書續有所得，復應時修改，密行細字，册之上下四周皆滿，朱墨淋漓，不可辨識，則別易一稿。如此三十餘年，積稿至二十餘册，自期以没齒乃定，故未嘗出以示人。歲在辛未（一九三一年），忽慨然動念，懼其放失，始發憤銓次先後，删除重複，編爲目録，合經、史、子、集四部，凡得七百餘篇。其間尚多少作，見聞不廣，讀之令人慚，遂以暇時，稍加改治，手自繕録。然迫於講課，擾於人事，或十許日不能終一篇，輒復投筆歎息。自念平生於經部所得不深，集部自犖犖數十家外，可傳者少，其書汗牛充棟，讀之未徧，未易妄加論定；惟史、子兩部宋以前書未見者少，元、明以後，亦頗涉獵，因就兩部芟定之，舊稿以外，復有增益。至一九三七年六月甫經寫出十之五六，忽又因病輟業。七月盧溝橋事變起，日寇侵入北京，人益困頓憂苦，殆岌岌不可終日。自念平生精力盡於此書，世變日亟，馬齒加長，懼亡佚之不時，殺青之無日，乃取史、子兩部寫定之稿二百二十餘篇排印數百册，以當録副。爾後續有修改增益，寖寖加多。從一九三七年直至一九五二年，十五年之間復先後寫定經部稿六十餘篇，集部稿百餘篇，史、子兩部稿百餘篇，凡二百六十餘篇。蓋自初讀《提要》以來，五十餘年之久，惟此二十餘年治之最勤。然中間三次大病幾死，至今手足尚時時麻痹不仁，意志雖勇，欲續有述作，而精力就衰，不足以副之矣。是以曠日持久，而其所成就者如是其少也。猶憶革命勝利以後，一九四九年之冬，以考證《東林點將録》及《天鑒録》二書用思過度而罷疾，病劇之時，第覺病榻之前後左右所陳列者莫非書也。迨病愈，而考索愈力，未及終篇，忽轉爲風痹，臥床數月始愈。自是以後，精神疲頓，雖發憤撰述，早興夜寐，手自抄錄，但以右臂麻痹，手顫作書不易，往往經一月始成一篇。至一九五二年秋，寫《元和姓纂提要辨證》稿成，忽跌損右股，轉成癱瘓，腦力益衰，遂不復能有所述作矣。每念及此，輒爲之神傷。自顧平生無用世材，惟以著書爲事，此稿既爲一生精力所萃，於他人或不無禆益，未可任其廢置，因重加編定，取其成稿四百九十篇，依《四庫提要》原書目次排列，彙爲一書，以就正於當世。儻蒙告之以所聞，而匡其不逮，則是區區之願也。

閒嘗論之，乾嘉諸儒於《四庫總目》不敢置一詞，間有不滿，微文譏刺而已。道咸以來，信之者奉爲三尺法，毀之者又頗過當。愚則以爲《提要》誠不能無誤，然就其大體言之，可謂自劉向《别錄》以來，纔有此書也。《别錄》亡矣，今其存者，八篇而已。班固嘗稱劉向校書，每一書已，輒條其篇目，撮其指意，錄而奏之；又云劉向司籍，辨章舊聞。夫取經傳九流百家而辨章之，又從而撮取其指意，豈易言也哉，非博通如向，不足以辦此。向子歆繼父之業，總羣書而奏其《七略》，今觀諸書所引，已不能如《别錄》之詳，若固之《藝文志》，特《七略》之要删耳。其後荀勗、李充之徒，代有簿錄。王氏《七志》、阮氏《七錄》，又復繼軌向、歆，然《隋志》率譏其不述作者之意，淺薄不經。蓋著錄之事，如此其難也。唐元行沖等撰《羣書四錄》，同時修書學士毋煚已議其不能精悉，今遂隻字弗傳。宋之《崇文總目》，多所謬誤，晁公武語。復殘闕失次。晁氏《讀書志》、陳氏《解題》，粗述厓略，鮮所發明。楊士奇以下，又不足算也。今《四庫提要》敘作者之爵里，詳典籍之源流，别白是非，旁通曲證，使瑕瑜不掩，淄澠以别，持比向、歆，殆無多讓；至於剖析條流，斟酌今古，辨章學術，高挹羣言，尤非王堯臣、晁公武等所能望其項背。故曰自《别錄》以來，纔有此書，非過論也。故衣被天下，沾溉靡窮，嘉道以後，通儒輩出，莫不資其津逮，奉作指南，功既鉅矣，用亦弘矣。雖然，古人積畢生精力，專著一書，其間牴牾尚自不保，況此官書，成於衆手，迫之以期限，繩之以考成，十餘年間，辦全書七部，薈要二部，校勘魯魚之時多，而討論指意之功少，中間復奉命纂修新書十餘種，編輯佚書數百種，又於著錄之書，删改其字句，銷燬之書，簽識其違礙，固已日不暇給，救過弗遑，安有餘力從容研究乎？且其參考書籍，假之中祕，則遺失有罰，取諸私室，則藏弆未備，自不免因陋就簡，倉卒成篇。故觀其援據紛綸，似極賅博，及按其出處，則經部多取之《經義考》，史、子、集三部多取之《通考·經籍考》，即晁、陳書目，亦未嘗覆檢原書，無論其他也。及其自行考索，徵引羣籍，又往往失之眉睫之前。隋、唐兩志，常忽不加察，《通志》、《玉海》，僅偶一引用，至宋、明志，及《千頃堂書目》，已憚於檢閱矣。甚至顏叔秉燭，不知出於《毛傳》；見《蒙求集注》提要。蜆稱縊女，不知出於《爾雅》；見《異物彙苑》提要。作《論衡》之王仲任，不知有傳在《後漢書》；撰《家訓》之顏之推，不知已見於《北齊史》；馬遷之《史記》，謬謂嘗采陸賈《新語》；胡爌之《拾遺》，未覺全抄《困學紀聞》；於習見習聞者尚如此，其他疏漏，復何待言。顏之推曰："觀天下書未徧，不得妄下雌黃。"《家訓·勉學篇》。此雖名言，其實難副。然董遇謂"讀書百徧，而義自見"，《魏志·王朗傳》注。固是不易之論。百徧縱或未能，三復必不可少。《四庫》所收，浩如烟海，自多未見之書。而纂修諸公，絀於時日，往往讀未終篇，拈得一義，便率爾操觚，因以立論，豈惟未嘗穿穴全書，亦或不顧上下文理，紕繆之處，難可勝言。又《總目》之例，僅記某書由某官採進，而不著明板刻，館臣隨取一本以爲卽是此書，而不知文有異同，篇有完闕，以致《提要》所言，與著錄之本不相應。如宗懍《荆楚歲時記》，《提要》所據爲《漢魏叢書》本，而《四庫》所收，則《寶顏堂秘笈》本也。儻取全書細校，類此者固當不乏。顧千里嘗言，板本之異，敻若徑庭，不識其爲何本，則某書之爲某書，且或有所未確，烏從論其精粗美惡。《思適齋文集》卷十二《石研齋書目序》。惜乎纂修諸公，未能解此也。昔遷、固修史，必撰自序，劉向校書，亦條篇目。既標宗旨，復便檢閱，歷世相承，莫之或易。而《四庫》繕寫，苟欲殺青，遂删除序目，取便急就，及作《提要》，未窺原本。故或連篇累牘，皆舊序之陳言；或南轅北轍，乖作者之本意；或有此篇，而謂《酒誥》俄空；或無此事，而忽無的放矢。此雖寫官之失職，然而校讐之謂何。若夫人名之誤，移甲就乙；時代之誤，將後作前；曲解文義，郢書燕説；謬信讕言，榛楛勿翦，余已逐條駁正，不假一二談也。案乾隆三十八年諭旨云："朱筠奏每書必校其得失，撮舉大旨，若悉放劉向校書序録，未免過於繁冗。應令承辦各員，將書中要旨櫽括，總敘厓略，用便觀覽。"見《總目》卷首。然則高宗初意本不責以《録》、《略》之體，及諸臣承詔撰述，遂能鉤玄提要，旁引羣書，加以考證，原原本本，動至數百言，不肯以櫽括厓略塞責，可謂通知著作之義矣。今庫本所附《提要》，雖不及定本之善，以視《崇文總目》，固已過之。其後奉旨編刻頒行，乃由紀昀一手修改，考據益臻詳贍，文體亦復暢達，然以數十萬卷之書，二百卷之總目，成之一人，欲其每篇覆檢原書，無一字無來歷，此勢之所不能也。紀氏恃其博洽，往往奮筆直書，而其謬誤乃益多，有並不如原作之矜慎者。且自名漢學，深惡性理，遂峻詞醜詆，攻擊宋儒，而不肯細讀其書。如謂朱子有意抑劉安世，於《名臣言行録》不登一字，而不知原書採安世言行多至二十二條。據文津閣本。謂以吕惠卿之姦詐，與韓、范諸人並列，而不知書中並無吕惠卿。謂楊萬里嘗以黨禁罷官，講學之家，終不引以爲氣類，故慶元黨禁遂削其名，而不知萬里實於孝宗時乞祠不復出，並無因黨禁罷官之事。謂孔平仲不協於程子，講學家百計排詆，終不能滅其著述，此條實隱詆朱子，見《珩璜新論》提要。而不知朱子實未嘗詆平仲，且文集中有《孔毅父談苑跋》，於其著述，護惜甚至。謂唐仲友立身自有本末，其爲朱子所論罷，蓋以陳亮之誣構，周密《齊東野語》所載甚明，見《帝王經世圖譜》提要。而不知密之所載，與朱子按狀皆不合，其説得之傳聞，無一可信。夫其於宋儒如此，則其衡量百家，進退古今作者，必不能悉得其平，蓋可知也。然而漢、唐目録書盡亡，《提要》之作，前所未有，足爲讀書之門徑，學者捨此，莫由問津。一二通儒心知其謬，而未肯盡言，世人莫能深考，論學著書，無不引以爲據，《提要》所是者是之，非者非之，併爲一談，牢不可破，鮮有能自出意見者。逮至近代，高明之士自持其一家之説，與《提要》如冰炭之不相容，遂厭薄其書，漫以空言相詆毁，亦未足以服作者之心也。余治此有年，每讀一書，未嘗不小心以玩其辭意，平情以察其是非，至於搜集證據，推勘事實，雖細如牛毛，密若秋荼，所不敢忽，必權衡審慎，而後筆之於書，一得之愚，或有足爲紀氏諍友者。然而紀氏之爲《提要》也難，而余之爲辨證也易，何者？無期限之促迫，無考成之顧忌故也。且紀氏於其所未讀，不能置之不言，而余則惟吾之所趨避。譬之射然，紀氏控弦引滿，下雲中之飛鳥，余則樹之鵠而後放矢耳。易地以處，紀氏必優於作《辨證》，而余之不能爲《提要》决也。夫蠹生於木，而還食其木，柳子厚好讀《國語》，乃能作《非國語》，蓋必與之相習，然後得其要害也。余之略知學問門徑，實受《提要》之賜，逮至用力之久，遂掎摭利病而爲書，習慣使然，無足怪者。然往往草創未就，旋覺其誤。《傳》曰："三折肱，然後知爲良醫。"余之爲醫弗良，而其折肱也屢矣，尚望世之讀者，勿徒以詆訶古人爲余罪，而能入我室操我矛以伐我，使我得有所啓牖，則余之厚幸也。

一九五四年十月，余嘉錫序，時年七十有二。

（選自《四庫提要辨證》，中華書局 1980 年排印本。劉若晗、劉文斌仝校，孫天琪覆校）

清張之洞《書目答問略例》

諸生好學者來問應讀何書，書以何本爲善。偏舉既嫌絓漏，志趣學業亦各不同，因錄此以告初學。

讀書不知要領，勞而無功。知某書宜讀，而不得精校精注本，事倍功半。此編所錄，其原書爲修《四庫書》時所未有者十之三四，《四庫》雖有其書，而校本注本晚出者十之七八。今爲分別條流，慎擇約舉，視其性之所近，各就其部求之。又於其中詳分子目，以便類求。一類之中，復以義例相近者使相比附，再敘時代，令其門徑秩然，緩急易見。凡所著錄，並是要典雅記，各適其用，皆先輩通人考求論定者。總期令初學者易買易讀，不致迷罔眩惑而已。弇陋者當思擴其見聞，汎濫者當知學有流別。

凡無用者、空疏者、偏僻者、殽雜者不錄；古書爲今書所包括者不錄；注釋淺陋者、妄人刪改者、編刻譌謬者不錄；古人書已無傳本，今人書尚未刊行者不錄；舊槧舊鈔，偶一有之，無從購求者不錄。若今人箸述有關經史要義，確知已成書者，閒附錄其書名，以備物色，且冀好事爲刊行之。

經部舉學有家法、實事求是者；史部舉義例雅飭、考證詳核者；子部舉近古及有實用者；集部舉最著者。每一類之後，低一格者爲次錄。

多傳本者舉善本；未見精本者，舉通行本；未見近刻者，舉今日見存明本。子史小種，多在通行諸叢書内，若別無精本及尤要而希見者，始偶一舉之。有他善本，卽不言通行本。凡云又某本者，有異同。

近人撰述，成而未刊、刊而未見者尚多。要其最著者，約略在是。至舊籍習聞者，此錄未及，其書可緩。京師藏書，未在行篋，蜀中無從借書，訂補俟諸他日。

茲乃隨手記錄，欲使初學便於繙檢，非若藏書家編次目錄，故不盡用前人書目體例。學海堂本卽《皇清經解》，津逮本卽《津逮祕書》，問經堂本卽《問經堂叢書》，皆取便省，他叢書仿此。官書據提要僃臣工編輯者止注敕編，以別於御撰。

《漢書・藝文志》有互見例，今於兩類相關者，閒亦互見，注其下。

凡不書時代者，皆國朝人。此爲求書計，故生存人箸述，亦有錄者，用《經世文編》例，錄其書，闕其名。

所舉二千餘部，疑於浩繁。然分類以求，亦尚易盡。較之汎濫無歸者，則爲少矣。諸生當知其約，勿駭其多。

光緒元年九月日，提督四川學政侍讀銜翰林院編修張之洞記。

(選自《書目答問》，清光緒二年刻本。劉若晗、劉文斌仝校，孫天琪覆校)

孫殿起《清代禁書知見錄自序》

清乾隆年間，詔開四庫館，纂修《四庫全書》；除内府所藏，並屬各省採進，卷帙浩繁（全書三千四百七十種，七萬九千一十八卷），結爲總集；凡無背於正統思想之典册，幾盡薈萃於此。惟是修書本意，乾隆好大喜功，欲媲越宋修《太平廣記》、《太平御覽》、《文苑英華》，明纂《永樂大典》，以博稽古右文之美稱。而又寓禁於徵，藉以遏止當時反清之民族思想，消滅關於清初史事之記載。乾隆三十九年八月詔書中曾明言："明季末造，野史甚多，其間毀譽任意，傳聞異辭，必有詆觸本朝之語，正當及此一番查辦，盡行銷燬，杜遏邪言，以正人心而厚風俗，斷不宜置之不辦。"四庫館臣以後並議定查辦違礙書目條款，凡宋、明人著作中稱遼、金、元爲敵國者，俱應酌量改正，如有議論偏謬尤甚者，仍行簽出擬銷；即下至於書中有挖空字面，墨塗字樣，缺行空格，亦指爲意存違悖，語必干犯，都在撤毀之例。即幸而得存，亦復大加點竄，盡改本來面目。據《禁書總目》、《掌故叢編》、《文獻叢編》、《辦理四庫全書檔案》諸書考之，在於銷燬之例者，將近三千餘種、六七萬部以上，種數幾與《四庫》現收書相埒。當時對舊籍之追繳燬銷，與四庫開館相始終，大都由軍機處、四庫館分别令各省隨處搜繳，先後近二十年。惟因各省原檔已多不存，故迄無完整之禁書總目。迨光緒初葉，歸安姚覲元獲得禁燬書目四種，始刻入《咫進齋叢書》。光緒末年，嶺南鄧實據江寧布政使刊本增補姚本所無者，合刻入《國粹叢書》中。以後上海商務印書館、大東書局並有鉛印本行世。而杭州抱經堂更就姚氏四種本，編爲禁書四種之書名索引，海寧陳乃乾氏又加以擴充，編爲《索引式的禁書總錄》，書目檢查，益爲便利。但以上諸本，僅載書名、人名，至其各書卷數、刊本年代，均付闕如。在當時禁令，諱莫如深，惟恐其詳，故多隱約其詞，後來各本雖搜錄甚勤，名目加多，而内容補正無幾，殊爲遺憾。每歎我國古籍，自秦政焚書後，實以此次查禁爲書籍空前浩劫。各書多有未經鐫刻祇係傳鈔孤本存留者，如黄宗羲輯《明文案》一部五十本，採輯可謂繁富，竟因銷燬而散亡。此外如明末之史書，清初之小説、戲曲等，亦多因查禁而失傳。至於其他所進各書，凡未經刊刻而湮滅者，尤不知凡幾。且由於當時專制淫威，影響所及，每有著書在禁燬之例者，以後修地方志、編輯史傳記者，即其人名及書名都予删除，因而哲人學士，泯没無聞者，殆不可勝道矣。重以當時官吏，逢迎上旨，羅織苛細，額外蒐誅，小民懼禍，私自焚燬抛棄者，當亦不在少數。余每於收書時，遇有禁書，輒詳記其卷數、著者、籍貫及刊鐫年代，以補原書之缺，歲月既久，不覺積有成編。近承吳澤炎、周雲青二君一再鼓勵，適養疴得暇，就前所記者，重加編定，顏曰《清代禁書知見錄》。掛漏舛誤之處必多，期與讀者共補正之。本書編竟，又承陳援庵先生（垣）題簽，並此誌謝。一九五六年丙申五月冀縣孫殿起耀卿識。

（選自《清代禁書知見錄》，商務印書館 1957 年排印本。劉文斌、劉若晗仝校，孫天琪覆校）

繆荃孫《四庫簡明目錄標注序》

同治甲戌，南皮師相督四川學，諸生好古者來問應讀何書，書以何者爲善。謀所以嘉惠蜀士，並以普及天下學人，於是有《書目答問》之編。荃孫時館吳勤惠公督署，隨同助理，談次偶及位西先生是書，師相推爲淹雅閎通，如數家珍。當時惜未傳錄，否則出諸篋中，按圖索驥，數日事耳，不似如今考及兩月，尚未愜心貴當也。光緒丙子赴計車，見諸黄再同同年所，大喜捧歸，覓人錄副。小小譌脱，見卽訂正，並就所見書目，添註眉頭，藏諸篋中，以作枕祕。光緒戊申八月，胡幼嘉觀察持鈔書十鉅册見示，則位西先生之孫伯絅同學思刊行其書，索余弁言。余應之曰：是書也，荃孫寢饋其中四十年矣。是書之命意，在分别本之存佚，與刻之善否。《四庫》所儲，有不應收而收者，有應收而不收者；有所收之本，不及未收之本者；有所收據《大典》，而原書尚有舊刻、舊鈔者；有無宋元舊刻，止有明刻爲祖本者。明與本朝，先後幾刻，有足有不足，有佳與不佳。而《四庫》未收之本，後出之書，以類相從，夾注于後。近來外間頗有鈔本流傳，而舛譌亦益甚。伯絅詳校發刊，有一定本，豈不甚快。使學者家置一編，隨時就所見加注於上，前人爲之甚難，后人據之甚便，不卽與南皮師相嘉惠學人之願同一轍乎？當先生在都時，若曾文正公、梅丈伯言、朱丈脩伯、葉丈潤臣，往還最密。《橋西雜記》所云，位西居京師，購書甚富，案頭置《簡明目錄》一部，所見宋元舊刻本、鈔本，手記于各書之下，以備校勘之資，卽指此書而言。朱脩伯校語甚多，想見京秩甚閒，同志搜討之樂，令人神往。幼嘉此册，鈔自董君綬金，書眉又撮錄周丈季貺、黄仲弢、王苐卿、孫仲容諸人加考，均與荃孫同志。今再同、季貺、苐卿，墓有宿草；仲弢、仲容，近亦淹忽。荃孫獨行踽踽，質疑無門，幸得綬金、幼嘉相與商榷，卽伯絅同學相距較遠，意氣精神，均稱同調。于滄海横流、斯文闃寂之候，深幸吾道之不孤。此書通行後，何啻得千百導師于家塾，而保全舊學，不致湮没于塵埃，流失於外域，舊學絶續之交，豈非絶大關繫之事哉？光緒戊申江陰繆荃孫序。

（選自《四庫簡明目錄標注》，清宣統三年刻本。李琪琪、雒易寒仝校，孫天琪覆校）

葉德輝《書林清話敘》

書籍自唐時鏤版以來，至天水一朝，號爲極盛。而其間分三類：曰官刻本，曰私宅本，曰坊行本。當時士大夫言藏書者，卽已視爲祕笈瑶函，爭相寶貴。觀于尤氏《遂初堂書目》，複收衆本之多；岳氏刻《九經三傳沿革例》，折衷各本之善，則當時之風尚，概可知矣。南宋人重北宋本，元明人重宋本，國朝收藏家并重元明本。舊刻愈稀，則近刻亦貴。猶之鑒賞書畫，宣和二《譜》多收六朝、唐人；吳氏《消夏記》、陶氏《紅豆樹館書畫記》兼取近代。後之視今，猶今之視昔，理固然已。往者宗人鞠裳編修昌熾撰《藏書紀事詩》七卷，于古今藏書家，上至天潢，下至方外、坊估、淮妓，搜其遺聞佚事，詳註詩中。發潛德之幽光，爲先賢所未有。卽使諸藏書家目錄有時散逸，而姓名不至滅如，甚盛德事也。顧其書限于本例，不及刻書源流與夫校勘家掌故，是固覽者所亟欲補其缺略者。吾家累代楹書，足資取證，而生平購求之所獲，耳目之所接，既撰《藏書十約》，挈其大綱，其有未詳者，隨筆書之，積久成帙，逾十二萬言，編爲十卷。引用諸家目錄題跋，必皆注明原書。而於吾所私藏，非諸家所闕，概不闌入。蓋一人獨賞之物，不如千人共見之物之足徵信。非祕藏亦非稗販，固不欲貽人口實焉耳。二十年前，撰《四庫全書板本考》一書，已成經、史、子三部，而集久未定。以《四庫》著錄之詩文集，但次時代，不別條流，且有應收未收，不應收而收，及禁燬銷燬之功令，濫登不可，割愛不能，一擲雲霄，幾將覆瓿。然宋元明刻，約具此編。國朝彙刻仿雕，則有南皮張文襄《書目答問》、福山王文敏懿榮補編《彙刻書目》二書，十得七八，可備參考。吾書雖廢于半途，藏書家固不患無考證也。嗟乎！五十無聞，河清難俟，書種文種，存此萌芽。當今天翻地覆之時，實有秦火胡灰之厄，語同夢囈，痴類書魔，賢者閔其癖好而糾其繆誤，不亦可乎？宣統辛亥歲除，葉德輝自敘。

（選自《書林清話》，民國二十四年長沙古書刻印社彙印《郋園先生全書》本。李琪琪、雒易寒仝校，孫天琪覆校）

錢基博《版本通義敘目》

於戲！版本之學，所從來舊矣。蓋遠起自西漢，大用在讐校。劉向《別録》：“讐校，一人讀書，校其上下，得謬誤，爲校；一人持本，一人讀書，若怨家相對，故曰讎也。”《文選·魏都賦》“讐校篆籀”李善注引《風俗通》曰。及其讎校中祕，有所謂中書，有所謂外書，有所謂太常書，有所謂太史書，有所謂臣向書、臣某書，廣蒐衆本，讐正一書。然則讐校所資，必資衆本。於時，書有寫本而無版本也。至宋岳珂刊《九經三傳》，稱以家塾所藏唐石刻本，晉天福銅版本，京師大字舊本，紹興初監本，監中見行本，蜀大字舊本，蜀學重刊大字本、中字本，又中字有句讀附音本，潭州舊本，撫州舊本，建大字本，俞韶卿家本，又中字凡四本，婺州舊本，併興國于氏，建余仁仲，凡二十本；又以越中舊本注疏，建本有音釋注疏，蜀注疏，合二十三本，專屬本經名士，反覆參訂，而於是事讐校者言版本。方是時，吾錫尤袤延之著録所藏，爲《遂初堂書目》，特開一書兼載數本之例，而於是治目録者言版本。既以附庸，蔚爲大國，寖昌寖熾，逮於清代，版本之學，迺以名家，而吾蘇爲獨盛。先是明神宗間，吾宗牧齋尚書收書特重宋版，於烟煤膩蠹中，闢此徑塗。而一脈相延，沾沾佞宋，則同里毛晉子晉、錢曾遵王繩其修武；有蘇州黄丕烈蕘圃、顧廣圻千里緟爲纘緒；其後錢唐之丁丙松生、歸安之陸心源存齋、獨山之莫友芝子偲，又其後長洲之葉昌熾鞠裳、江陰之繆荃孫筱珊、長沙之葉德輝煥彬。版崇宋元，學擅讐校，炳炳琅琅，咸有述造；亡慮皆衍黄丕烈之緒者也。毛、錢所記，豈無罕異？而逕塗粗闢，闡揚未弘。恢張絶業，莫如黄氏，而顧廣圻實爲丞弼。古鈔舊槧，賞奇析疑，默識神解，不同尋常。沾溉後生，以詡奇祕。其尤甚者，乃至如陸心源之爲《儀顧堂題跋》，蓋掩黄丕烈之《讀未見書齋讀書録》以爲己有，見錢唐汪康年穰卿《雅言集》。公然盜襲，曾不恥愧？而博籀誦諸家，刪次其要，參互鉤稽，積久成帙，董而理之，以箸爲篇。惟是神識尤資目驗，一見逾於百聞。千元皕宋，其有可徵，則以北京、南京兩圖書館所藏爲據；而古籍景繙，則多取材於涵芬樓。按圖索驥，求之可得，景響之談，勿爲迷罔。修辭立誠，庶幾君子。世有覽者，幸垂鑒焉。

（選自《版本通義》，古籍出版社 1957 年排印本。李琪琪、雒易寒仝校，孫天琪覆校）

張元濟《寶禮堂宋本書録序》

文化之源，繫於書契，書契之利，資於物質。結繩既廢，漆書竹簡而已。筆墨代興，迺更縑帛。後漢蔡倫造紙，史稱莫不從用，然書必手寫，製爲卷軸，事涉繁重，功難廣遠。越八百餘年而雕版興。人文蜕化，既由樸而華；藝術演進，亦由粗而精。故昉於晚唐，沿及五代，至南北宋而極盛。西起巴蜀，東達浙閩，舉凡國監、官廨、公庫、郡齋、書院、祠堂、家塾、坊肆，無不各盡所能，而使吾國文化日趨於發揚光大之境。此其工事之美善，有可得而言者。一曰寫本。鐫工之美惡，視乎書法之優劣。宋本可貴，以其多出能書者之手。王溥《五代史會要》："後唐長興三年二月，中書門下奏請依《石經》文字刻《九經》印板。勅令國子監集博士儒徒，將西京《石經》本各以所業本經句度，鈔寫注出，子細看讀，然後顧召能雕字匠人，各部隨帙刻印板，廣頒天下。其年四月，敕差太子賓客馬縞，太常丞陳觀，太常博士段顒、路航，尚書屯田員外郎田敏充詳勘官，兼委國子監於諸色選人中，召能書人，端楷寫出，旋付匠人雕刻。"王明清《揮塵餘話》："後唐平蜀，明宗命太學博士李鍔書

《五經》，倣其製作，刊板於國子監。”《宋史·趙安仁傳》：“安仁生而穎悟，幼時執筆能大字。雍熙二年登進士第，補梓州榷鹽院判官，以親老勿果往。會國子監刻《五經正義》板本，以安仁善楷隸，遂奏留書之。”洪邁《容齋續筆》：“予家有舊監本《周禮》，其末云：‘大周廣順三年癸丑五月，雕造《九經》書畢，前鄉貢三禮郭嵠書。’《經典釋文》末云：‘顯德六年己未三月，太廟室長朱延熙書，此書字畫端嚴有楷法，更無舛誤。’士人筆札，猶有正觀遺風，故不庸俗，可以傳遠。”余所見者，有紹興覆端拱本《周易正義》，書者爲鄉貢進士張壽；又紹興覆淳化本《毛詩正義》，書者爲廣文館進士韋宿、鄉貢進士陳元吉、承奉郎守大理評事張致用、承奉郎守光祿寺丞趙安仁，此皆官家所刊之書。其刊於私家者，亦多踵行。先是孟蜀時，毋昭裔在成都，令門人句中正、孫逢吉書《文選》、《初學記》、《白氏六帖》鏤版，其子守素齎至中朝，行於世。事載《宋史·毋守素傳》。句、孫二子，均有書名，本傳：“中正，益州華陽人。昭裔奏授崇文館校書郎，精於字學，古文、篆、隸、行、草無不工。”“逢吉常爲蜀國子《毛詩》博士、檢校刻石經。”又《徐鉉傳》：“弟鍇亦善小學，嘗以許慎《說文》依四聲譜次爲十卷，目曰《說文解字韻譜》。鉉親爲之篆，鏤板以行於世。”《舊五代史·和凝傳》：“平生爲文章，長於短歌豔曲。有集百卷，自篆于版，模印數百帙。”錢曾《讀書敏求記·坡詩注》：“武子因傅穉漢儒善歐書，俾書之以鋟板者，曾見於絳雲樓中。”凡此皆有姓名可稽者，其他即不出於專家，不成於一手，亦多下筆不苟，體格謹嚴，虞、褚、歐、顔，各擅其勝，直可與碑版齊觀。今有所謂宋體者，世每以爲胚胎宋刻，實則起於有明正、嘉之際，刻畫無鹽，毫無生意，乃匠役之所爲，而宋刻原不爾爾也。二曰開版。古有銅版，岳珂《刊正九經三傳沿革例》，自言家塾所藏，有晉天福銅版本。後有人得韓文“《易》奇而法，《詩》正而葩，《春秋》謹嚴，《左氏》浮誇”十六字銅笵者，蔡澄、張廷濟均謂是宋太宗初年頒行天下刻書之式。然今所傳銅版印本，僅爲有明建業張氏、錫山安氏及華氏會通館、蘭雪堂所製，而宋本已無一存。其次爲泥版。沈括《夢溪筆談》：“慶曆中有布衣畢昇爲活板。其法，用膠泥刻字，薄如錢脣，每字爲一印，火燒令堅。先設一鐵板，其上以松脂蠟和紙灰之類冒之。欲印，則以一鐵範置鐵板上，乃密布字印，滿鐵範爲一板，持就火煬之，藥稍鎔，則以一平板按其面，則字平如砥。若止印三二本，未爲簡易，若印數十百千本，則極爲神速。常作二鐵板，一板印刷，一板已自布字，此印者纔畢，則第二板已具，更互用之，瞬息可就。”然其印本，今亦不傳。傳於今者，厥惟木板。刊印之便宜，莫如木，若梨若棗，取用尤繁。故當時所稱，曰鋟板，曰鋟梓，曰繡梓，曰刻板，曰鏤板，曰雕造，曰模刻，曰板行，無不與木爲緣。揆其功能，實遠出笵金合土之上。維時剞劂盛行，上下交勵，其敕刊諸書，有督刊諸臣，管幹雕造官者無論矣。卽諸路軍州所刊官本，如紹興十七年黄州刻王黄州《小畜集》，有監雕造右文林郎軍事推官宗亞昌、右文林郎軍事判官王某二人；嘉泰五年吉州刻《文苑英華》，提督雕造者爲成忠郎新差充筠州臨江軍巡轄馬遞鋪權周少傅府使王思恭。余嘗爲涵芬樓收宋鎮江本《説苑》，卷末有“咸淳乙丑九月鄉貢進士直學胡達之眎役”一行；又明覆宋括蒼本《沈氏三先生集》，卷末有“從事郎處州司理參軍高布重校兼監雕”一行，督責既嚴，工技自進。下逮臨安陳氏、建安余氏，鬻書營利，亦靡不各炫己長，别開風氣。鴻編鉅帙，雕鏤精嚴。其最可取法者，舉每葉大小之字數，列本版起訖之歲時，而鐫工姓名，一一標載。此可見責任之攸歸，自不肯苟焉從事也。三曰印刷。使寫刻俱工，而所需紙墨，不足相副，則前功幾於盡棄。嘗讀葉盛《水東日記》：“宋時所刻書，皆潔白厚紙所印，乃知古人於書籍，不惟雕鐫不苟，雖摹印亦不苟也。”項元汴《蕉窗九錄》：“宋書紙堅刻輭，字畫如寫，用墨稀薄，雖着水溼燥無湮跡，開卷一種書香，自生異味。”孫從添《藏書記要》：“若果南北宋刻本，紙質羅紋不同，字畫刻手，古勁而雅，墨氣香澹，紙色蒼潤，展卷便有驚人之處。凡兹緒論，匪託空談，略舉前言以爲左證。”周密《志雅堂雜鈔》：“廖羣玉諸書，皆以撫州萆鈔清江紙、油烟墨印造，所開韓柳文尤精好。”王世貞《宋刻本〈漢書〉

跋》："余生平所購《周易》、《禮經》、《毛詩》、《左傳》、《史記》、《三國志》、《唐書》之類過三千餘卷，皆宋本精絶，最後班、范二書，尤爲諸本之冠。桑皮紙白潔如玉，四旁寬廣，字大者如錢，絶有歐柳筆法，細書絲髮膚緻，墨色精純。"又《六臣注〈文選〉跋》："余所見宋本《文選》，亡慮數種，此本繕刻極精，紙用澄心堂，墨用奚氏，舊爲趙承旨所賞。"按，撫州萆鈔，今已不傳，所開韓柳文，原書猶存，紙至精美。桑皮質理堅緻，至今猶爲造紙良材。澄心堂，爲江南李後主遺製，梅聖俞詩有"百金一枚"之語。油煙，卽宋世豔稱之蒲大韶墨。奚氏家居易水，世業造墨，唐時墨工有奚鼐、奚鼎、奚超。超後渡江，卜居宣歙，爲李後主製墨，賜姓李氏。其子廷珪、廷寬、廷宴，所製均有名，而廷珪爲尤著。據此可信其印造之精矣。其他有用椒紙者，"天祿琳琅"宋板《春秋經傳集解》後有木記："淳熙三年八月十七日，左廊司局内曹掌典秦玉楨等奏聞，《壁經》、《春秋左傳》、《國語》、《史記》等多爲蠹魚傷牘，未敢備進上覽。奉敕用棗木椒紙，各造十部。四年九月進覽，監造臣曹棟校梓，司局臣郭慶驗牘。"又有用雞林紙者。張萱《疑耀》："長睿得雞林小紙一卷，書章草《急就》，余嘗疑之。幸獲校祕閣書籍，每見宋板書，多以官府文牒翻其背印以行。如治平《類篇》一部四十卷，皆元符二年及崇寧五年公私文牘牋啓之故紙也，其紙極堅厚，背面光澤如一，故可兩用。"卽余所見建陽刊本《六臣注文選》，墨光燦爛，捫之隆起，紙亦瑩潔無瑕，殆足與趙承旨本媲美，此亦可爲明證也。四曰裝潢。《隋書·經籍志》：“祕閣之書爲三品：上品紅瑠璃軸，中品紺瑠璃軸，下品漆軸。”《舊唐書·經籍志》：“開元時，甲乙丙丁四部書，各爲一部庫書，兩京各一本。其集賢院御書，經庫皆細白牙軸，黄縹帶，紅牙籤；史庫皆鈿青牙軸，縹帶，綠牙籤；子庫皆雕紫檀軸，紫帶，碧牙籤；集庫皆綠牙軸，朱帶，白牙籤，以分别之。”然此皆古寫卷子所用，而不宜於印本。張邦基《墨莊漫錄》：“王洙原叔内翰嘗云，作書册，粘葉爲上，久脱爛，苟不逸去，尋其次第，足可鈔錄，屢得逸書，以此獲全。若縫繢，歲久斷絶，卽難次序。初得董氏《繁露》數册，錯亂顛倒，伏讀歲餘，尋繹綴次，方稍完復，乃縫繢之弊也。嘗與宋宣獻談之，公悉令家所錄者作粘法。予嘗見舊三館黄本書及白本書，皆作粘葉，上下欄界皆界出于紙葉。後在高郵借孫莘老家書，亦作此法。又見錢穆父所蓄，亦如是，多只用白紙作褾，黄紙作狹簽子。蓋前輩多用此法。”王氏所謂縫繢者，不知何如。惟粘葉法，似卽後來所稱之蝴蝶裝。張萱《疑耀》：“祕閣中所藏宋板書，皆如今制鄉、會進呈試錄，謂之蝴蝶裝。其糊經數百年不脱落。”宋人舊製，今猶有存者，其法以正書反摺向内，書口向外，板心齊疊，粘連護帙，翻閱之時，正如蝴蝶展開雙翅，與今之西洋書同式，特彼則紙厚雙面印，我則紙薄一面印耳。又有所謂旋風裝者。錢曾《讀書敏求記·雲烟過眼錄》云：“焦達卿有吳彩鸞書《切韻》一卷，予從延令季氏曾覩其真蹟，逐葉翻看，展轉至末，仍合爲一卷。張邦基《墨莊》云‘旋風葉’者卽此，真歷代之奇寶。因悟古人玉孌金題之義。今季氏凌替，此卷歸之不知何人，世無有賞鑒其裝潢者，惜哉。”自綫裝行，而以上諸式皆廢。孫從添嘗言：“見宋刻本襯書紙，古人有用澄心堂紙，書面用宋箋者，亦有用墨箋洒金書面者。書簽用宋箋、藏經紙、古色紙爲上。”此卽指綫裝書言，而宋本之珍貴，更可見一斑矣。余喜蓄書，尤嗜宋刻，固重其去古未遠，亦愛其制作之精善，每一展玩，心曠神怡。余嘗言，一國藝事之進退，與其政治之隆汙、民心之仁暴，有息息相通之理，况在書籍，爲國民智識之所寄託，爲古人千百年之所留貽。抱殘守缺，責在吾輩。友人潘君明訓，與余有同好，聞余言，亦不以爲謬，每估人挾書登門求沽，輒就余考其真贋，評其高下，苟爲善本，重值勿吝，但非宋刻，則不屑措意。十餘年來，旁蒐博采，駸駸與北楊南瞿相頡頏。因綜所得，輯爲宋本書錄，既成，眎余。余嘗登寶禮之堂，縱觀所藏，琳琅滿目，如遊羣玉之府，簿而錄之，以詔來者，雖曰流略之緒餘，抑亦藝林之炳燭矣。雖然，今之爲是業者，藉口於推廣文化，謂出版之事，不惟其精而惟其廉，於是方寸之册，字盈億萬，紙麄墨垢，觸目生厭，裝製陋劣，轉瞬散落，而爲之者方翹然自號於衆曰：“吾能爲賤鬻之書。”嗚呼！此直剗滅文明而返於草昧之途耳。文化云乎哉？推廣云乎哉？余讀兹編，有感於懷，不知讀者視之，又作何感也？中華民國二十有八年二月一日，海鹽張元濟敘。

（選自《寶禮堂宋本書錄》，南海潘氏寶禮堂 1939 年排印本。李琪琪、雒易寒仝校，孫天琪覆校）

清顧廣圻《藝芸書舍宋元本書目序》

汪君閬原藏書甚富，取宋本、元本别編其目，各成一册，以予於此向嘗究心，出以相示，且屬爲序。夫宋元本之貴〔一〕，前人所論綦詳，收藏之家，罔不知寶，而近世稱鑒别精審、網羅廣博者，唯遵王、斧季數子而已。今汪君宿具神解，凡於有板以來官私刊刻、支流派别，心開目瞭，遇則能名。而又嗜好所至，專意〔二〕在兹，仰取俯拾，兼收並蓄，揮斥多金，曾靡厭倦。以故郡中傳流有名秘笈，搜求略遍。遠地聞風，挾册趨門，朝夕相繼。如是累稔，遂獲目中所列宋元若干種〔三〕，既精且博，希有大觀，海内好古敏求之士，未能或之先也。汪君之於宋元本，可謂知之深而愛之篤矣。間嘗思〔四〕天水、蒙古兩朝，自秘閣興文以暨家塾坊場、儒學書院，雕精〔五〕印造，四部咸備，往往可考，固無書無地無人不皆宋元本。其距今日遠者甫八百餘年，近者且不足五百年，而天壤間乃已萬不存一。雖常熟之錢、毛，泰興之季，崑山之徐，尚著於錄者亦十存一二〔六〕。然則物無不敝，時無不遷，後乎今日之年何窮，而其爲宋元本者，竟將同三代竹簡、六朝油素，名可得而聞，形不可得而見，豈非必然之數者〔七〕？然則爲宋元〔八〕計，當奈何？曰：舉斷不可少之書覆而墨之，勿失其真，是縮今日爲宋元也，是緩千百年爲今日也。幸其間更生同志焉，而所謂宋元本者，或得以相尋而無窮，計無過於此者矣。乃〔九〕汪君之於宋元本，其知之也深，其愛之也篤，其欲爲之計者，當必有度越尋常之見。故詳述斯語，用爲序而稔諸。壬午閏月朔書，時將復之揚州，爲洪賓華殿撰校刊《說文繫傳》之前一日也。元和顧千里撰。〔一〇〕

（選自清汪士鐘編《藝芸書舍宋元本書目》，清同治間吳縣潘祖蔭刻《滂喜齋叢書》本；參校以清顧廣圻《思適齋集》卷十二，清道光二十九年上海徐渭仁刻《春暉堂叢書》本。雒易寒、李琪琪仝校，孫天琪覆校）

【校勘記】

〔一〕“貴”，《春暉堂叢書》本作“可貴”。

〔二〕“意”，《春暉堂叢書》本作“壹”。

〔三〕“宋元若干種”，《春暉堂叢書》本作“宋若干種，元若干種”。

〔四〕“思”，《春暉堂叢書》本作“思之”。

〔五〕“精”，《春暉堂叢書》本作“鋟”。

〔六〕“一二”，《春暉堂叢書》本作“二三”。

〔七〕“者”，《春暉堂叢書》本作“哉”。

〔八〕“宋元”，《春暉堂叢書》本作“宋元本”。

〔九〕“乃”，《春暉堂叢書》本作“乃若”。

〔一〇〕“元和顧千里撰”，《春暉堂叢書》本無。

張元濟《印行四部叢刊啓》

覩喬木而思故家，考文獻而愛舊邦。知新温故，二者並重。自咸同以來，神州幾經多故，舊籍日就淪亡，蓋求書之難，國學之微，未有甚於此時者也。上海涵芬樓留意收藏，多蓄善本，同人慫恿景印，以資津逮。間有未備，復各出公私所儲，恣其搜擥，得於風流闃寂之會，成此《四部叢刊》之刻。提挈宏綱，網羅巨帙，誠可云學海之鉅觀，書林之創舉矣。覼縷陳之，有七善焉。彙刻羣書，昉於南宋，後世踵之，顧其所收，類多小種，足備專門之流覽，而非常人所必需。此之所收，皆四部之中家絃户誦之書，如布帛菽粟，四民不可一日缺者，其善一矣。明之《永樂大典》，清之《圖書集成》，無所不包，誠爲鴻博，而所收古書，悉經剪裁。此則仍存原本，其善二矣〔一〕。書貴舊本，昔人明訓，麻沙惡槧，安用流傳。此則廣事購借，類多祕帙，其善三矣。求書者縱胸有晁、陳之學，冥心搜訪，然其聚也非在一地，其得也不能同時。此則所求之本，具於一編，省事省時，其善四矣。雕板之書，卷帙浩繁，藏之充棟，載之專車，平時翻閲，亦屢煩乎轉换。此用石印，但略小其匡，而不併其葉，故册小而字大。册小則便庋藏，字大則能悦目，其善五矣。鏤刻之本，時有後先，往往小大不齊，縹緗異色，以之插架，殊傷美觀。此則版型紙色，斠若畫一，列之清齋，實爲精雅，其善六矣。夫書貴流通，流通之機，在於廉價。此書搜羅宏富，計卷逾萬，而議價不特視今時舊籍廉至倍蓰，即較市上新版，亦減至再三〔二〕；復行預約之法，分期交付，既可出書迅速，使讀者先覩爲快，亦便分年納價，使購者舉重若輕，其善七矣。自古藝林學海，奚止充棟汗牛，今兹所收，不無遺漏，假以歲月，更當擇要嗣刊。至於别裁僞體，妙選佳槧，亦既旰衡時世之所宜，屢訪通人而是正。未嘗率爾以操觚，差可求諒於當世。邦人君子，或欲坐擁書城，或擬宏開邑館，依此取求，庶有當焉。

（選自《四部叢刊初編》，上海商務印書館 1936 年石印本；參校以《涉園序跋集録》，古典文學出版社 1957 年排印本。雒易寒、李琪琪仝校，孫天琪覆校）

【校勘記】

〔一〕“矣”，《涉園序跋集録》本作“焉”。

〔二〕“至”，《涉園序跋集録》本作“之”。

張元濟《影印百衲本二十四史序》

昔司馬温公嘗言："少時惟得《高氏小史》讀之。自宋訖隋正史，並《南》、《北史》，或未嘗得見，或讀之不熟，今因修南、北朝《通鑑》，方得細觀。"章實齋又言："《通鑑》爲'史節'之最粗，而《紀事本末》又爲《通鑑》之綱紀奴僕。"嘗以此不足爲史學，而止可爲史纂、史鈔。由是言之，爲學不可不讀史，尤不可不讀正史。正史彙刻之存於今者，有汲古閣之《十七史》，有南、北監之《二十一史》，有武英殿之《二十四史》。南監本多出宋元舊槧，汲古開雕，亦稱隨遇宋版精本考校，然今皆不易致。兩監覆刻，校勘未精，〔一〕譌舛彌甚，且多不知妄改，昔人久有定評。今世之最通行者，〔二〕莫如武英殿本。數十年來重梓者，有新會陳氏本，有金陵、淮南、江蘇、浙江、湖北五局儳配汲古合刻本；活版者有圖書集成局本；石印者有同文書局本，有竹簡齋本，有五洲同文局本，先後繼起，流行尤廣。惟是殿本校刻，雖號精審，而"天祿琳琅"之珍祕，内閣大庫之叢殘，史部美不勝收，當日均未及蒐討，僅僅兩《漢》、《三國》、《晉》、《隋》五史依據宋元舊刻，餘則惟有明兩監之是賴。

遷史《集解》、《正義》多所芟節，《四庫提要》羅列數十條，謂皆殿本所逸，若非震澤王本具存，無由知其妄删。然何以不加輯補？琅邪、章懷兩《漢》舊注，殿本脱漏數字乃至數百字不等。宋嘉祐時校刊《七史》，奉命諸臣劉、范、曾、王，皆績學之士，篇末所疏疑義，備極審慎，殿本留貽，不逮其半。實則淳化、景祐之古本，紹興、眉山之覆刻，尚存天壤，何以不亟探求，任其散佚？是則檢稽之略也。《後漢續志》别於范《書》，殿本既信爲司馬彪所撰，而卷首又稱劉昭《補志》，且併爲百二十卷，厠八志於紀傳之間。《國志》鼎立，分卷各殊，殿本既綜爲六十五卷，而三志卷數又仍各爲起訖。其他大題小題之盡廢舊式者，更無論矣。是則修訂之歧也。薛氏《五代史》，輯自《永樂大典》及其他各書，卷數具載原稿，乃鋟版之時悉予刊落，後人欲考其由來，輒苦無從循溯。又諸史均附考證，而《明史》獨否，雖乾隆四十二年有考覈添修之詔，而進呈正本，迄未刊布，且紀、志、表之百十六卷，猶從蓋闕。是則纂輯之疏也。蜀臣關羽，傳自陳壽，忽於千數百年後，强代秉筆，追謚忠義。薛史指斥契丹，如“戎王”、“戎首”、“玁狁”、“賊寇”、“僞命”、“犯闕”、“編髮”、“犬羊”等語，何嫌何疑，概爲改避？又明修《元史》，洪武二年先成本紀三十七，志五十三，表六，傳六十三，目錄二；翌年續成紀十，志五，表二，傳三十又六，釐分附麗，共成二百一十卷，一見於李善長之表，再見於宋濂之記。殿本則取先後成書之數，併爲一談，李表既非原文，宋記復失存録。是則删竄之誤也。《南齊》巴州之志，桂陽、始興二王之傳，蜀刻大字，曾無闕文。果肯訪求，何難拾補？然此猶可曰孤本罕見也。宋孝宗之紀，田況之傳，至正初刊，均未殘佚，而何以一則竄合二字，充以他葉；一則脱去全葉，不考文義〔三〕？然此猶可曰初版難求也。《金史・禮儀志》、《太宗諸子傳》，初印凡闕二葉，嗣已出内府藏本校補矣，而後出之本，一乃補自他書，一仍空留素紙。其他少則一二句，多至數行數十行，脱簡遺文，指不勝屈。猶不止此，闕文之外，更有複葉，如《宋史》卷三十五之《孝宗紀》，《元史》卷三十六之《文宗紀》是。複葉之外，更有錯簡，如《元史》卷五十三之《曆志》是。此則當日校刻諸臣，不能辭其鹵忽之咎者也。長沙葉焕彬吏部語余，有清一代，提倡樸學，未能彙集善本，重刻《十三經》、《二十四史》，實爲一大憾事。余感其言，慨然有輯印舊本正史之意。求之坊肆，匄之藏家，近走兩京，遠馳域外，每有所覯，輒影存之，後有善者，前即舍去，積年累月，均得有較勝之本。雖舛錯疎遺，仍所難免，而書貴初刻，洵足以補殿本之罅漏。誦校粗畢，因付商務印書館，用攝影法覆印行世。縮損版式，冀便巾箱。真面未失，無慮塵葉。或爲有志乙部者之一助歟？中華民國十九年三月朔日，海鹽張元濟。

（選自《百衲本二十四史》，商務印書館 1936 年排印本；參校以《涉園序跋集錄》，古典文學出版社 1957 年排印本。雒易寒、李琪琪仝校，孫天琪覆校）

【校勘記】

〔一〕“兩監覆刻，校勘未精”，《涉園序跋集錄》本作“北監本校勘未精”。

〔二〕“今世之最通行者”，《涉園序跋集錄》本作“其爲世最所通行者”。

〔三〕“不考文義”，《涉園序跋集錄》本作“文理不貫”。

楊守敬《留真譜初編序》

著録家於舊刻書多標明行格，以爲證驗。然古刻不常見，見之者或未及卒考，仍不能了然無疑。余於日本醫士森立之處，見其所摹古書數巨册，或摹其序，或摹其尾，皆有關考驗者。使見者如遘真本面目，顔之曰《留真譜》，本《河間獻王傳》語也。余愛不忍釋手，立之以余好之篤也，舉以爲贈。顧其所摹多古鈔本，於宋元刻本稍略。余仿其意，以宋元本補之。又交其國文部省書記官嚴谷脩与博物館局長町田久成，得見其楓山官庫、淺草文庫之藏，又時時於其收藏家傳録祕本，遂得廿餘册，即於其國鳩工刻之。以費重，僅成三册而止。歸後擬續成之，而工人不習古刻，格意久之，始稍有解，乃增入百餘翻。友朋見之者多歡賞，囑竟其功。至本年春，共得八册，略爲分類印行。觀者不以爲嫌，當并所集之廿餘册賡續刻之。光緒辛丑四月，宜都楊守敬記。

（選自《留真譜初編》，清光緒二十七年刻本。雒易寒、李琪琪仝校，孫天琪覆校）

顧廷龍《明代版本圖錄初編敘》

人各極其聰明睿智，制成學術，演爲文化，端賴著述，遞相精進，而流傳於無窮。夫古今之著述無量，而一書之傳本至夥，遂不能無簿錄以總匯之。由簡入詳，自成專門之學。别流略以明其義例，審版本以定其善否，慎校勘以識其正誤，嫻夫三者之指歸，於是覃研所好，由博返約，洞究其根極支裔，蔚成一家之言。若不習目録而率爾操觚，則前賢卓論未及聞見，徒貽井蛙之譏。言目錄而不明版本，則孰善孰否，無所抉擇，易致盲從之失。言版本而不加校勘，則怡神悦性，等諸玩物，無足論矣。自張之洞《書目答問》出，學者之見聞一廣，咸相奉爲圭臬。其後莫友芝之《知見傳本書目》、邵懿辰之《標注簡明目錄》始先後刊行於世，而參攷之資益富。此言目錄而注重於版本也。又自楊守敬創爲《留真譜》，一書數刻，各橅其形，以便稽覽，此言版本而注重於實驗也。若僅聞傳本之衆多，而不獲目睹其真面，則誠有釋氏所謂寶山空返之慨矣。故書景之業，尤爲從事目錄學者當務之急。楊氏之輯，宋元明刻以及舊寫本兼有所采，惟不著附略説，或僅節橅，歷代所刻亦多寡不勻，美猶有憾，然其篳路藍縷之功爲不可没。繼而起者，中外不乏其人，第皆偏於宋槧元雕，莫及朱明。清代藏書之家，僉以其相去未遠，不甚珍視，雖並列插架，屏諸著録，是明者之蔽也。而今之嗜書者猶不能盡祛此見，人惟宋元舊鈔相尚，每因也是一章、蕘翁一跋，引爲至寶，則又惑矣。不知宋元本於今日，非經橅刻，卽曾景印，或已校補重梓，或已勘列異同、撰記别行，其確爲孤槧祕笈者有幾何哉？明本之於今日，其可貴誠不在宋元之下。蓋清初之去北宋末葉，與今日之距洪武紀元，其歷年相若，一也。經史百家之中，若鄭注《周禮》、《儀禮》、《紀年》、《周書》、《家語》、《孔叢》等書，無不以明覆宋本爲最善，賴其一脈之延，二也。又以前明掌故之作，特盛往代，後世鮮有重刻之本足以訂補史乘之未備，而晚明著述輒遭禁燬，其中正多關繫重要者，三也。橅刻舊本，維妙維肖，虎賁中郎，藉存真面，四也。曩時藏家書目，多不著版本，雖載及明人著述，而不能攷其刻年。范氏天一閣藏明本最富，阮元爲編目録，始稱稍詳。近惟陳氏聽詩齋之《明人别集目録》、蔣氏傳書堂之《善本書目補遺》、陶氏涉園之《鑑藏明版書目》，是皆專於明本者，而刻年亦未能詳識。若葉德輝、莫伯驥兩家讀書志，摭録較多，原委分明，而惜非專著。故今人欲研究明代版本，無所取證，每感參攷無資之苦。余夙有纂輯目録學一書之志，擬分三編：曰流略，曰圖録，曰校讐，斷代爲章，復各析以時地公私之作，俾有系統可尋，條理可睹。前年之春，曾欲以清代刻本爲始，時與婦弟潘君景鄭郵筒商榷。未幾，張菊生、葉揆初兩丈創設合衆圖書館於上海，招爲校理之役，遂中輟南歸。旋邀景鄭來共編摩，接席商兑，重訂體例，從姪頡剛聞其事，贊而助之。首輯圖録，以重雕版之源流、風氣之趨尚。又先由明代入手者，蓋宋元本書景及景印之本流傳已廣，不難訪致，明本則汗漫無歸，按索無圖，而求之彌難。兹就吾二人研説所得，先爲初編，雖不能備，聊補所乏。丁時喪亂，搜輯不易，幸得杭縣葉氏、海鹽張氏、吴興劉氏、天津華氏諸家及涵芬樓慨然相示，至可感篆。攝景撰説，歷時兩年，景鄭之力居多。此編明知挂一漏萬，冀爲初學之助。至夙願甚宏，吾二人當聯鑣十駕，陸續足成。並世賢達，其有以廣之乎？中華民國三十年九月一日顧廷龍。

（選自潘承弼、顧廷龍纂《明代版本圖録初編》，開明書店 1941 年印本。雒易寒、李琪琪仝校，孫天琪覆校）

北京圖書館《中國版刻圖録序》

中國是發明造紙和印刷術最早的國家。公元前一世紀，已有紙張出現，二世紀初，蔡倫改進了造紙方法。此後，書籍全靠人們在紙上抄寫來傳播，但一次只能抄寫一部，生産量仍是很有限的。我們祖先經過長時期的鑽研，到了八世紀前後，又發明了刻版印刷術。幾百部幾千部的書一次印成，書籍的生産量，比過去手寫本時代，向前躍進了一大步。

早期的刻版印刷術，是廣大市民階層傳播文化的有效工具。民間需要的歌曲、日曆、韻書，就首先出版流通。唐時白居易的詩，人民大衆都歡喜歌唱它，元微之爲白詩作序，曾説有人拿白詩印本來換取茗酒。九世紀初，長江下游以北地區和四川民間都刻印日曆，政府曾下令地方政府不得私置日曆版片，可見在那時以前民間已有印本日曆了。公元八六五年卽唐咸通六年，日本入唐僧宗叡，攜回日本雜書中有西川印本《唐韻》、《玉篇》各一部。近年敦煌發現的印本韻書和乾符四年、中和二年兩種唐曆，就是這些刊物的現存最早刻本。

寺院和佛教徒們很早就利用民間新興的刻版印刷

術，作爲宣傳佛教的工具。除了捺印的小塊佛像以外，有時刻些大張佛像和律疏。唐末司空圖爲洛陽敬愛寺僧惠確寫的雕刻律疏文，曾説印本共八百紙，可見那時已有寺院施捨用的律疏印本了。敦煌發現的公元八六八年卽唐咸通九年王玠出資雕刻的卷子本《金剛經》，是現存最早的木刻印書，用紙七張綴合成卷，第一張扉畫《釋迦牟尼佛説法圖》，刀法遒美，神態肅穆，是一幅接近成熟期的作品。這卷舉世聞名的唐刻本，已於五十多年前爲英人斯坦因盜去，這是令人切齒痛恨的。

九世紀末，黃巢起義後，成都頓時成爲當時政治、經濟的中心。其地盛產麻紙，這就構成了刻印書籍的有利條件。柳玭隨着唐僖宗逃到成都，在書店裏看到許多字書和迷信用書，都是刻版印本。近年成都唐墓中出土了一張成都府卞家印的梵文《陀羅尼經》，中央刻一小佛像坐蓮座上，外刻梵文經咒，咒文外又圍刻小佛像，這是國内僅存的最古的唐刻本。到了五代，蜀中統治階級和佛教徒們都提倡刻書。公元九二三年曇域和尚出版了貫休的《禪月集》。公元九三五年蜀相毋昭裔叫人寫了《九經》、《文選》、《初學記》、《白氏六帖》刻版行世。那時成都已一躍而爲西南文化出版中心，所以宋初中央政府倡刻《大藏》時，成都工人擔任着全部刻版工作，這就給兩宋蜀本打下了良好的技術基礎。

唐時刻印的書籍，只限於廣大市民階層常用的通俗書和佛教經典。五代時馮道看到吳蜀之人鬻賣印版文字，種類不少，但没有統治階級和士大夫們需要的書籍，因和李愚等建議政府國子監校刻經典。公元九三二年即後唐長興三年開始工作，先刻《九經》，後及他經和《經典釋文》等書，到公元九五三年即後周廣順三年校刻完畢。這就是宋人所稱的舊監本，可惜後來都亡失了。

北宋國子監除了翻刻五代監本《十二經》外，又遍刻《九經》唐人舊疏和他經宋人新疏。此外又大規模地校刻史書、子書、醫書、算書、類書和《文選》、《文苑英華》等詩文總集。這些書籍，多數均送杭州刻版。杭州在唐五代時，經濟繁榮，生産發達，浙東西盛産紙張，就更刺激了出版工作的加速向前發展。公元九七五年即北宋開寶八年吳越國王錢俶倡刻的《陀羅尼經》，是現存最古的浙本，字體工整，和後來杭州刻的小字本佛經相似。近年浙江龍泉發現的北宋初年刻的佛經殘葉，字體寬博，和南宋官版書也相似。可見杭州和浙江其他地區從五代末年起，已有大批刻版技術熟練的工人在工作着，這就無怪乎北宋監本多數都是浙本了。

北宋時運往汴京的監本書版，靖康之變，全爲金人掠去。南宋初年重建國子監於杭州，除了向附近地方政府索取史書、子書版片入監外，遠在四川眉山井憲孟倡刻的南北朝“七史”版片也移送到監。同時，又由杭州工人翻刻了許多重要書版。宋亡後，這些版片，轉送西湖書院存儲。元時，余謙、葉森等曾督工整修印行。公元一三七五年卽明洪武八年，明朝政府又把版片轉存南京國子監。這些殘缺斷爛的三朝版，直到十九世紀初葉，因爲遭受火災，才蕩然無存。

從十二世紀中葉起，杭州中瓦子街和衆安橋一帶書坊林立。從汴京搬到杭州的榮六郎書籍鋪，公元一一五二年卽宋紹興二十二年翻刻了葛洪《抱朴子》。像榮六郎那樣的舊店新張的書鋪，在當時杭州決不止一家。十三世紀中葉，住在棚北大街睦親坊的詩人陳起父子把篇幅比較精短的唐人詩歌和南宋江湖詩人的作品大量出版，對繁榮當時詩歌創作，是有幫助的。杭州書坊又刻印了許多民間流行的話本小說和雜劇南戲。中瓦子街張家書鋪出版的《唐三藏取經詩話》，是現存宋人平話小說中惟一的舊刻本。元時著名劇作家關漢卿、尚仲賢、王伯成、石君寶的作品和杭州書會中人編寫的南戲，杭州書鋪也出版不少。這些生動活潑富有生活氣息的文藝作品的大量流通，對當時和後代民間文學的改進和發展起了推動作用。

宋時除浙本外，建本和蜀本，也頗有名，而且影響深遠。現在先說建本。福建建陽，地處閩北武夷羣山中，盛產竹木，造紙工業非常發達。十二世紀初，建陽麻沙、崇化兩坊書肆除了出版經史百家和唐宋名家詩文外，書肆主人和當地文人合作，還編印了許多適應科場需要的大型類書和市民階層日常參考的醫書、百科全書。宋末平話小說盛行，建陽書肆出版《武王伐紂》、《樂毅伐齊》、《前後漢》、《五代史》、《宣和遺事》等書，對後來歷史小說的加工和再創造起了促進作用。入明，建陽書肆刻印的戲曲、小說和其他通俗書籍，風行四方，有增無減。十六世紀中葉，劉龍田、熊冲宇、余象斗等書肆出版的書籍，門類更多，銷路更廣。這一出版中心，直到清初，才逐漸衰落下去。

公元九七一年卽北宋開寶四年，宋朝政府派人到成都雕造《大藏》五千餘卷，這是一次規模空前鉅大的出版工作，蜀本由此得名。到了十二世紀左右，這一出版中心，逐步向眉山發展。成都眉山地區刻印的書籍，一面把中央政府頒行的標準本很快翻印出來，如現有傳本的蜀刻《周禮》、《春秋》、《禮記》、《孟子》和《史記》、《三國志》、南北朝“七史”，都是根據監本爲底本。此外李太白、李長吉、孟東野、劉夢得的詩歌，蘇老泉蘇東坡父子、秦淮海的散文以及許多地志、醫書、類書都有蜀刻本。這些書籍，開版弘朗，字體遒勁，紙張潔白，校勘精審，可和浙本媲美。到了十三世紀中葉，成都眉山和四川其他地區，遭受元兵大肆焚掠，因此，流傳到現在的蜀本，比浙本和建本都少得多。

北宋亡後，平陽代替了汴京成了黄河以北地區的出版中心。平陽又稱平水，卽今山西臨汾，其地盛産紙張，質地堅韌，私人開設的書坊很多，金元兩朝政府設有管理書籍出版的機構。從十二世紀起，開始出版古醫書、類書和其他各類書籍。當時民間盛行諸宫調説唱，平水書肆適應大衆需要也刻版流通，前年蘇聯政府贈還我國的《劉知遠諸宫調》，就是平水坊本。《董解元西厢記諸宫調》裏提到的《崔韜逢雌虎》、《離魂倩女》、《雙漸趕蘇卿》等等著名的諸宫調，我們推測，當時平水書肆一定也有刻本。這些民間文藝創作的及時傳播，對後代説唱文學和戲劇的發展，具有深遠的影響。平水書肆又曾刻印民間招貼畫。帝俄時代考古家在甘肅張掖古塔内發現的平陽徐氏刻印的關羽像，和平陽姬氏刻印的王昭君等四美人像，畫面生動美麗，是兩幅巨大的富有藝術價值的版畫傑作。元初，宋德方倡刻《道藏》，費了七年多的時間在平陽刻成。這部七千多卷的經版，後爲元朝政府下令銷毁，現今除《雲笈七籤》零葉外，其餘都失傳了。這是一次非常鉅大的出版工作，平水刻工的雕版技術却因此提到前所未有的水平。稍後平水書肆晦明軒主人張存惠刻印的《證類本草》和《通鑑詳節》，紙墨刻工，比過去平水本精美得多，達到當時雕版藝術的最高峯。十三世紀中葉後，平水書肆還繼續刻印醫書和《中州集》等書。此外，山西運城刻印的《金藏》，河北寧晉刻印的經書和音韻學書，也頗有名。這兩個地區和元時大都卽今之北京，也是十二世紀到十四世紀僅次於平水的北方刻書中心。

從十世紀到十四世紀，包括宋、金、元三朝，除了浙江杭州、福建建陽、四川成都眉山、山西平陽四個文化區刻印了大量書籍行銷四方並互爲影響外，其他地方政府、私人和書坊也都從事刻書工作。王象之《輿地紀勝》著錄的方志遍及四川、廣西、海南島等邊遠地區，就是最有力的證明。我們試把宋人《郡齋讀書志》、《遂初堂書目》、《直齋書錄解題》，明初《文淵閣書目》和其他文獻資料來統計一下，見於著錄的絶大部分都是刻版印本，就可知道宋元兩朝書籍的出版量是如何的龐大了。

明清兩朝各地刻印的書籍，數量之大，品種之多，比之前代，不知超越了多少倍。明初，南京國子監集中了杭州和江南其他地區的宋元版片，連宋時廣西桂林刻印的《桂林志》版片，也運到了南京，南京立刻代替了杭州成爲全國出版中心。《南藏》和明初的官刻書，都在南京出版。南監本史書和其他書籍的補版翻版工作，也由南京刻印工人擔任。十六世紀前後，南京、蘇州、徽州、杭州、吳興等地私人和書坊刻印了大量醫書、戲曲、小說和其他各類書籍，出版量激增，銷路遠及國外，對當時和後代應用科學和文藝創作的發展，起了促進作用。同時，一部分徽州刻工搬到了南京，南京又成了彩色套印木刻畫和技術革新的中心。

明清兩朝的首都北京，也是全國性的刻版中心。《北藏》、《道藏》、《龍藏》和明代經廠本、清代武英殿本，以及私人和書坊刻印的書籍，紙墨之精、雕印之工、裝璜之美，都是前所罕見的。由於書籍大量出版，需用紙墨越來越多。同時隨着社會的發展，手工業生産發達，棉紙、竹紙、開化紙、毛太紙等新品種不斷增加，就更爲大量刻印書籍創造了有利條件。加以江浙等省的藏書家如袁褧、胡震亨、毛晉、黄丕烈、鮑廷博等同時又是刻書家，他們翻刻了許多對學術研究有益的參考用書，行銷全國。各地書坊還刻印了大批通俗書刊如《駐雲飛》、《掛枝兒》、山歌、彈詞、鼓詞等唱本，爲廣大市民階層所喜愛。大中小城市都有刻字鋪。明清方志的木刻本遍及各邊遠地區。所有這些，都説明了這一時期各地刻版印刷工作的蒸蒸日上和空前發達。到了十九世紀中葉，由於近代印刷術輸入中國，上海、廣州、漢口等地陸續鑄造鉛字，出版書報。古老的刻版印刷術適應不了時代的要求，才逐步走向衰落。

活字版印刷術是公元一〇四五年前後卽北宋慶曆年間畢昇發明的。他比德國的谷騰堡早了四百年。這是我國古代勞動人民對世界文化又一偉大貢獻。畢昇發明的膠泥活字版，先用黏土刻字，一字一印，用火燒硬，排列在鐵製的框子裏，印書前，把鐵製框子放在敷有藥品的鐵版上，加熱，等藥品凝固後，便可印書了。十三世紀末卽元大德初年東平人王禎發明了轉輪排字架，用特製的木活字，按放在轉輪上，試印六萬多字的《旌德縣志》，不到一月就印成一百部。畢昇和王禎發明的快速印書法，和刻版印刷的工作進度簡直無法相比。

宋元人活字版印書，很早就失傳了。現在流傳的最古的活字版，要算十五世紀末蘇州、無錫、南京一帶盛行的銅活字印本，出版量最大的有無錫安家和華家。這兩家印的古類書、唐宋人詩文集和水利專業用書，行銷各地，爲後來藏書家所重視。此外徐某印的《曹子建集》，楊儀印的《王岐公宮詞》，張習印的《范石湖集》、孫蕡《西庵集》，都是蘇州出品。張某印的《開元天寶遺事》，賈詠印的《莊子口義》，都是南京出品。又有人用銅活字印了大批唐人詩集，分初唐、盛唐、中唐、晚唐四期，也是這一時期蘇州一帶出品。同時，常州人還用鉛、錫活字版印書，可惜現在都早已亡失了。

公元一七二六年卽清雍正四年，陳夢雷用新造的銅活字排印了六十四部《古今圖書集成》，每部五千二十册。公元一七七三年卽清乾隆三十八年，武英殿的排字工人又用木活字出版了新從《永樂大典》發掘出來的宋元佚書和《畿輔安瀾志》、《琉球國志》等書一百三十三種。這兩次規模較大的活字版印刷工作，都是史無前例的。但運用前人遺法加以大膽革新的，要數泰山徐家的磁版和涇縣翟家的泥版。住在山東泰山一帶的徐志定，公元一七一九年卽康熙五十八年創製了磁版，出版了《周易說略》。公元一八四四年卽清道光二十四年，安徽涇縣人翟金生費了三十年心力，創製了泥活字十萬多個，印了自己的詩集《泥版試印初編》和《翟氏宗譜》二書。此外明末和清代的京報，各地家譜和民間小唱本，用活字版排印的也不少。

遠在刻版印刷術大興以前，中國木刻畫就已經出現了。七世紀中葉，唐代玄奘法師以回鋒紙印普賢菩薩像，布施四方。唐末王玠刻的《金剛經》扉畫，和敦煌發現的許多宗教畫，藝術已漸趨純熟。宋元木刻畫從宗教畫發展到百科全書、文學、醫學、考古學等方面的書籍，《證類本草》、《三禮圖》、《宣和博古圖》、《事林廣記》、平話小說的插圖，出現了不少藝術質量很高的作品。明代各地書肆刻印了大量佛經、戲曲、小說和其他通俗書籍，幾乎没有不附插圖的。十五世紀初葉，徽州派版畫興起，直到十七世紀末，徽派版畫獨步一時。徽籍刻工在徽州、杭州、吳興、蘇州、南京等地鐫刻的木刻畫，特別是戲曲、小說的插圖，具有高度的藝術造詣和獨特的時代風格，吸引着千千萬萬的讀者。那時著名的畫家，曾爲木刻家創作畫稿，如丁雲鵬爲木刻家黃鏻、黃應泰等畫的《程氏墨苑》，陳老蓮爲木刻家黃子中畫的《博古葉子》，清初蕭尺木爲木刻家湯尚、湯義、湯復畫的《太平山水圖畫》和《離騷圖》。許多木刻家的創作能力，通過藝術實踐，得到了改進和提高。明末浙派項南洲，清初徽派鮑承勳父子創作的木刻畫，精麗動人，構圖和鐫刻技巧達到了驚人的程度。此後木刻畫轉趨消沉。直到二十世紀初，北京的木刻家和畫家合作，木刻畫又漸盛。魯迅、鄭振鐸合編的《北平箋譜》，就是這一時期的代表作。

公元一三四〇年即元至元六年湖北江陵資福寺刻的無聞和尚《金剛經注解》，卷首《靈芝圖》和經注都用朱墨兩色套印，這是現存最早的木刻套色印本。十六世紀末，吳興、杭州、南京等地書肆用朱墨和多色套印的通俗讀物和戲曲、小説逐漸增多。公元一六〇〇年徽派刻工刻印的程君房《墨苑》，其中《天姥對廷圖》、《巨川舟楫圖》等都是用各種顏色塗在一塊版上印刷的，顯得畫面格外絢麗奪目。稍後，木刻家和印刷工人合作，便發明了分色分版的彩色木刻。明末徽州人胡正言運用當時流行的餖版、拱花二法，編印《十竹齋畫譜》、《箋譜》二書，把彩色套印木刻畫推向新的技術高峯。《畫譜》全用餖版法，把刻好的一塊塊小木版順序付印，用來表現畫面的深淺濃淡。《箋譜》則兼用拱花法。拱花和近代凸版相似。印時用紙壓在版面上，天際的白雲，江上的流水，禽類的羽毛，花朵的輪廓，就一一凸現在紙面了。入清，畫家王蓍等創作的《芥子園畫譜》和蘇州、楊柳青等地出版的民間年畫，用餖版而不用拱花，也都是彩色套印的。近年鄭振鐸委託北京榮寶齋翻刻的《十竹齋箋譜》，全用徽派遺法，比原本毫無遜色。

中國歷代刻版書籍、活字版書籍和版畫，絶大部分是爲封建統治階級服務的。但我們今天還能從很多歷史文獻書籍和科學技術書籍中找到有助於社會主義建設的各種資料。從題材廣闊多樣、形式豐富優美的古典文學名著中，發現很多爲人民大衆所喜愛，又能體現人民大衆思想感情的優秀作品，加以發揚。此外，有優良傳統的彩色套印木刻畫，在畫家、木刻家和印刷工人的合作改進下，今後一定會得到更多的提高，並大放異彩。

三年前，我們曾計劃編輯一部版刻圖錄，來系統地反映我國各時期版刻的發展過程，直到前年全國大躍進中，才把這一計劃確定下來。由於各級黨組織的關懷和大力支持，這部書的計劃和編輯工作，才能順利完成。在工作過程中，鄭振鐸先生、徐森玉先生和館内外有關同志們曾對選材、斷限等方面提供了許多有益的意見。選材時，除了採用北京圖書館的書藏，還採用了上海圖書館、南京圖書館、遼寧省圖書館、北京大學圖書館、上海博物館、四川省博物館和寧波范氏天一閣一部分的書藏。我們對於各方面的幫助和兄弟館的支援，表示衷心的感謝。

限於水平，舛誤難免，尚祈讀者多予指正。

北京圖書館

一九六〇年二月一日

（選自《中國版刻圖錄》，文物出版社 1990 年印本。陳錫昂、陳奕飛仝校，孫天琪覆校）

顧修《彙刻書目初編自敘》

古讀書者，極重目錄之學。自漢劉向《別錄》、劉歆《七略》剖析條流，各有其部，後世簿錄家皆宗之。孟堅作史，始創《藝文》，雖標舉書名而詮疏或寡，蓋又史例宜然也。自是詳略兩體，代有成書，夾漈有所偏譏於其閒，豈其然乎？宋元以來，又好聚諸家之書，都爲一帙，其亦《中經》四庫之具體而微者。然簿錄家往往僅舉全書而不暇臚列子目，中既各自成卷，卽有闕佚，何從而知之？此猶觀水者但知江河之大，而衆流之入江與河以成其大者，固不知凡幾也，源委枝別，何可無人焉以指數之。然其例古有之矣，鄭氏《三禮目錄》、唐人《十三代史目》，此物此志也。脩讀書之暇，竊有是志，近與鮑丈以文互相商榷，復得同志之多助，而書目彙刻以成。其曰初編者，蓋不欲以是自域云。

嘉慶己未仲秋上浣，桐川顧脩菉厓氏撰。

(選自陳光照增輯《彙刻書目初編》，臺灣文海出版社 1984 年影印光緒元年二月長洲無夢園陳氏重刊本。陳錫昂、陳奕飛仝校，孫天琪覆校)

李之鼎《叢書舉要序》

有明少室山人云，自古典籍曾遭七阨，不盡由於秦火也，是以古籍流傳於世者甚稀。近今數十年中，兵戈俶擾，文獻喪亡殆盡。五都之市，欲求尋常故書，稀如星鳳。所幸叢書彙刊，網羅散佚，古人著述賴以不墜，其有功於津逮後人，實非淺鮮。壬子避地滬上，與宜都楊惺吾先生過從甚密。先生嘗與鼎言："彙刻叢書目録，前有顧氏《彙刻書目》，後有朱氏《目睹書目》。近年海内刊刻叢書毋慮數十百種，且向有之書爲二目所漏畧者亦尚不少。向曾萃合二書，益以日本之《羣書類從》，宋、元、明、高麗之校本《大藏經目録》。然前之所略及近三十年新刊之書皆未及採入。"手此稿本以贈鼎，曰："吾老矣，所撰《水經注疏》迄未脱稿，此書子其任之。"鼎亦有輯刊南北宋人集之舉，終日丹黄。重以先生之言，從事蒐輯，一載於兹矣。遺者補之，略者詳之，疑者闕之。先生原編，凡不知名之編，概從删略。鼎以當此典籍亡佚之時，著作流傳，實匪易事，與其嚴加删削，何如存其梗概，使後人知有此書之爲愈也。凡耳目所及，咸著於編。夫叢書自宋鄖山左錫禹輯刊《百川學海》以來，自明迄今，叢書類刻，浩如烟海，即廣徵博考，猶恐難免漏畧，矧謭陋如鼎者乎？重以先生之命，率爾編成，麟楥之譏，知不免耳。甲寅仲秋，南城李之鼎振唐識於南昌東湖上之宜秋館。

（選自楊守敬原編、李之鼎補編《增訂叢書舉要》，國家圖書館出版社2010年影印本。陳錫昂、陳奕飛仝校，陳鍇覆校）

沈乾一《叢書書目彙編緒言》

昔張文襄有言，叢書最便學者，爲其一部之中可該羣籍，蒐殘存佚，爲功尤鉅，欲多讀古書，非買叢書不可。誠哉斯言，故叢書之於學者，最爲便利。凡欲購置書籍者，當以叢書爲先務也。

夫叢書之制，果何昉乎？《樂》正四術，《詩》存三經，《風》、《雅》、《頌》爲三經，賦、興、比爲三緯。《書》垂六體，《易》傳《十翼》，乃至《戴記》、《管子》、《呂覽》之屬，靡不包藏衆篇，富有羣策，蓋即後世叢書之權輿也。唐陸龜蒙之《笠澤叢書》、宋王楙之《野客叢書》，實始著叢書之目。而審其體例，一則爲唐人專集，一則爲宋人雜錄，猶非若近代之所謂叢書也。宋寧宗時，有太學生俞鼎孫者，集《石林燕語》等七種，爲《儒學警悟》四十卷，實爲近代叢書之創始。故明則有《百川學海》、《漢魏叢書》、《津逮祕書》等，裒集益廣。遜清中葉，則有《雅雨堂》、《士禮居》、《別下齋》、《守山閣》、《平津館》、《讀畫齋》、《文選樓》、《粵雅堂》、《墨海金壺》、《學津討源》、《知不足齋》、《海山仙館》等叢書數十百種，皆搜奇集勝，流播藝林。此蓋風尚之積靡使然也。

顧叢書浩博至此，學者欲盡悉其書名，及編纂者之人名，以及内容之子目，而定去取，或抄錄於書肆，或借觀於藏書家，或得之傳聞，皆頗不易易，此顧氏所以有《彙刻書目》之輯也。惟顧氏之書，漏畧頗多。厥後則有朱氏之《目睹書目》、羅氏之《續彙刻書目》、李氏之《叢書舉要》等，相繼而作，以視顧氏之書爲加詳矣。然叢書之刻，與年俱增。數年前已編各叢書書目，終不免有所缺畧，况卽以舊刻各叢書而論，又尚有遺漏者乎？余近得日本松澤老泉氏之《彙刻書目》，及傅雲龍氏之《續彙刻書目》，其中所著錄者，太半爲諸家所不載，余乃一一爲之補入。此外凡遇新舊各叢書，未經諸家著錄者，如《廣漢魏叢書》、《適園叢書》、《六譯館叢書》、《槐軒叢書》、《嘉業堂叢書》、《吳興叢書》、《道藏舉要》、《道藏輯要》、《道藏精華錄》百種、《道藏續編》、《四部叢刊》、《四部備要》、《崔東壁遺書》、《朱氏遺書》、《常州先哲遺書後編》、《湖北先正遺書》、《續金華叢書》、《雲南叢書》、《唐百家詩》、《學古堂日記》、《百一廬金石叢書》、《百子全書》、《宜秋館彙刊宋人集》丙丁二編、《南宋羣賢六十家集》、《敦煌石室碎金》、《敦煌零拾》、《婁東雜著續刊》、《羅雪堂校印各書》、《虞山叢書》、《清代學術叢書》、《清詩話》四十二種、《歷代詩話續編》二十八種、《明宏正四傑集》、《隅樓叢書》、《陶廬叢刊》、《啓秀山房叢書》初二集、《茹氏經學》十二種、《津河廣仁堂所刻書》、

《舊德堂叢書》、《篴園叢書》、《鐵華館叢書》、《史料叢刊》、《名家詞鈔》、《黃氏父子合集》、《留書種閣集》、《刻鵠齋叢書》、《慎始基齋叢書》、《壽櫟廬叢書》、《求恕齋叢書》、《通學齋叢書》、《房山山房叢書》、《蜚雲閣叢書》、《袁氏叢書》、《汪氏叢書》、《佚籍叢殘》、《楚州叢書》、《不遠復齋遺書》、《劉氏遺書》、《合刻中藏經》、《富陽夏氏叢刊》、《誦芬室所刊書》、《心齋叢刻》、《通學彙編》、《虞陽説苑》、《藝林彙考》等，不下數百種，亦悉爲之補入。

叢書之所以有編目者，爲便於檢查也。然前人所編者，大抵不易檢查，實因難於辨别門類之故。如李氏之《叢書舉要》，分前代叢書、近代叢書、自著叢書、郡邑叢書，於經史子集之外，又分釋家、道家等。門類煩多，非稍有專門智識者，一時頗難檢尋。兹特變通其例，不用此種分類法，惟以各書名之首一字，依筆畫之多寡而排比之。庶人人可以減却辨别門類之苦，而人人可以檢查是書矣。

舊時叢書編目，率皆卷帙浩繁，在檢查上復感不便。而本書所錄，雖多至二千餘種，特畧仿近世字典之例，分爲三層，務使卷帙減省，以免汗牛充棟之嫌。又編索引一卷，弁冕簡端，詳注某書在某頁，或上層中層下層，一一注明於下，以便檢查。又一書而有數名者，如《春在堂叢書》又名《第一樓叢書》，又名《俞蔭甫所著書》；《皇清經解》又名《學海堂經解》；《台州叢書》又名《名山堂叢書》等。兹將各書異名，備載於索引，一展卷間，一望可得。比之檢尋舊時書目，其難易有霄壤之别。

編纂此目，皆余一手任之。其初方以爲排比之事甚易，孰知經久而甚覺其難。良以名目繁多，或一書而兩載，或舉甲而遺乙，或誤於筆畫，或誤於書名。其中糾葛，殆難指數。幸今春得告成功，因顔曰《叢書書目彙編》。諸同好咸以速災梨棗爲請，力辭不獲，遂復勘一過，遽付剞劂。以乾一學識固陋，知不免挂一漏萬之譏，惟希大雅宏達，匡所未逮，則乾一有厚幸矣。

中華人民建國之十有六年春正月，武進沈乾一博元識於滬上疇隱廬。

（選自《叢書書目彙編》，臺灣文海出版社 1970 年影印無錫丁氏藏版本。陳錫昂、陳奕飛仝校，陳鍇覆校）

上海圖書館《中國叢書綜錄前言》

我國有悠久的歷史。在漫長的社會發展過程中，各族人民創造了燦爛的文化，留下了浩如烟海的典籍，反映了我國文化學術的豐富和深厚淵源。

叢書是彙集許多種重要著作，依一定的原則、體例編輯的書。由於歷代統治者對文化學術並非真正重視，而對不利於其統治的著作，則任意篡改，甚而銷毁，加之無數次的戰亂災異，致使我國豐富的典籍不斷殘損和散失。叢書的輯印，則在保存和流通書籍方面起了很大的作用。

我國最早的叢書是俞鼎孫、俞經的《儒學警悟》，輯成於南宋寧宗嘉泰二年（一二〇二），但流傳很少，直到一九二二年才由陶湘刊行。因此，前人攷證叢書源流，每以宋左圭所輯《百川學海》、元陶宗儀所輯《説郛》爲祖。按，“叢”字是叢雜、聚集的意思，最初的叢書往往是各類兼收。到了明代，這種包羅四部的巨編，又有所發展，如《漢魏叢書》、《唐宋叢書》、《格致叢書》、《寶顔堂秘笈》等，相繼刊行。同時，《子彙》、《二十子》、《古今逸史》、《五朝小説》等專門性的叢書，也陸續出現。第一部郡邑叢書《鹽邑志林》，刊行於天啓年間。如果再加上早已存在的一姓或一人著作合刊的叢書，那末明代所輯的叢書，可以説是各體具備了。到了清代中葉，叢書的輯印，不但種類更富，而且内容亦精。正、續《皇清經解》的編纂，綜合了當時整理經籍的成果；《玉函山房輯佚書》、《漢學堂叢書》等的編刊，顯示了輯佚工作的興盛；《廣雅書局叢書》、《史學叢書》的問世，反映了歷代史志攷訂之學已遠邁前代；《麓山精舍叢書》、《浙江圖書館叢書》的傳佈，説明了方輿地志和中外交通已成爲新的學術研究課題。明季以來，顧炎武、王夫之等著名學者輩出，著述宏富，於是有《亭林全書》、《船山遺書》等五百多家獨撰叢書的輯印，叢書的内容就更加豐富了。此外，很多翻刻的古書，也有用叢書的形式而流傳的，其注重版本的如《士禮居叢書》、《古逸叢書》，仿刻精美，無異宋元舊本；注重校勘的如《抱經堂叢書》、《經訓堂叢書》、《岱南閣叢書》，考析詳明，訂正了古籍中不少訛誤。叢書發展到這個階段，各類重要的學術著作，已大都收入。這樣，從事學術研究的人，可方便地從叢書裏擷取所需要的資料，它的用處就愈来愈廣泛，因而對於叢書目録的需要，也就日益迫切。

目録是用來反映圖書内容，便於檢尋所需圖書的重要工具。清代中葉以後，叢書大盛，其專目的編纂也應運而生。由於叢書是彙刊多種獨立的著作而成，因而編目與一般目録應有所不同，不僅要反映它的本身，更重要的是還要反映它所包含的子目。顧修所輯的《彙刻書目》是第一部叢書目錄，收叢書二六〇種。此後，傅雲龍、朱學勤、朱記榮、楊守敬、李之鼎、劉聲木、孫殿起等十餘家先後爲之編目，或增補前修，或別樹一幟，都是按分類排列的，其中李之鼎的《增訂叢書舉要》可説是集上述諸書之大成，收叢書一六〇五種。後來沈乾一輯《叢書書目彙編》，收叢書二〇八六種，則改分類爲書名字順。這些彙刻目錄，都是列子目於叢書書名之後，還只能檢尋其收書籍的種數和所收何書，却無從檢尋某書或某人所著書收在那種叢書之内。近代圖書館事業興起，有些圖書館針對上述缺陷，用索引之法，編製子目索引，如清華大學圖書館所輯《叢書子目書名索引》（收叢書一二七五種）、浙江圖書館所輯《叢書子目索引》（收叢書四六九種）、金陵大學圖書館所輯《叢書子目備檢：著者之部》（收叢書三六一種）等，雖便於子目的檢索，但又忽略了對叢書本身的反映，仍顧此失彼。還有人用叢書書名、子目書名、子目著者按字順混合排列的方法，編製《叢書大辭典》，絶大部份是據各家目錄彙編的，收錄復出，存佚不分，遠不能發揮正確反映圖書的作用。自《彙刻書目》以後的各種叢書目錄，都没有子目分類的編製，並忽於版本的考覈，在檢閱時帶來很大的不便。此外，《八千卷樓書目》和《江蘇省立國學圖書館圖書總目》將各叢書的子目與單行各書一起分類編次，雖多少起了子目分類的作用，但没有索引，仍不便於檢尋。

我們認爲：要便於使用者掌握叢書所包含的豐富資料，叢書目錄，首應力求著錄的正確和分類的恰當，並須做到下列三點：一、蒐羅完備，盡可能反映叢書的全貌；二、便於檢閱者無論從總目、分類、書名、作者等任何角度去檢尋，都可一索卽得；三、反映叢書收藏的情況，以便研究者以目求書，就近取閱。可是上述的多種叢書目錄，顯然都没有能做到這幾點。解放以前，我國處於半封建半殖民地社會的地位，大量珍貴圖書資料爲帝國主義者所掠奪，文化學術事業爲反動統治階級所壟斷，公私圖書館的藏書，數量旣少，且又分散。因此，卽使有人從事目錄的編製，也只能根據一家或一館所藏，數量有限；或僅從各家書目輾轉傳錄，撮合成編。這樣，在材料蒐集上，當然不可能完備詳盡；在編製方法上，也往往因陋就簡。這是我國學術工作者所感到不勝遺憾的事。

新中國成立以來，在中國共産黨和人民政府的領導下，我國科學文化事業隨着社會主義經濟建設的發展而日益繁榮。我國學術界爲了研究工作的廣泛開展，急需獲得一部符合上述要求的叢書目錄，以便檢索，這是我們從事圖書館工作者義不容辭的職責。爲了迎接一九五九年建國十周年紀念，承蒙有關部門的支持，我們經過一年多的努力，始完成這部《綜錄》的編務。在工作過程中，我們取得了北京圖書館、中國科學院圖書館、各高等院校和省、市圖書館以及有關專業圖書館的大力協助；原中華書局上海編輯所提了不少的寶貴意見。

《中國叢書綜錄》自一九五九年起由原中華書局上海編輯所陸續出版以來，受到國内外學術界的熱情鼓勵，或指出編纂過程中的疏漏，本應即加增訂，但因事遷延，不克進行。茲應廣大讀者的急切希望，即以原紙型重印。除部份錯誤可以校改外，一仍其舊。由於水平的限制，這部《綜錄》還存在着不少缺點，希望讀者給予批評指教。

上海圖書館

一九五九年九月

一九八一年一月改寫

（選自《中國叢書綜錄》，上海古籍出版社 1982 年排印本。陳錫昂、陳奕飛仝校，陳鍇覆校）

清段玉裁《與諸同志書論校書之難》

校書之難，非照本改字、不譌不漏之難也，定其是非之難。是非有二，曰底本之是非，曰立説之是非。必先定其底本之是非，而後可斷其立説之是非。二者不分，轇轕如治絲而棼，如算之淆其法實而瞀亂乃至不可理。何謂底本？箸書者之稿本是也。何謂立説？箸書者所言之義理是也。

《周禮·輪人》：“望而視其輪，欲其幎爾而下迆也。”自“唐石經”以下，各本皆作“下迆”，唐賈氏作“不迆”，故疏曰：“不迆者，謂輻上至轂，兩兩相當，正直不旁迆，故曰不迆也。”文理甚明。今各本疏文皆作“下迆”，下迆者，謂輻上至轂，兩兩相當，正直不旁迆，故云下迆也。其語絶無文理，則非賈氏之底本矣。此由宋人以疏合經、注者，改疏之“不”字，合經之“下”字，所仍之經非賈氏之經本也。然則經本有二，“下”者是與，“不”者是與？曰：“下”者是也。“望而視其輪”，謂視其已成輪之牙。輪圜甚，牙皆向下迆邪，非謂輻與轂正直，兩兩相當。經下文“縣之以視其輻之直”，自謂“輻”；“規之以視其圜”，自謂“牙”。輪之圜在牙。上文轂、輻、牙爲三材，此言輪、輻、轂，輪卽牙也。然則“唐石經”及各本經作“下”是，賈氏本作“不”非也，而義理之是非定矣。倘有淺人校疏文“下地”之誤改爲“不地”，因以疏文之“不地”改經文之“下地”，則賈疏之底本得矣，而於義理乃大乖也。

《王制》：“虞庠在國之四郊。”注云：“周立小學於四郊。”唐孔氏本經、注皆作“西郊”。疏云：“西序在西郊，周立小學於西郊。”《祭義》：“天子設四學，當入學而大子齒。”注云：“四學，謂周有四郊之虞庠。”孔氏本改注作“西郊”，故疏云：“天子設四代之學，周學、殷學、夏學、虞學也。天子設四學，以有虞庠爲小學，設置於西郊。當入學之時，而大子齒於國人。”今本疏文作“設置於四郊”，文理不可通，則非孔氏之底本矣。此由宋人以疏合經、注者，改疏之“西郊”，合注之“四郊”，所仍之注非孔氏之注本也。然則《祭義》注本有二，“四郊”是與，“西郊”是與？曰：“四郊”是也。鄭注以“周有四郊虞庠”釋經“四學”，文理一直，竝無轉折。“周有四郊虞庠”，卽《王制》之“虞庠在國四郊”、注之“周立小學於四郊”也。故皇侃云：“四郊皆有虞庠。”《通典》云“周制：大學爲東膠，小學爲虞庠”，引鄭注《祭義》“周有四郊之虞庠”，又引崔靈恩說，亦云鄭注《祭義》曰“周有四郊之虞庠”。《北史·劉芳傳》芳《表》曰：“《禮記》云：‘周人養庶老於虞庠，虞庠在國之四郊。’又云：‘天子設四學，當入學而大子齒。’注云：‘四學，謂周四郊之虞庠也。’”。劉、崔、皇、杜所見《祭義》注皆作“四郊”。王肅雖好駁鄭，而劉芳《表》云：“王肅《禮記》注云‘天子四郊有學，去都五十里’，鄭氏則不知遠近。”按，鄭注《王制》“移之郊”云：“爲習禮於郊學，郊在鄉界之外。”則鄭謂郊學在遠郊百里，肅則云“近郊五十里”，惟此爲小異，而小學在四郊無異。故盧辨注《大戴禮》亦言“四郊之學”。劉芳《表》曰“大學在國，四小學在郊”，引《保傅篇》“帝入東學”、“帝入西學”、“帝入南學”、“帝入北學”、“帝入大學”，而總之曰“周之五學，於此彌彰”。崔靈恩亦曰：“凡立學之法，有四郊及國中，四郊竝方名之，國中謂之大學。”然則四郊小學絶無可疑。再證以《王制》注“習禮於郊學，在六鄉之外，六遂之内”，則斷不專在西郊一處亦可證。或以《祭義》“祀先賢於西學”爲疑，不知此卽《保傅篇》“帝入西學，尚賢而貴德”，祭先賢專在西郊也。西學者，四郊之一，別辭也；四學者，合四郊言之，都辭也。孔氏於《王制》依誤本“西郊虞庠”，因改此注亦作“西郊之虞庠”，而經文故作“四學”，因用《儀禮》注“周立四代之學”釋經之“設四學”。以四學中有西郊虞庠，釋注謂“周西郊之虞庠”，是不思《儀禮》“四代之學”謂立大學於國中，不得與郊之小學糅合爲四也。且以一承四，甚費周折，是孔氏二疏作“西郊”皆非也，而義理之是非定矣。倘有淺人校《祭義》疏，改“四”爲

“西”，因竝改《祭義》注之“四”爲“西”，《王制》經、注、疏之“西郊”皆沿誤不改，則孔疏之底本雖得，而於義理乃大乖也。

《春秋左傳》：“衛侯賜北宫喜謚曰貞子，賜析朱鉏謚曰成子，而以齊氏之墓與之。”杜注曰：“皆死而賜謚及墓田，傳終言之。”宋本亦或作“皆未死而賜謚及墓田，傳終而言之”。二者皆出於宋本，孰爲是與？曰：“皆死而賜”者是也。二人時未死也，既死而賜，故要其終而言之。若云“皆未死而賜”，則“傳終言之”句不可接，而爲贅辭矣。是一本作“未死而賜”者，非也。然則“死而賜”，於説經是與？曰：《春秋》常事不書。書者，爲其未死而賜也。云“死而賜”，則杜注之底本得矣，而於義理實非也。云“未死而賜”，則杜注之底本失矣，而於義理有合也。

《毛詩》：“涇以渭濁。”箋云：“涇水以有渭，故見謂濁。”《正義》曰：“涇水言以有渭，故人見謂已濁。猶婦人言以有新婚，故君子見謂已惡也。”引《定本》箋作“涇水以有渭，故見其濁”。《釋文》曰：“‘故見渭濁’，舊本如此。一本‘渭’作‘謂’，後人改耳。”按，同一字而《正義》作“見謂”，師古《定本》作“見其”，《釋文》作“見渭”，三者孰是？曰：《正義》作“謂”是也。如《釋文》作“見渭”，則不可通；《定本》作“見其”，亦因舊作“渭”不可通而改之耳；作“見謂濁”，文理易憭。陸德明反説“見謂”爲非，“見渭”爲是。苟知孔氏疏文底本作

“見謂”不誤，而義理之是非亦定矣。倘有必據《釋文》以改《正義》，則孔疏之底本失，而於義理乃大乖也。

《士冠禮》：“以摯見於鄉大夫、鄉先生。”《冠義》同。上“鄉”字《釋文》作“鄉”，云二“鄉”竝音“香”。二經疏皆作“卿大夫、鄉先生”。賈云：“經言卿大夫，不言士。”孔云：“謂在朝之卿大夫也。”“鄉”、“卿”果孰是與？曰：“鄉大夫”是也，作“卿”非也。凡言鄉大夫有二義：一則《周禮》之本鄉鄉老、鄉大夫，關以下州長、黨正、族師、閭胥也。鄉大夫，卿也。鄉老，公也。舉鄉大夫以上關公、下關士也。一則本鄉之仕爲大夫在朝者，亦舉大夫以關卿士也。《鄉射禮》注云：“遵者，鄉之人仕至大夫者。”又曰：“鄉先生，鄉大夫致仕者也。”此“鄉大夫”三字，所謂“同一鄉之人仕至大夫者”，同一鄉而仕至大夫曰鄉大夫，每鄉卿一人者，亦卽大夫之一也。同一鄉仕至大夫致仕者曰鄉先生，卽上老坐於右塾，庶老坐於左塾，鄉飲、鄉射，則謂之“遵者”是也。鄭於《禮》、《禮記》皆釋“鄉先生”，不釋“鄉大夫”者，《禮記》言“鄉先生，同鄉老而致仕者”，則鄉大夫之爲同鄉現仕者可知矣；《儀禮》言“鄉先生，鄉中老人爲卿大夫致仕者”，則鄉大夫爲鄉中卿大夫未致仕者可知矣。必重同鄉者，死徙無出鄉，百姓親睦，相保相受，相葬相救，相賙相賓，欲使一鄉之人相好如一家，六鄉、六遂皆然，而後仁義箸、教化行。本鄉之外，恐太廣而不浹；本鄉之内，不甚遠而易相親，故有冠者必見其鄉之已仕、致仕者，聖人教民之深意也。如賈、孔作“卿大夫”，則在朝之卿大夫其可全見與？是以陸是而賈、孔非也。今若依賈、孔之底本改陸氏“音香”之説，改二經作“卿大夫”，則賈、孔之底本得矣，而於義理乃大乖也。

就五事論之，依今疏作“下池”而賈不受也，依賈作“不池”以改經而《攷工》經不受也；依《祭義》今疏“四郊虞庠”而孔不受也，依孔作“西郊”而《祭義》、《王制》經、注不受也；依“皆未死而賜謚”而杜元凱不受也，依“皆死而賜謚”又恐左公不受也；依疏作“見謂濁”而陸不受也，依《釋文》作“見渭濁”而鄭箋不受也；改二疏作“鄉大夫”而賈、孔不受也，依疏以改經及《釋文》作“卿大夫”而經、《釋文》不受也。故校經之法，必以賈還賈、以孔還孔、以陸還陸、以杜還杜、以鄭還鄭。各得其底本，而後判其義理之是非，而後經之底本可定，而後經之義理可以徐定。不先正注、疏、《釋文》之底本，則多誣古人；不斷其立説之是非，則多誤今人。

自宋人合《正義》、《釋文》於經、注，而其字不相同者，一切改之使同，使學而不思者白首茫如，其自負能校經者分别又無真見，故三合之注疏本似便而易惑，久爲經之賊而莫之覺也。如近者顧千里校《祭義》疏，改“四郊”爲“西郊”，孔氏之底本得矣，而遂欲改注之“四郊”爲“西郊”，且云《王制》經、注之“西郊”不誤，是知孔氏之底本而不知鄭氏之底本也。鄭氏之底本失，則經之底本亦失，而周制四郊小學遂不傳矣。千里又竊余曩時辨劉端臨、盧紹弓據二疏改經“鄉大夫”爲“卿大夫”之説，著於《禮記攷異》，而未知其詳。且又因宋本之譌字，謂賈作“鄉”不誤，是又知經之底本而不知賈疏之底本也。知之者所以辨其非而歸於一是也。東原師云：“鑿空之弊有二：其一緣辭生訓也，其一守譌傳繆也。”緣辭生訓者，所釋之義非其本義；守譌傳繆者，所據之經併非其本經。如孔氏“虞庠在國西郊”，所謂所據之經非其本經也，而緣之立説，則所釋之義非其本義矣。經文之不誤者，尚懼緣辭生訓，所釋非其本義，況守譌傳繆之經耶？孔氏守唐時譌繆之本，千里又守孔氏所守，至於古本之是者確有可據而不之信。信孔以誣鄭，誣鄭以誣經，不大爲經之害也哉？凡校經者，貴求其是而已。以《祭義》注“四郊虞庠謂之四學”，正《王制》經、注之“西郊”爲“四郊”，攷之《大戴禮》、王肅、劉芳、皇侃、崔靈恩、杜佑諸家而無不合，以排孔氏之疏繆，所謂求其是也。執事以爲何如？

（選自《經韻樓集》卷一二，《續修四庫全書》影印清嘉慶十九年刻本；參校以《皇清經解》，清道光九年學海堂本。孫印金、孫廣昊仝校，陳鍇覆校）

李笠《廣段玉裁論校書之難》

段玉裁《經韻樓集》有《與諸同志論校書之難》一文，以“底本之是非”與“立説之是非”區爲二事，曰：“必先定其底本之是非，而後可斷其立説之是非。”條貫不棼，可謂得校書之窔奧矣。惟義理是非眘亂底本，致難區别，校書困難之一端耳，兹更廣而論之如次。

顔之推云：“校定書籍，亦何容易？自揚雄、劉向方稱此職耳。觀天下書未遍，不得妄下雌黄：或彼以爲非此以爲是，或本同末異，或兩文皆欠，不可偏信一隅也。”《顔氏家訓·勉學》篇。此言特形容校書之難耳。其實天下書何能遍觀？以此爲鵠，豈非過當乎？校勘之事，學識之準備雖爲必要條件，然亦有不在學識範圍之内者，雖以揚、劉之博學，亦不能必校書之無訛也。但持一端以該其餘，豈非猶未澈底乎？鮑彪云：“校書如塵埃風葉，隨掃隨有。”《戰國策·序》。此豈盡屬學識不濟？蓋吾人體力有强疲，心神有愉憂，倘注意偶不能周，心理忽起變化，則將視而無覩，或竟是非倒置，如一字誤分爲二，二字誤合爲一之類，有屬於幻覺錯覺者。説另詳余所撰《校勘學誤文之原因》篇。此塵埃風葉之喻所由來也。

校勘古書，既不盡依學識定是非，而學識無窮，又有不在書本範圍之内者，玆舉二例爲證：

杭人食蚌肉謂之食淡菜，予嘗思之，命名不通。如以淡爲啖固通，而菜字義亦不通。又嘗見《昌黎集》載孔戣爲華州刺史，奏罷明州歲貢淡菜，亦是淡字，竟不能通。後見廣人云“南海取珠者名曰蜑今作蛋。户”，蓋以蚌肉乃取珠人所常食者耳，賤之如菜也，其義始通。郎瑛《七修類稿》卷十九。笠案，淡菜之名，見《唐書》，近人以爲曝乾不加食鹽味淡因名，未確。郎説頗近理。惟淡菜係蚌之一種，非任何蚌肉俱名淡菜也。又蜑户係種族名，非取珠者率名蜑户也。《後山叢談》云“二廣居山谷間，不隸州縣謂之猺人，舟居謂之蜑人，島上謂之黎人”，可參。蜑户業漁，以海貝爲常食，自可加以菜喻，不必因蚌而聯想及珠也。郎氏對淡菜及蜑户尚有誤會之處，因爲補正如此。

陸機曰：“千里蓴羹，未下鹽豉。”人皆以蓴羹不減於鹽豉之意也。東坡之詩亦曰“每憐蓴菜下鹽豉”，又曰“肯將鹽豉下蓴羹”，殊不知“未下”，“末下”也，當時誤寫“未”字，并“千里”皆蘇州地名。出《因話録》，《七修類稿》卷二十一。

如以右説爲不謬，則未聞蜑户之名者，將不知“淡菜”當作“蜑菜”；未諳蘇州地名者，將不知“未下”爲“末下”之譌。此與書本若卽若離。可知“持本”、“讀書”雖爲校勘之正矩，而尚有未盡“正謬訛”之能事也。劉向《别録》佚文：“一人讀書，校其上下得謬誤，爲校；一人持本，一人讀書，若怨家相對，故曰讎也。”

勘誤之事，既有涉於書本之外，可知僅云遍觀天下之書，甯能無餘憾乎？且學業有專攻，工作有界域，天下之圖籍雖多，古今之學識雖繁，而校書家所尤需要者，校勘之學識與有界域之圖籍耳。可知不惟不必遍觀天下之書，亦正不必遍通一切學識也。就其研治之學科，處以分工之限制；就其工作之部分，責以專門之探討；集中識力，不致有學非所用之譏，正訛之責雖或未盡，事屬例外，亦不能謂之失職矣。若以徧觀天下書爲斤斤，既不可能，實亦無的而放矢耳。《漢書·藝文志敘》云："詔光祿大夫劉向校經傳、諸子、詩賦，步兵校尉任宏校兵書，太史令尹咸校術數，侍醫李柱國校方技。"則顏氏所舉最高標準之校勘家劉向，亦只能校書三門，豈非劉氏亦不能徧讀天下之書乎？豈非校勘事業萌芽時代已知分工之事乎？能分工然後能專門，能專門然後學識之準備能充分也。假如我以一時代書籍爲研究之對象，則某代之語例、文例、名物、制度……皆範圍以内之學識也。吾知先秦以"不"爲語助詞，則《詩·常棣》篇之"鄂不韡韡"，"不"非"拊"之誤與叚音，鄭箋云："不當爲拊，古聲同。"當與《車攻》篇之"徒御不警，大庖不盈"一律。然後《論語》之"四體不勤，五穀不分"、《孟子》之"志士不忘在溝壑，勇士不忘喪其元"，皆可迎刃而解。吾知漢以前"焉"有用於句首，義同"於是"者，然後《禮記·鄉飲酒義》"焉知其能和樂而不流也"、"焉知其能弟者而無遺矣"、"焉知其能安燕而不流也”，《孟子·離婁》“聖人既竭目力，焉繼之以規矩準繩，以爲方圓平直，不可勝用也；既竭耳力，焉繼之以六律正五音，不可勝用也……”不致竄改句讀，以焉字屬上讀矣。略本《古書疑義舉例》卷四《助語用不字例》及《句首用焉字例》。此以時代爲界域，對於語例研究之一例也。又如我以一書或一人箸作爲研治之對象，則某書某人之字例文例……尤所當詳，如荀卿書之“案”、墨翟書之“唯毋”、晏子書之以“敚”爲“對”、淮南王書之以“士”爲“武”、劉向書之以“能”爲“而”，據孫詒讓《札迻》敘。皆不能以義難通曉而輕易改竄。此以箸作爲界域，對於字例探討之一例也。總之，吾人欲任校勘之役，如於工作界域内之對象無深刻之認識者，不可妄下雌黄，此校勘之所以不易，而非遍觀天下之書之謂也。

校勘學家應具二種學識：一曰常識，二曰特識。常識者，即前所謂校勘學識，無工作界域之區別，一切校書家俱用之，如“誤文例”與“誤文疑似例”之認識，余撰《校勘例》，將脱稿。以及校勘方法與規律之演習皆屬之。特識者，從事工作時特殊對象之鑒别，如上所舉某時某書之辭例字例，不必一切校勘家皆用之也。將來學術發達，校勘之工具亦將隨而演進，所謂常識之誤文例……特識之辭例……，將有綜合之書、索引之册，案圖索驥，不難綱舉而目張。今日之視爲畏境者，將來或可漸成坦途，故此種機械式學識之準備，未足爲至難也。惟書籍之舛訛，千奇百怪，僅藉通例通則之應用，或不足以發現幽隱，知訛文之所在；或雖知之，無徵不信，疑莫能定；或可藉訛文疑似例爲護符，令人目眩。舉此種種，俱須有待於實證，而實證搜集之困難、辨認之困難，以及應用之困難，又有出於意料之外者焉。玆爲列舉如次：

一、證據搜集之困難

1. 本証亡佚。經典傳述，有文句舛亂，字形乖譌，須藉史蹟或實物以資證明者，而世無此蹟此物焉，則亦惟有永遠存疑而已。此關於實物者一也。另詳余所著《校勘之材料》篇。“六經”有今古文之别，今文《易》有施、孟、梁邱之學，《詩》有齊、魯、韓之分……降及後世，復有鄭、王學派之爭，河朔與江南板本之異。是以同一書也，文不必同，文人操觚，注疏引據，自亦所見各有不同。如原書已亡，何從證其得失？雖有訛文，亦無如之何矣。例如《毛詩》“衡從其畝”，《釋文》引《韓詩》作“横由其畝”；《禮·坊記》引《詩》“横從其畝”，知其據《韓詩》而誤“由”爲“從”〔一〕，説見《古書疑義舉例》卷七《據他書而誤改例》。此本書雖亡，尚有佚文可證者。假如無此佚文，必從《毛詩》改“横”爲“衡”矣。此關於原書者二也。昔諺云：“書三寫，魚成魯，帝成虎。”見《抱朴子·遐覽》篇。古籍流傳迄今，豈止三寫。加以文字變遷，籀篆隸楷，展轉迻譯，甯無差失？《左傳》明云“於文反正爲乏”，而今書“乏”並不從反正，此尚可曰依隸楷傳寫，形體未舛。更有經典僻字，但見一處，無復旁證，字形是非，終在然疑之間者。例如《史記·景帝紀》“後三年十二月晦䨓”，《集解》“徐廣曰：‘一作畫，又作圖，未詳’”。《墨談》云：“疑䨓，雷字之誤。十二月晦日而雷，紀異也。”郎瑛曰：“此說固是，但不知䨓字古文，非誤也，惜徐廣亦不識耳。近時所刻《古字便覽》收亦廣矣，然止得靁、𩇓、𤴐、𩂣、[illegible]案，此字係[illegible]之誤。五字〔二〕，又未有前字也。”《七修類稿》二十四卷。蓋明以前字書未載䨓字，所以疏率者改其字，慎重者又疑其誤也。此關于字形者三也。

2. 跡象毀滅。書本之所以貴舊鈔舊刻者，因傳寫覆刻之多訛，藉此可以正定也。然人心詭譎，廬山真面，往往長隱雲霧，可勝歎哉？茲舉二端示例：顧炎武《論抄書八弊》云：“……六、抄寫有誤，恐被對出，返將原稿塗改；七、欲記起止，輒將原稿加圈加勾……”《菰中隨筆》。此以僞亂正，出於鈔胥者一也。范曄記漢世賄改漆經事云：“亦有私行金貨，定蘭臺漆書經字以合其私文。”《後漢書·儒林傳敘》。此以私亂真，出於賄賂者二也。上述二事，皆破壞性之改易原證，令校讀者竟委窮源之莫從，其事固可恨也。亦有字體偶異，原出無心，而結果則離真象逾遠，校正轉難，事雖不同，亦毀滅跡象之類也。例如《周書·謚法》篇“純行不貳曰定”，“貳”同“忒”，後人不識，傳寫誤作“貳”，複寫者以“二”代“貳”，遂成“純行不二……”。依俞樾校。說見《古書疑義舉例》五《因誤字而誤改》條。夫“貳”誤作“貳”，形近易於校正，轉改爲“二”，致誤之由不易知矣。此雖非竄亂原證，亦可謂變更原形，亦亡失實証之漸也。

3. 書册變相。書有名亡而實存者，一曰易名，二曰寄生。易名者，如《淮南九師書》，《七畧》稱《淮南九師道訓》，《漢志》稱《淮南道訓》；見余所著《漢書藝文志箋評·六藝畧·易類》。《漢志》、《太史公》今稱《史記》見《漢志·六藝·春秋類》。是也。後世更有因翻刻書籍而易名者：如唐劉肅《大唐新語》，明馮夢禎刻本改爲《世説新語》；郎奎金刻《釋名》改作《逸雅》之類是也。見《書林清話》卷七。有因違禁避諱而易名者：如清人刻文秉《甲乙事案》，改稱《聖安本紀》，并改作者爲顧炎武；見《中央歷史語言研究所集刊》第二本第二分朱希祖《甲乙事案跋》。唐司馬貞《史記索隱》引《世本》改稱《系本》之類是也。寄生者，如《名醫别錄》雖亡，陶隱居已收入《本草》；李氏《本草》雖亡，唐慎微已收入《證類》見鄭樵《通志·校讎畧》。是也。他如原書雖亡，而佚文見於古書援引者，雖不能全，亦寄生之類也。上舉二類，或眩惑視聽，莫綜名實；或散見錯出，鈎稽爲難，亦求證者之一僻境也。

二、證據辨認之困難

1. 文人好奇而沿僞。夫書有同文相證，校勘家之快事也。然亦有沿襲僞文，別有用意者，苟不深察，易受其蒙。蓋文人好奇，語以新爲貴，而不以真爲尚也。劉勰云：“《尚書大傳》有‘别風淮雨’，《帝王世紀》云‘列風淫雨’。列同烈。‘别’、‘列’、‘淮’、‘淫’字似，‘淫’、‘列’義當而不奇，‘淮’、‘别’理乖而新異。傅毅制誄，已用‘淮雨’，固知愛奇之心，千古一也。”《文心雕龍·鍊字》篇。苟以傅文上證《大傳》，似“别”、“淮”非誤，而實則以誤證誤，失鑒别之職矣。

2. 注家信古而飾非。校注古籍，原以輕易改字爲戒，然媚古太深，則有明知其誤而不敢校改，且有掩護僞文從而爲之説者。不改僞文，其害尚淺；掩護僞文，貽誤後人，斯大蔽也。顔之推云：“簡‘策’字竹下施朿，末代隸書似杞宋之‘宋’，亦有竹下遂爲‘夾’者。猶如‘刺’字之旁應爲朿，今亦作夾。徐仙民《春秋禮音》遂以‘筴’爲正字，以‘策’爲音，殊爲顛倒。《史記》又作‘悉’字誤而爲‘述’，作‘妬’字誤而爲‘姤’。裴、徐、鄒皆以‘悉’字音‘述’，以‘妬’字音‘姤’，既爾則亦可以‘亥’爲‘豕’字音，以‘帝’爲‘虎’字音乎？”《顔氏家訓·書證》篇。夫訛文既不易校，今又加以掩護，讐對之事，益生荆棘矣。

3. 主客倒置而迷訛。文人與注家之掩護訛文，雖爲求證之障礙，然主賓固自分明也。至若僞書，原爲剽竊佚文而成，所謂主文即旁證之化身也，以此互證，何異形影爭妍乎？例如《僞古文尚書·太甲上》“自周有終，相亦維終”，“周”爲“君”之訛，因君古作

，與周相似，金氏履祥之言甚是也。但《禮記·緇衣》引此文亦作“周”，未免令人生疑。不知梅氏僞書，原多采綴《尚書》佚文之見於古書者以迷後人，本文亦卽采自《緇衣》，康成注《禮》、《詩》，此文已誤，作僞者亦承襲之耳。故如明《僞書》抄襲《緇衣》，則其沿襲誤文正作僞之破綻也。如以《緇衣》語爲援引《僞尚書》，則反主爲客，誤文亦得掩護矣。

三、證據應用之困難

1. 貌異而實同者吸合之難。形況之詞，僅取聲音，字形舛異可不拘也。如細雨霢霂，亦作溟沐，亦作彌漫；大雨滂沛，亦作霶霈。注者因其異而爲之辭，是曰望文生訓；校者因異文或注說而加勘改，是曰妄下雌黄。如美好謂之“娥媌”，譯爲“娥眉”，說者遂以爲眉如蠶蛾，是望文也；因蠶蛾之說，疑《大招》作“娥眉”爲形譌，是肊說也。所以校勘之事，如無聲韻學之準備，雖有證據或不能用。孫詒讓論校書之方法，謂“以聲類通轉爲之錧鍵”，《札迻》敘。蓋經驗之談。此關於聲音者一也。《大戴記·誥志》：“於時冰泮發蟄，百艸權輿。”“權輿”，始也，見於《雅》詁，《爾雅·釋詁》。而《史記·歷書》作“百艸奮興”，文字懸殊，似難牽合矣。然《方言》十二云“奞，始也”，與《雅》訓合，則《史記》之“奮興”爲“奞輿”之訛文明矣。說詳余所著《史記訂補》中。今《漢書》多古字，而《史記》率改從今文，此則因誤字可覘

《史記》舊本，豈非快事？勘書之人倘不明文字沿革，雖《戴記》之文明在，將不爲我用矣。此關於字形者二也。

2. 貌同而實異者離析之難。一字有相反之義，一詞有美惡之别，倘不辨析，易因誤會而竄改。例如亂有治、亂二義，《列子·仲尼》篇“不治而自亂”，亂正訓治，今本作“不治而自不亂”，因校者誤據叛亂之訓而加“不”字也。“豈弟君子，民之父母”，詩人之所美也；而《齊風》云“魯道有蕩，齊子豈弟”，《傳》曰“言文姜於是樂易然”，則“豈弟”又爲不美矣。鄭《箋》拘執“豈弟君子”之義，因改其文爲“闓闉”，説本《古書疑義舉例》卷七《誤增不字例》及卷三《美惡同詞例》。此種形似之字文，一經誤涉，便入迷途，不可不慎。此關於訓詁者一也。俞正燮云：“江休復《雜志》云：‘廛俗呼野人爲沙塊。永叔戲長文披沙揀金，又戲馬遵曰：舊沙而不俏，今俏而不沙。吴長文言：沙於面不沙於心。皆以沙爲迂樸。’韓彦直《橘錄》則云：‘物小甘美者曰沙，如沙橘、沙瓜、沙塘、沙密之類。’是南以沙爲美俏，北以沙爲不美俏，語言不同如此。”《癸巳存稿》卷三“莎”字條。假以南稱持較北語，則乖戾難通，校書滅裂，能不妄改乎？此關於方語者二也。王國維云“物名有雅俗有古今，《爾雅》一書，爲通雅俗古今之名而作也。……凡雅俗古今之名，或同實而異名，或異實而同名。雅與雅同名而異實，則别以俗，如葝，山䪥；葝，鼠尾之類。俗與俗異名而同實，則同以雅，如薜，山蘄；薜，白蘄之類。雅與雅異名而同實，則同以俗，如櫬，木堇；椵，木堇之類……”《觀堂集林》卷五《爾雅草木蟲魚鳥獸名釋例》。校者倘不明此，見同文歧出，或連或間，非疑爲誤文不可也。然此尚同在《釋草》一部，或同名，或同實，尚易知也。更有動植殊科，禽蟲異類，而名則同者。如《釋草》有果蠃，《釋蟲》亦有果蠃；《釋草》有蒺藜，《釋蟲》亦有蒺藜；《釋鳥》有天鷄，《釋蟲》亦有天雞。凡此同名，亦如前例，非有誤字也。而今本《釋蟲》之“果蠃”從虫作“蠃”，亦校者以同字爲嫌而改之也，“唐石經”從果可證。是則《釋草》之“莪蘿”，與《釋蟲》之“蛾羅”，其初蓋亦同文，後人改從草、從虫，皆不能離析貌同，而強使之異狀耳。此關於名物者三也。

是故證據之搜集畢，而有真僞之問題；證據之是非定，而有使用之問題。倘無豐富之經驗、相當之學識，甯能應付不窘哉？此我之所謂校勘之難也。

從證據和學識方面，固足知校勘之不易，而有時雖不遇上述之難境，就歧訛之程度與分量觀之，亦足令人生畏。《家語》：“子夏返衛，見讀史志者云：‘晉師伐秦，三豕渡河。’子夏曰：‘非也，己亥耳。’讀史志者問諸晉史，果曰己亥。”《弟子解》。一經轉述，四字之中二字傳譌。顔之推云：“……至如‘仲尼居’，三字之中兩字非體：《三蒼》尼旁益丘，《説文》尸下施几。”《家訓 · 書證》篇。是則旁證愈繁，紛舛亦甚，何去何從，豈易覈定？此屬於歧誤之分量者也。直接之譌文易知，間接之譌文難曉；單純之譌文易知，複雜之譌文難曉。間接譌文，如《荀子·非相》篇：“傳者久則論畧，近則論詳。”俞樾云：“兩‘論’字皆‘俞’字之誤。俞讀爲愈，古字通用，見本書《榮辱》注。《韓詩外傳》正作‘久則愈畧，近則愈詳’，可證也。‘俞’字誤作‘侖’，校者又誤改作‘論’。”《古書疑義舉例》五《因誤字而誤改例》。此字形之展轉舛誤者一。《史記·張儀列傳》：“偏守新城，存民苦矣。”崔適云：“存字不甚可解，疑誤。”《史記探源》。笠案，“存”爲“則”之間接誤字。“則”聲誤爲“在”，“在”又形誤爲“存”耳。說又見《武大文哲季刊》第一卷第一期《史記訂補之餘》。舛誤之程度既深，故崔氏亦莫能明其所以然。此聲形遞誤者二。複雜誤文如《尸子·大道下》“乃實對”，宋本作“人實對”，《太平御覽》四百五引作“人以實對”。此文以《御覽》爲正，宋本脱“以”字，今本又誤“人”爲“乃”，跡象顯然。此脱而兼誤，複雜譌文之一例也。觀上所舉，則就舛譌之程度方面言，亦豈不可以覘校勘之難歟？此外就舛譌之性質言，如文字之外，尚有“書式問題”、“符號問題”等，舉足以見校勘之不易，依此隅反，不待辭贅矣。

（選自國立中山大學研究院文科研究所中國語言文學部編《語言文學專刊》民國二十五年第一卷第二期。孫廣昊、孫印金仝校，陳鍇覆校）

【校勘記】

〔一〕“從”，原作“横”，《古書疑義舉例》卷七《據他書而誤改例》條：“此經引詩，上句既同韓詩作‘横’，下字亦必同《韓詩》作‘由’。”據改。

〔二〕“[illegible]”，原作“㗊”，據明嘉靖刻本《七修類稿》卷二十四改。

徐復《校勘學中之二重及多重誤例》

小引

籀讀古籍，由來甚難，其句有衍奪，字有謬誤，文有倒舛，無在而不爲吾人讀書之障礙。學者如欲剖析章句，解寤文義，使略無疑滯，則校勘爲不可忽矣。讀王念孫、引之父子之《經義述聞》、《讀書雜志》，諟正文字，渙若冰釋，而知其説之確不可易。逮俞樾著《群經平議》、《諸子平議》，孫詒讓著《經迻》、《札迻》，益發皇其説，條例密察，自後斯學乃儼然號稱適於科學方法，而獨立成一學科。顧乃文句中有一字之舛譌衍奪，比照文義，求之尚易；其有二重及多重之謬誤，則非耽思旁訊，多方比核，卽難爲訂正。此在昔賢，亦曾致力，無如條例未立，所得不多，學者病之久矣。按《呂氏春秋·察傳》篇云："子夏至晉，過衛，有讀史記者曰：'晉師三豕涉河。'子夏曰：'非也，是己亥也。夫己與三相近，豕與亥相似。'至於晉而問之，則曰'晉師己亥涉河'也。"此二重謬誤之例也。又如《公羊傳·昭公十二年》云："伯于陽者何？公子陽生也。子曰：我乃知之矣。"何休注謂"公"誤爲"伯"，"子"誤爲"于"，"陽"在"生"滅也。此又三重謬誤之例也。觀此而知讀書必根於校勘，逐句比核，乃出自孔聖之家法。苟不知此術，則日讀誤書，謂譌爲正，是墮雲霧而終古冥然，又奚學術求真之足貴？復頻年籀書，輒錄往賢精論，以供參酌，間有己見，亦以附焉。爰爲分述二十四例於後，以與並世之治校勘者，共商榷之。

一、上奪下衍例

《大戴禮記·用兵》篇："曆失制，攝提失方，鄒大無紀。"

王引之《經義述聞》引其父念孫之言曰："鄒，讀爲陬。鄒大無紀，本作'孟陬無紀'。《離騷》曰'攝提貞于孟陬'。惟其攝提失方，是以孟陬無紀。今本脱一'孟'字，衍一'大'字，則文不成義。《史記·曆書》曰：'孟陬殄滅，攝提無紀，曆數失序。'文與《大戴》略同。《漢書·劉向傳》引作'曆數失則，攝提失方，孟陬無紀'。今據以訂正。"

《戰國策·齊策五》："夫戰之明日，屍死扶傷，雖若有功也，軍出費，中哭泣，則傷主心矣。"

復按：屍死扶傷，句不辭。死，古屍字。在此複出。疑本作"死"，後人旁注"屍"字，誤入正文，又上奪一"輿"字。知者，《易·師》："師或輿屍，大無功也。”《吕氏春秋·期賢》：“扶傷輿死。”亦作“死”字，與此正合。

二、上衍下奪例

《鹽鐵論·備胡》篇：“大夫曰：今明天子在上，匈奴公爲寇，略擾邊境，是仁義犯而藜藿不採。”

張敦仁《考證》曰：“不字當衍，賢良引《春秋》爲之不採，故大夫云爾，正當以採難不採也。”

復按：張説“不”字爲衍文，是也。惟“採”下當有“也”字，詞氣方完，此因上衍而下奪。

三、一誤一衍例

《淮南子·人間訓》：“孫叔數病疽將死，謂其子曰。”

王念孫《讀書雜志》卷十八：“案此事又見《列子·説符》篇、《吕氏春秋·異寶》篇，皆不言孫叔敖病疽死。病疽將死，當作‘病且死’。《史記·滑稽傳》：‘孫叔敖病且死，屬其子曰。’《賈子·胎教》篇：‘史鰌病且死，謂其子曰。’文義並與此同。《列子》、《吕氏春秋》作‘孫叔敖疾將死’。將亦且也。今作‘病疽將死’者，且字因與病字相連而誤爲疽，後人以下文‘謂其子曰’云云，乃未死以前之事，故於‘死’上加‘將’字，而不知疽爲且之誤也。”

《後漢書·蔡邕傳》：“奏求正定《六經》文字，靈帝許之。邕乃自書册於碑，使工鐫刻，立於學門外。”

王先謙《集解》引何焯説，謂册當依《水經注》作“丹”。中華書局本校勘記：“按《御覽》五八九引作‘乃自丹於碑’，無‘書’字。”

復按：作“自丹於碑”，是也。丹謂丹書，用爲動詞。丹誤爲“册”字，因衍“書”字矣。

《鹽鐵論·因病》篇：“秉來抱插，躬耕身織者寡，娶要斂從容，傅白黛青者衆。”

復按：張敦仁《考證》以“要”爲“聚”字之誤，是也。《説文》：“揂，聚也。”揂與遒同義，是聚亦有遒緊之義也。《荀子·富國》篇云：“詘要撓膕。”楊倞注：“詘與屈同，要讀爲腰。”屈要、聚要，義亦相同。又張氏謂“從”字當衍，説斂容爲斂其容，則非。此當以“斂”爲衍文，從容連文爲義，謂舉動也。《墨子·非樂上》：“衣服不美，身體不容，不足觀也。”（據《太平御覽》引）義當本此。

四、一奪一誤例

《後漢書·欒巴傳》：“以功自劾，辭病不行，上書極諫，理陳（蕃）竇（武）之冤。”

中華標點本校勘記：“按版本劾作效。又按《刊誤》謂功不可以自效。當是‘無功自劾’，少一‘無’字。”

《文心雕龍·奏啓》篇：“又表奏確切，號曰讜言。讜者，偏也。王道有偏，乖乎蕩蕩，其偏，故曰讜言也。孝成稱班伯之讜言，貴直也。”

黄叔琳校云：“乖乎蕩蕩下，有缺字。”

復按：上句“讜者，偏也”，“偏”上疑脱一“無”字，必有“無”字，而後與讜義相合。又“乖乎蕩蕩”下，疑不缺。“其偏”，當作“無偏”，與上有偏，正反相明。《書·洪範》：“無偏無黨，王道蕩蕩。”此正闡發其義，亦正承上“讜者，無偏也”一句申説之，此文各家多誤，故以鄙説正之。

《顏氏家訓·書證》：“王充《論衡》云：‘妬夫媢婦生，則忿怒鬥訟。’蓋知媢是妬之別名。”

復按：“妬夫媢婦生”句有奪誤。《論衡·論死》：“妬夫媢妻，同室而處，淫亂失行，忿怒鬥訟。”兩文對照，知“生”爲“失”字之誤，“失”下又奪“行”字耳。

五、一倒一奪例

《荀子·修身》：“以治氣養生，則後彭祖；以修身自名，則配堯禹。”

王引之曰：“以修身自名，文義未安，當有脱誤。楊云：‘以修身自爲名號’，則所見本已同今本。《韓詩外傳》作‘以治氣養性，與生同。則身後彭祖；以修身自強，今本脱以字。則名配堯禹’。於義爲長。”

復按：如王説，則此文下句脱一“強”字，又“名則”二字誤倒也。

《戰國策·宋策》：“見祥而不爲，祥反動禍。”

王念孫《讀書雜志》卷二之三：“見祥而不爲，當作‘見祥而爲不可’。爲不可，謂爲不善也。《呂氏春秋·制樂》篇曰：‘見詳而爲不善，則福不至。’義與此同。可與禍爲韻，今本‘爲不’二字誤倒，又脱去‘可’字。《賈子》、《新序》並作‘故見祥而爲不可，祥反爲禍’。”

《史通·惑經》篇：“故太史公曰：‘孔子著《春秋》，隱桓之間則彰，至定哀之際則微，爲其切當世之文，而罔褒，諱之辭也。”

浦起龍《通釋》：“而罔，一本倒，一本罔作亡。又《史記》諱上多忌字。”

復按：語見《史記·匈奴列傳》。司馬貞《索隱》：“罔者，無也。謂其無實而褒之，是也，忌諱當代故也。”此解實非。浦云一本“而罔”二字倒，正是原本。“罔”字上屬“文”字爲句。《游俠列傳》云：“雖時扞當世之文罔。”亦以“文罔”連文，可證。又“褒諱”亦連用，見《十二諸侯年表》、《漢書·藝文志》，複詞偏義。又“而”下奪一“多”字。此句謂多忌諱之辭也，當補“多”字。

六、一倒一衍例

《荀子·仲尼》篇：“求善處大重，理任大事。”楊倞注：“大重，謂大位也。”

俞樾《平議》曰：“理字衍文。處大重、任大事相對，皆蒙善字爲義。楊注曰：‘大重，謂大位也。’不釋理字之義，知楊氏作注時，無理字也。理字蓋卽重字之誤而衍者。”

復按：楊以“大重”爲“大位”，未聞；俞謂“理”字蓋卽“重”字之誤而衍者，亦嫌未審。此疑本作“處重任，理大事”，爲二對句。上句“大”字，卽涉下句“大事”而衍。又“理任”二字，寫者誤倒耳。下文云“處重擅權”，處重卽“處重任”之省文。又《王霸》篇云：“故國者，重任也。”又重任連文之證矣。

七、一倒一誤例

《文心雕龍·鎔裁》篇：“而《文賦》以爲榛楛勿翦，庸音足曲，其識非不鑒，乃情苦芟繁也。”

黄叔琳校云：“芟，元作吝。”

復按：吝，與吝同，亦通作悋，謂意有所惜也。疑元作吝不誤，此句當作“情吝芟繁”，於義較切。今本“吝芟”二字誤倒，“芟”字又訛爲“苦”，遂與元文不協。又《史通·補注》篇云：“除繁則意有所吝。”除繁卽芟繁。語卽本此，亦可參證。

八、一誤一改例

《詩品》上篇：“故孔氏之門如用詩，則公幹升堂，思王入室，景陽潘陸，自可坐於廊廡之間矣。”

復按：景宋本《太平御覽·文部二》引“景陽”作“王陽”，其本較勝。王爲王粲。序云：“陳思，建安之傑，公幹、仲宣爲輔。”亦以劉、王並言矣。又疑“陽”爲“阮”字之誤，偏旁相同，謂阮籍也。上品内依次言之，景陽（張協字）不容居潘、陸之先，亦可證也。自“阮”誤爲“陽”，俗人以王陽不辭，遂改爲景陽，不得古本，何由知其誤乎？

九、句誤二字例

《墨子·備城門》：“爲之且内弩以應之。”

陶鴻慶《讀墨子札記》：“案：‘且’當爲‘具’，已見畢校。内弩，疑本作‘穴弩’，本書‘穴’字多誤爲‘内’故也。穴弩與上句‘穴師’例同。孫注‘卽《備穴》篇之短弩’，是也。”

《淮南子·覽冥訓》：“乎徵忽怳，不能覽其光。”

復按：“乎徵”二字費解。余友蔣君云從《淮南子校記》：“《太平廣記》卷一百六十一載《感應經》引《淮南子》作‘玄微忽怳’。‘乎徵’爲‘玄微’之誤文。”其説是也。玄亦作𠀆，二字形近故誤。

《後漢書·郎顗傳》：“上不儉，下不節，炎火並作燒君室。”

中華書局點校本校勘記：“按汲本炎作災。殿本君作居。”

復按：此句誤二字，作“災”、“居”之本皆是也。

《鹽鐵論·國疾》篇：“文學守死溟涬之語，而終不移。”

盧文弨《拾補》曰：“涂本‘溟涬’作‘渣滓’。”

復按：作“渣滓”之本是也。其義則爲糟粕。《莊子·天道》篇："桓公讀書於堂上，輪扁斫輪於堂下，釋椎鑿而上，問桓公曰：'敢問公之所讀者，何言也?'公曰：'聖人之言。'曰：'聖人在乎?'公曰：'死矣。'輪扁曰：'然則君之所讀者，聖人之糟魄耳。'"又《淮南子·道應訓》作"糟粕"。此與"文字守死渣滓之語"正合。又《大論》篇："呻吟槁簡，誦死人之語，則有司不似文學。"意亦略同。

十、二字倒文例

《漢書·陳平傳》："張負既見之喪所，獨視偉平。"顔師古注："視而悦其奇偉。"

復按：顔注不合文法。"視偉"二字誤倒，正當作"獨偉視平"。"偉"用作副詞，謂獨奇異視平也。張衡《思玄賦》："恫河靈之蓁蓁兮，偉《關雎》之戒女。"舊注："偉，異也。"亦以副詞"偉"字冠句矣。

《漢書·灌夫傳》："今日長者爲壽，乃效女曹兒呫囁耳語。"

顔師古注："女曹兒，猶言兒女輩也。"

王先謙《漢書補注》："女曹兒，《史記》但作'女兒以耳語'，乃女兒態也。中加曹字，則文不成義。'女曹兒'當爲'女兒曹'，顔訓爲兒女輩，則'曹'字當在下明矣。《御覽》四百六十六《人事部》引正作'女兒曹'，此轉寫誤倒。"

《後漢書·馮魴傳》："今日受誅，死所無恨。"

錢大昭《後漢書辨疑》："所無，當作無所。"

復按：無所二字誤倒。《左傳·成公二年》："能進不能退，君無所辱命。"句法同。所爲語助，言君無辱命也。

十一、句奪二字例

《宋書·王僧達傳》："臣每一日三省，志在報效，遠近大小，顧其所安，受效偏方得司者，則慮之所辦，情有不疑。"

殿本《考證》曰："'得司者則'四字，不可解。'者'字當作'考'。"

復按："得司"下，疑奪"一州"二字。"者"字仍上屬爲句。上文云"乃啓求徐州"云云，故此及之。

十二、句衍二字例

《鹽鐵論·相刺》篇："紂之時，内有微、箕二子，外有膠鬲棘子。"

張敦仁《考證》曰："《拾補》云：'棘子，當卽箕子。'大誤。上句已言'内有微、箕二子'矣，此言外有，決非箕子可知。當别有所出。華本'棘'改'諸'，因其不可解而爲之，非有本也。"

復按：棘子無考，疑原作"外有膠鬲"四字，後人注"棘"字於"鬲"旁，寫者誤入正文，故衍"棘"字。又涉上句"微、箕二子"，並誤衍"子"字耳。古鬲有革音，革亦有棘音也。

十三、偶句各誤一字例

盧照鄰《奉使益州至長安發鍾陽驛》詩："峻阻將長城，高標吞巨舫。"

徐明霞校云："舫，《全唐詩》於此字注云：一作防。"文獻班盧紅同學《校勘學拾遺》一文云："下句作巨防，是也。兩句化用左思《蜀都賦》中的句子：'峻阻塍埒長城，豁險吞若巨防。'上句'將'亦'埒'之誤字。"

復按：埒爲齊埒，此爲偶句各誤一字，其説甚是。

十四、一字誤爲二字例

《書·多方》："我有周惟其大介賚爾。"

俞樾《群經平議》："此經疑用夰字。其文曰：'我有周惟其夰賚爾。'夰賚，卽大賚也。後人罕見夰字，遂誤分爲大介二字耳。"

《方言》卷八："雞雛，徐魯之間謂之秋子。"

錢繹《方言箋疏》："舊本'秋'誤作'秋侯'二字。《廣雅》：秋子，雛子。'《玉篇》、《廣韻》並云：'秋，雞雛也。'今據以訂正。"

復按："侯"亦"隹"字之誤，此一字誤爲二字，又有訛體也。

十五、二字合爲一字例

斯 3491 號杜正倫《百行章》第三十二章："事君

養親，專心無交，在不可得自專，君存無容自擅。”

復按：“專心無交”句不辭。余弟子王君繼如云：“‘交’字實是‘二父’二字之合，‘二’字屬上讀，‘父’字屬下讀。”其説是也。父在不可得自專，與下句爲對文。

十六、句誤三字例

《禮記·緇衣》：“昔在上帝，周田觀文王之德，其集大命於厥躬。”

鄭玄注：“古文周田觀文王之德，爲‘割申勸寧王之德’。割之言蓋也。言文王有誠信之德，天蓋申勸之集大命於其身。”

復按：古“割”字與“害”通，害有蓋義。此謂“害”誤爲“周”，“申”誤“田”，“勸”又誤爲“觀”也。

《潛夫論·述赦》：“又謹慎之民，用天之道，分地之利，擇莫犯土，謹身節用。”

汪繼培箋：“‘擇莫犯土’句有誤字。程本‘土’作‘法’。”孫詒讓《札迻》：“案此當作‘捽草杷土’。《漢書·貢禹傳》云：‘農夫父子暴露中野，不避寒暑，捽屮（古草字）杷土，手足胼胝。’卽王節信所本。今本上三字皆形近譌易，惟‘土’字未譌，而程榮又臆改爲‘法’，繆之甚也。”

《史通·外篇·雜説中》：“自遼而左，民屬慕容；沙漠西南，地歸司馬。”

浦起龍《通釋》改下句爲“涉漢而南”，説之曰：“晚明版行諸書傳刻鹵莽，觸處膠牙。如云：‘沙漠西南，地歸司馬。’自晉之東，懸隔朔野，逾二千里，沙漠二字，適從何來？細推所自，‘涉’脱‘止’而成‘沙’，‘漢’緣‘沙’而轉‘漠’，離而益遠，遂失其宗。”浦氏又改“西”爲“而”，與上二句爲對文。此句共誤三字，足見精思，可爲定論。

十七、二字並誤而又誤倒例

《商君書·定分》：“郡縣諸侯，一受寶來之法。”

孫詒讓《札迻》：“‘寶來’當作‘禁室’。今本‘禁’譌爲‘來’，‘室’譌爲‘寶’，又顛倒其文，遂不可通。上文云：‘爲法令爲禁室。’可證。”

《新語·資質》篇：“夫窮澤之民，據犂嗝報之士，或懷不羈之才，身有堯舜皋陶之美。”

《四庫全書總目·子部儒家類一》云：“《新語》‘據犂嗝報’之語，訓詁亦不可通。古書佚亡，今不盡見，闕所不知可也。”

復按：“據犂嗝報”句誠有誤，但仍可深思得之。試爲訂正如下：此文“嗝報”二字，與“據犂”爲對文，詞性亦宜相同。疑“報”爲“執”字之譌。《漢書·地理志》：“北海郡有瓡縣。”師古注曰：“瓡，卽執字。”瓡從爪爲“執”之或體，與“報”之繁體形近故誤。又“嗝”疑“槅”字之譌。《説文》：“槅，大車枙。”段玉裁注：“槅，《考工記》作鬲。大鄭云：

‘鬲謂轅端厭（壓）牛領者。’”此文當云“據犂執槅之士”，文義方順。今本“執槅”二字誤倒，又譌作“嗝報”，遂無有知其本義者矣。《鹽鐵論·散不足》篇云：“庶人之乘者，馬足以代其勞而已，故行則服軛，止則就犂。”軛與槅通。亦以軛、犂二字對文，可爲證也。

十八、二字形誤又有衍文例

《文選》潘岳《閒居賦》李善注引安革猛詩：“祁祁我徒。”

錢大昕《十駕齋養新録》卷十四：“余向疑安革猛不知何人，詢之海寧陳仲魚鱣，乃知‘革猛’爲‘韋孟’之譌，‘安’乃衍字也。檢《漢書·韋賢傳》，果如仲魚言。”

十九、一字形誤徑改二字例

《文心雕龍·附會》篇：“夫能懸識腠理，然後節文自會，如膠之粘木，豆之合黄矣。”

紀昀評曰：“豆之合黄，未詳。”

復按：“豆之合黄”句，景宋本《太平御覽·文部一》引作“石之合玉”，疑是古本。惟此“合”字，於義無可説，疑爲“含”字之誤，正承上句“懸識腠理”言之。班固《賓戲》曰：“龢氏之璧，韞於荆石。”韞正訓含，可以移釋此句。此句因“合”字形誤，故改“石玉”二字爲“豆黄”矣。

二十、一字形誤徑改三字例

《文心雕龍·詔策》篇："孝宣璽書，賜太守陳遂，亦故舊之厚也。"

黄叔琳校云："賜太守，元作'責博士'，考《漢書》改。汪本作'責博進陳遂'。"紀昀評云："責博進，當作'償博進'。'償'、'責'並從貝脚，以形似誤耳。改爲'賜太守'，非。"

復按：此句衆説紛紜，未遑羅舉。孫詒讓《札迻》疑當作"責博於陳遂"，亦嫌未諦。今謂"博進"二字不誤，改爲"賜太守"，非元文。責無賜義，當爲"賚"字形近之誤。《説文》："賚，賜也。"與《漢書·游俠傳》原文"乃賜遂璽書"及下文"其見厚如此"二語正合。如云"責博於陳遂"，則下不當云故舊之厚矣。故知黄、紀固非，孫説亦未得實也。

二十一、三字形誤又衍一字例

《荀子·正名》篇："屋室廬庾，葭稾蓐，尚機筵，而可以養形。"楊倞注："尚機筵，未詳。或曰，尚言尚古，猶若尚書之尚也。尚機筵，質樸之機筵也。"

王念孫《讀書雜志》曰："《初學記·器物部》引作'局室蘆簾稾蓐'，於義爲長。《説文》：'局，促也。'局室，謂促狹之室。蘆簾稾蓐，謂以蘆爲簾，以稾爲蓐也。"

復按：今本有譌衍，王據《初學記》近是。惟此疑皆三字句，當以局室廬（《初學記》“蘆”亦“廬”字之誤，此依今本作），廉稾蕁（“簾”當爲“廉”，廉，少稱也），尚機筵斷句，於義爲長。稾蕁，即草蕁。又尚疑亦省之誤文。《墨子·節葬》篇云：“又必多爲几筵。”彼文言多，此云省，省亦少稱也。

二十二、一句中五字皆誤例

陶潛《讀山海經》詩：“形夭無千歲，猛志固常在。”

莫友芝翻宋刊本《陶淵明集》引曾紘曰：“《讀山海經》詩，其間有一篇云：‘形夭無千歲，猛志固常在。’且疑上下文義不甚相貫，遂取《山海經》相校，經中有云：‘刑天，獸名也，口中好啣干戚而舞。’乃知此句是‘刑天舞干戚’，故與下句‘猛志固常在’相應。五字皆譌，蓋字畫相近，無足怪者。”

復按：刑天，神獸名。《易·睽》：“其人天且劓。”陸德明《釋文》引馬融曰：“剠鑿其額曰天。”此謂刑天無首，蓋被鑿顛之刑。

二十三、句奪五字例

賈誼《新書·連語》：“紂，聖天下之後也，有天下而宜然。”

陶鴻慶《讀新書札記》：“案，‘聖天下之後’，文殊難通。元文本作‘聖王之子也，有天下之後也’。寫者脱‘王之子也有’五字，遂並作一句。《孫卿子·正論》篇云：‘聖王之子也，有天下之後也。勢籍之所在也，天下之富室也。’語意與此略同，卽《賈子》所本。”

二十四、文缺六字例

陸賈《新語·思務》篇：“老子曰：上德不德，□□□□□□虛也。”原注：“文缺六字。”

復按：《史記·日者列傳》：“此夫老子所謂上德不德，是以有德。今夫卜筮者，利大而謝小，老子之云，豈異於是乎？”與此文義相近。今爲臆補“是以有德，言非”六字，與上下文義自合。

（選自《徐復語言文字學論稿》，江蘇教育出版社1995年排印本；參校以《新中華》復刊，1949年第三卷第十一期。程一校，陳鍇覆校）

胡適《校勘學方法論》

——序陳垣先生的《元典章校補釋例》[①]

陳援菴先生（垣）在這二十多年之中，搜集了幾種很可寶貴的《元典章》鈔本；民國十四年故宮發見了元刻本，他和他的門人曾在民國十九年夏天用元刻本對校沈家本刻本，後來又用諸本互校，前後費時半年多，校得沈刻本譌誤衍脱顛倒之處凡一萬二千餘條，寫成《元典章校補》六卷，又補闕文三卷，改訂表格一卷。（民國二十年北京大學研究所國學門刊行）《校補》刊行之後，援菴先生又從這一萬二千多條錯誤之中，挑出一千多條，各依其所以致誤之由，分別類例，寫成《元典章校補釋例》六卷。我和援菴先生做了幾年的鄰舍，得讀《釋例》最早，得益也最多。他知道我愛讀他的書，所以要我寫一篇《釋例》的序。我也因爲他這部書是中國校勘學的一部最重要的方法論，所以也不敢推辭。

---

① 原注：《元典章校補釋例》六卷，新會陳垣著，《“中央研究院”歷史語言研究所專刊》之一，定價二元。

校勘之學起於文件傳寫的不易避免錯誤。文件越古，傳寫的次數越多，錯誤的機會也越多。校勘學的任務是要改正這些傳寫的錯誤，恢復一個文件的本來面目，或使他和原本相差最微。校勘學的工作有三個主要的成分：一是發見錯誤，二是改正，三是證明所改不誤。

發見錯誤有主觀的，有客觀的。我們讀一個文件，到不可解之處，或可疑之處，因此認爲文字有錯誤：這是主觀的發見錯誤。因幾種“本子”的異同，而發見某種本子有錯誤：這是客觀的。主觀的疑難往往可以引起“本子”的搜索與比較；但讀者去作者的時代既遠，偶然的不解也許是由於後人不能理會作者的原意，而未必真由於傳本的錯誤。況且錯誤之處未必都可以引起疑難，若必待疑難而後發見錯誤，而後搜求善本，正誤的機會就太少了。況且傳寫的本子，往往經“通人”整理過；若非重要經籍，往往經人憑己意增刪改削，成爲文從字順的本子了。不學的寫手的本子的錯誤是容易發見的，“通人”整理過的傳本的錯誤是不容易發見的。試舉一個例子爲證。坊間石印《聊齋文集》附有張元所作“柳泉蒲先生墓表”，其中記蒲松齡“卒年八十六”。這是“卒年七十六”之誤，有《國朝山左詩鈔》所引墓表，及原刻碑文可證。但我們若單讀“卒年八十六”之文，而無善本可比較，決不能引起疑難，也決不能發見錯誤。又《山左詩鈔》引這篇墓表，字句多被刪節，如云：

（先生）少與同邑李希梅及余從父歷友結郢中詩社。

此處無可引起疑難；但清末國學扶輪社鉛印本《聊齋文集》載墓表全文，此句乃作：

與同邑李希梅及余從伯父歷視友，旋結爲郢中詩社。（甲本）

依此文，“歷視”爲從父之名，“友”爲動詞，“旋”爲“結”之副詞，文理也可通。石印本《聊齋文集》即從扶輪社本出來，但此本的編校者熟知《聊齋志異》的掌故，知道“張歷友”是當時詩人，故石印本墓表此句改成下式：

與同邑李希梅及余從伯父歷友親，旋結爲郢中詩社。（乙本）

最近我得墓表的拓本，此句原文是：

與同邑李希梅及余從伯父歷友、視旋諸先生結爲郢中詩社。（丙本）

視旋是張履慶，爲張歷友（篤慶）之弟，其詩見《山左詩鈔》卷四十四。他的詩名不大，人多不知道“視旋”是他的表字；而“視旋”二字出於《周易》履卦“視履考祥，其旋元吉”，很少人用這樣罕見的表字。甲本校者竟連張歷友也不認得，就妄倒“友視”二字，而删“諸先生”三字，是爲第一次的整理。乙本校者知識更高了，他認得“張歷友”，而不認得“視旋”，所以他把“視友”二字倒回來，而妄改“視”爲“親”，用作動詞，是爲第二次的整理。此兩本文理都可通，雖少有疑難，都可用主觀的論斷來解決。倘我們終不得見此碑拓本，我們終不能發見甲乙兩本的真錯誤。這個小例子可以説明校勘學的性質。校勘的需要起於發見錯誤，而錯誤的發見必須倚靠不同本子的比較。古人稱此學爲“校讐”，劉向《别録》説：“一人讀書，校其上下得謬誤，爲校；一人持本，一人讀書，若怨家相對，爲讐。”其實單讀一個本子，“校其上下”，所得謬誤是很有限的；必須用不同的本子對勘，“若怨家相對”，一字不放過，然後可以“得謬誤”。

改正錯誤是最難的工作。主觀的改定，無論如何工巧，終不能完全服人之心。《大學》開端“在親民”，朱子改“親”爲“新”，七百年來，雖有政府功令的主持，終不能塞反對者之口。校勘學所許可的改正，必須是在幾個不同的本子之中，選定一個最可靠或最有理的讀法。這是審查評判的工作。我所謂“最可靠”的讀法，當然是最古底本的讀法。如上文所引張元的聊齋墓表，乙本出於甲本，而甲本又出於丙本，丙本爲原刻碑文，刻於作文之年，故最可靠。我所謂“最有理”的讀法，問題就不能這樣簡單了。原底本既不可得，或所得原底本仍有某種無心之誤，（如韓非説的郢人寫書而多寫了“舉燭”二字，如今日報館編輯室每日收到的草稿。）或所得本子都有傳寫之誤，或竟無别本可供校勘——在這種情形之下，改正謬誤没有萬全的方法。約而言之，最好的方法是排比異同各本，考定其傳寫的先後，取其最古而又最近理的讀法，標明各種異讀，並揣測其所以致誤的原因。其次是無異本可互勘，或有別本而無法定其傳授的次第，不得已而假定一個校者認爲最近理的讀法，而標明原作某，一作某，今定作某是根據何種理由。如此校改，雖不能必定恢復原文，而保守傳本的真相以待後人的論定，也可以無大過了。

改定一個文件的文字，無論如何有理，必須在可能的範圍之内提出證實。凡未經證實的改讀，都只是假定而已，臆測而已。證實之法，最可靠的是根據最初底本，其次是最古傳本，其次是最古引用本文的書。萬一這三項都不可得，而本書自有義例可尋，前後互證，往往也可以定其是非，這也可算是一種證實。此外，雖有巧妙可喜的改讀，只是校者某人的改讀，足備一説，而不足成爲定論。例如上文所舉張元墓表之兩處誤字的改正，有原刻碑文爲證，這是第一等的證實。又如《道藏》本《淮南内篇·原道訓》："是故鞭噬狗，策蹏馬，而欲教之，雖伊尹造父弗能化。欲寅之心亡於中，則飢虎可尾，何況狗馬之類乎？"這裹"欲寅"各本皆作"欲害"。王念孫校改爲"欲宍"。他因爲明劉績本注云"古肉字"，所以推知劉本原作"宍"字，只因草書"害"字與"宍"相似，世人多見"害"，少見"宍"，故誤寫爲"害"。這是指出所以致誤之由，還算不得證實。他又舉二證：（1）《吳越春秋·勾踐陰謀外傳》"斷竹續竹，飛土逐宍"，今本宊作害；（2）《論衡·感虚》篇“廚門木象生肉足”，今本《風俗通義》肉作害，害亦宊之誤。這都是類推的論證，因《論衡》與《吳越春秋》的“宊”誤作“害”，可以類推《淮南書》也可以有同類的誤寫。類推之法由彼例此，可以推知某種致誤的可能，而終不能斷定此誤必同於彼誤。直到顧廣圻校得宋本果作“欲宊”，然後王念孫得一古本作證，他的改讀就更有力了。因爲我們不能得最初底本，又因爲在義理上“欲害”之讀並不遜於“欲肉”之讀，（《文子·道原》篇作“欲害之心忘乎中”）所以這種證實只是第二等的，不能得到十分之見。又如《淮南》同篇：“上游於霄霓之野，下出於無垠之門”，王念孫校，“無垠”下有“鄂”字。他舉三證：（1）《文選·西京賦》“前後無有垠鄂”的李善注：“《淮南子》曰，出於無垠鄂之門。許慎曰，垠鄂，端崖也。”（2）《文選·七命》的李善注同。（3）《太平御覽·地部二十》：“《淮南子》曰，下出乎無垠鄂之門。高誘曰，無垠鄂，無形之貌也。”這種證實，雖不得西漢底本，而可以證明許慎、高誘的底本如此讀，這就可算是第一等的證實了。

所以校勘之學無處不靠善本：必須有善本互校，方才可知謬誤；必須依據善本，方才可以改正謬誤；必須有古本的依據，方才可以證實所改的是非。凡没有古本的依據，而僅僅推測某字與某字“形似而誤”，某字“涉上下文而誤”的，都是不科學的校勘。以上三步工夫，是中國與西洋校勘學者共同遵守的方法，運用有精有疏，有巧有拙，校勘學的方法終不能跳出這三步工作的範圍之外。援菴先生對我説，他這部書是用“土法”的。我對他説：在校勘學上，“土法”和海外新法並没有多大的分別。所不同者，西洋印書術起於十五世紀，比中國晚了六七百年，所以西洋古書的古寫本保存的多，有古本可供校勘，是一長。歐洲名著往往譯成各國文字，古譯本也可供校勘，是二長。歐洲很早就有大學和圖書館，古本的保存比較容易，校書的人借用古本也比較容易，所以校勘之學比較普及，只算是治學的人一種不可少的工具，而不成爲一二傑出的人的專門事業，這是三長。在中國則刻印書流行以後，寫本多被拋棄了；四方隣國偶有古本的流傳，而無古書的古譯本；大學與公家藏書又都不發達，私家學者收藏有限，故工具不夠用，所以一千年來，夠得上科學的校勘學者，不過兩三人而已。

中國校勘之學起原很早，而發達很遲。《呂氏春秋》所記“三豕涉河”的故事，已具有校勘學的基本成分。劉向、劉歆父子校書，能用政府所藏各種本互勘，就開校讎學的風氣。漢儒訓註古書，往往注明異讀，是一大進步。《經典釋文》廣收異本，徧舉各家異讀，可算是集古校勘學之大成。晚唐以後，刻印的書多了，古書有了定本，一般讀書人往往過信刻板書，校勘之學幾乎完全消滅了。十二世紀晚期，朱子斤斤爭論《程氏遺書》刻本的是非；十三世紀之初，周必大校刻《文苑英華》一千卷，在自序中痛論“以印本易舊書，是非相亂”之失，又略論他校書的方法；彭叔夏作《文苑英華辨證》十卷，詳舉他們校讎的方法，清代校勘學者顧廣圻稱爲“校讎之楷模”。彭叔夏在自序中引周必大的話：

> 校書之法，實事是正，多聞闕疑。

他自己也説：

> 叔夏年十二三時，手鈔太祖皇帝實錄，其間云“興衰治□之源”，闕一字，意謂必是“治亂”。後得善本，乃作“治忽”。三折肱爲良醫，信知書不可以意輕改。

這都是最扼要的校勘方法論。所以我們可以説，十二三世紀之間是校勘學的復興時代。

但後世校書的人，多不能有周必大那樣一個退休宰相的勢力來“徧求別本”，也没有他那種“實事是正，多聞闕疑”的精神，所以十三世紀以後，校勘學又衰歇了。直到十七世紀方以智、顧炎武諸人起來，方纔有考訂古書的新風氣。三百年中，校勘之學成爲考證學的一個重要工具。然而治此學者雖多，其中真能有自覺的方法，把這門學問建築在一個穩固的基礎之上的，也不過寥寥幾個人而已。

縱觀中國古來的校勘學所以不如西洋，甚至於不如日本，其原因我已説過，都因爲刻書太早，古寫本保存太少；又因爲藏書不公開，又多經劫火，連古刻本都不容易保存。古本太缺乏了，科學的校勘學自不易發達。王念孫、段玉裁用他們過人的天才與功力，其最大成就只是一種推理的校勘學而已。推理之最精者，往往也可以補版本的不足。但校讐的本義在於用本子互勘，離開本子的搜求而費精力於推敲，終不是校勘學的正軌。我們試看日本佛教徒所印的弘教書院的《大藏經》及近年的《大正新修大藏經》的校勘工作，就可以明白推理的校勘不過是校勘學的一個支流，其用力甚勤而所得終甚微細。

陳援菴先生校《元典章》的工作，可以説是中國校勘學的第一偉大工作，也可以説是中國校勘學的第一次走上科學的路。前乎此者，只有周必大、彭叔夏的校勘《文苑英華》差可比儗。我要指出援菴先生的《元典章校補》及《釋例》有可以永久作校勘學的模範者三事：第一，他先搜求善本，最後得了元刻本，然後用元人的刻本來校元人的書；他拚得用極笨的死工夫，所以能有絶大的成績。第二，他先用最古刻本對校，標出了所有的異文，然後用諸本互校，廣求證據，定其是非，使我們得一個最好的、最近於祖本的定本。第三，他先求得了古本的根據，然後推求今本所以致誤之由，作爲“誤例”四十二條，所以他的“例”都是已證實的通例：是校後歸納所得的説明，不是校前所假定的依據。此三事都足以前無古人，而下開來者，故我分開詳説如下：

第一，援菴先生是依據同時代的刻本的校勘，所以是科學的校勘，而不是推理的校勘。沈刻《元典章》的底本，乃是間接的傳鈔本，沈家本跋原鈔本説，“此本紙色分新舊：舊者每半頁十五行，當是影鈔元刻本；新者每半頁十行，當是補鈔者，蓋别一本”。但他在跋尾又説：“吾友董綬金赴日本，見是書，據稱從武林丁氏假鈔者。”若是從丁氏假鈔的，如何可説是“影鈔元刻本”呢？這樣一部大書，底本既是間接又間接的了，其中又往往有整幾十頁的闕文，校勘的工作必須從搜求古本入手。援菴先生在這許多年中，先後得見此書的各種本子，連沈刻共有六本。我依他的記載，參以沈家本原跋，作成此書底本源流表：

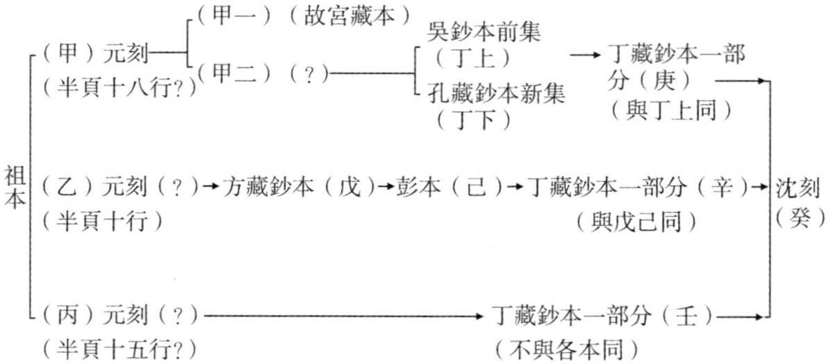

援菴先生的校補，全用故宫元刻本（甲一）作根據，用孔本（丁下）補其所闕祭祀門，又用各本互校，以補這兩本的不足。因爲他用一個最初的元刻本來校一部元朝的書，所以能校得一萬二千條的錯誤，又能補得闕文一百零二頁之多！試用這樣偉大的成績，比較他二十年前“無他本可校”時所“確知爲譌誤者若干條”，其成績的懸絶何止百倍？他在本書第四十三章裏，稱此法爲"對校法"，他很謙遜的說：

> 此法最簡便，最穩當，純屬機械法；其主旨在校異同，不校是非，故其短處在不負責任：雖祖本或别本有訛，亦照式錄之。而其長處則在不參己見；得此校本，可知祖本或别本之本來面目。故凡校一書，均須先用對校法，然後再用其他校法。

他又指出這個法子的兩大功用：

> 一、有非對校不知其誤者，以其表面上無誤可疑也。例如：
>
> 元闕本錢二十定　元刻作　二千定
>
> 大德三年三月　　元刻作　五月
>
> 二、有知其誤，非對校無以知爲何誤者。例如：
>
> 每月五十五日　　元刻作　每五月十五日。

此外，這個對校法還有許多功用，如闕文，如錯簡，如倒葉，如不經見的人名地名或不經見的古字俗字，均非對校無從猜想。故用善本對校是校勘學的靈魂，是校勘學的唯一途徑。向來學者無力求善本，又往往不屑作此種"機械"的笨工作，所以校勘學至今不曾走上科學的軌道。援菴先生和他的幾位朋友費了八十日的苦工，從那機械的對校裏得着空前的大收獲，使人知道校書"必須先用對校法"，這是他奠定新校勘學的第一大功。

第二，他用無數最具體的例子來教我們一個校勘學的根本方法，就是：先求得底本的異同，然後考定其是非。是非是異文的是非，没有異文，那有是非？向來中國校勘學者，往往先舉改讀之文，次推想其致誤之由，最後始舉古本或古書引文爲證。這是不很忠實的記載，並且可以迷誤後學。其實真正校書的人往往是先見古書的異文，然後定其是非；他們偏要倒果爲因，先列己説，然後引古本異文爲證，好像是先有了巧妙的猜測，而忽得古本作印證似的！所以初學的人，看慣了這樣的推理，也就以爲校勘之事是應該先去猜想而後去求印證的了！所以我們可以説，古來許多校勘學者的著作，其最高者如王念孫、王引之的，也只是教人推理的法門，而不是校書的正軌；其下焉者，只能引學者走上捨版本而空談校勘的迷途而已。校勘學的不發達，這種迷誤至少要負一部分的責任。援菴先生的《校補》，完全不用這種方法，他只根據最古本，正其誤，補其闕；其元刻誤而沈刻不誤者，一概不校；其有是非不易決定者，姑仍其舊。他的目的在於恢復這書的元刻本來面目，而不在於炫示他的推理的精巧。至於如何定其是非，那是無從説起的。他的一部《釋例》，只是對我們説：要懂得元朝的書，必須多懂得元朝的特殊的制度、習俗、語言、文字。這就是説：要懂得一個時代的書，必須多懂得那個時代的制度、習俗、語言、文字。那是個人的學問知識的問題，不是校勘學本身的問題。校勘的工作只是嚴密的依據古本，充分的用我們所用的知識學問來決定那些偶有疑問的異文的是非，要使校定的新本子至少可以比得上原來的本子，甚至於比原來的刻本還更好一點。如此而已！援菴先生的工作，不但使我們得見《元典章》的元刻的本來面目，還參酌各本，用他的淵博的元史知識，使我們得着一部比元刻本更完好的《元典章》。這是新校勘學的第一大貢獻。

第三，援菴先生的四十二條“例”，也是新校勘學的工具，而不是舊校勘學的校例。校勘學的“例”只是最普通的致誤之由。校書所以能有通例，是因爲文件的誤寫都由寫人的無心之誤，或有心之誤；無心之誤起於感官（尤其是視官）的錯覺；有心之誤起於有意改善一個本子而學識不夠，就以不誤爲誤。這都是心理的現象，都可以有心理的普通解釋，所以往往可以歸納成一些普通致誤的原因，如“形似而誤”、“涉上文而誤”、“兩字誤爲一字”、“一字誤分作兩字”、“誤收旁注文”等等。彭叔夏作《文苑英華辨證》，已開校例之端。王念孫《讀淮南内篇》的第二十二卷，是他的自序，“推其致誤之由”，列舉普通誤例四十四條，又因誤而失韻之例十八條，逐條引《淮南子》的誤文作例子。後來俞樾作《古書疑義舉例》，其末三卷裏也有三十多條校勘的誤例，逐條引古書的誤文作例子。俞樾在校勘學上的成績本來不很高明，所以他的“誤例”頗有些是靠不住的，而他舉的例子也往往是很不可靠的。例如他的第一條“兩字義同而衍例”，就不成一條通例，因爲寫者偶收旁注同義之字，因而誤衍，或者有之；而無故誤衍同義之字，是很少見的。

他舉的例子，如硬刪《周易》履六三“跛能履，不足以與行也”的“以”字；如硬刪《左傳》隱元年“有文在其手曰爲魯夫人”的“曰”字；如硬刪《老子》六十八章“是謂配天古之極”的“天”字，都毫無底本的根據，硬斷爲“兩字義同而衍”，都是臆改古書，不足爲校勘學的誤例。王念孫的六十多條“誤例”，比俞樾的高明多了。他先校正了《淮南子》九百餘條，然後從他們歸納出六十幾條通例，故大體上都還站得住。但王念孫的誤例，分類太細碎，是一可議；《淮南》是古書，古本太少，王氏所校頗多推理的校勘，而不全有古書引文的依據，是二可議；論字則草書隸書篆文雜用，論韻則所謂“古韻部”本不是嚴格的依據，是三可議。校勘的依據太薄弱了，歸納出來的“誤例”也就不能完全得人的信仰。

所謂“誤例”，不過是指出一些容易致誤的路子，可以幫助解釋某字何以譌成某字，而絕對不夠證明某字必須改作某字。前人校書，往往引一個同類的例子，稱爲“例證”，是大錯誤。俞樾自序《古書疑義舉例》，説：“使童蒙之子習知其例，有所據依，或亦讀書之一助乎？”這正是舊日校勘家的大病。例不是證，不夠用作“據依”。而淺人校書隨意改字，全無版本的根據，開口卽是“形似而誤”、“聲近而誤”、“涉上文而誤”，好像這些通常誤例就可證實他們的臆改似的！中國校勘學所以不上軌道，多由於校勘學者不明“例”的性質，誤認一個個體的事例爲有普遍必然性的律例，所以他們不肯去搜求版本的真依據，而僅僅會濫用“誤例”的假依據。

援菴先生的《釋例》所以超越前人，約有四端：第一，他的校改是依據最古刻本的，誤是真誤，故他的“誤例”是已證實了的誤例。第二，他是用最古本校書，而不是用“誤例”校書；他的“誤例”是用來“疏釋”已校改的謬誤的。第三，他明明白白的説他的校法只有四個，此外别無用何種“誤例”來校書的懶法子。第四，他明説這些“誤例”不過是用來指示“一代語言特例，並古籍竄亂通弊”。他所舉的古書竄亂通弊不過那最普通的七條，（十二至十八）而全書的絶大部分，自第十九例以下，全是元代語言特例，最可以提醒我們，使我們深刻的了解一代有一代的語言習慣，不可憑藉私見淺識來妄解或妄改古書。他這部書的教訓，依我看來，只是要我們明白校勘學的最可靠的依據全在最古的底本；凡版本不能完全解決的疑難，只有最淵博的史識可以幫助解決。書中論“他校法”一條所舉“納失失”及“竹忽”兩例是最可以供我們玩味的。

我們慶祝援菴先生校補《元典章》的大工作的完成，因爲我們承認他這件工作是“土法”校書的最大成功，也就是新的中國校勘學的最大成功。

二十三，十，八。

（選自《胡適論學近著》第一集，商務印書館1935年排印本；參校以山東人民出版社1998年排印本。鄧祥雲、程一仝校，陳錯覆校）

圖書在版編目（CIP）數據

古籍目錄版本校勘文選 / 王紹曾編選. --福州：福建人民出版社，2024.7.-- ISBN 978-7-211-09528-5

Ⅰ. G256-53

中國國家版本館 CIP 數據核字第 2024NW4580 號

書名集顧廷龍字

古籍目錄版本校勘文選

作　　者：王紹曾　編選
責任編輯：劉挺立　宋一明
美術編輯：白　玫
出版發行：福建人民出版社　　**電　　話**：0591-87533169（發行部）
網　　址：http://www.fjpph.com　**電子郵箱**：fjpph7211@126.com
地　　址：福州市東水路 76 號　　**郵政編碼**：350001
經　　銷：福建新華發行（集團）有限責任公司
印　　刷：福州德安彩色印刷有限公司
地　　址：福州市金山工業區浦上 B 區 42 幢
電　　話：0591-88208420
開　　本：890 毫米×1240 毫米　1/32
印　　張：10.75
字　　數：197 千字
版　　次：2024 年 7 月第 1 版　　**印　　次**：2024 年 7 月第 1 次印刷
書　　號：ISBN 978-7-211-09528-5
定　　價：98.00 元

本書如有印裝質量問題，影響閱讀，請直接向承印廠調换。